JN225795

ASEAN経済新時代
高まる中国の影響力

石川幸一・大泉啓一郎
亜細亜大学アジア研究所
［編著］

文眞堂

はしがき

　ASEAN と中国の経済関係の緊密化が進んでいる。ASEAN の最大の貿易相手国は 2009 年から中国であり，2020 年以降中国の最大の相手国は ASEAN である。ASEAN への中国企業の進出は EV（電気自動車）をはじめ活発である。ASEAN と最初に FTA を結んだのは中国であり，現在，ASEAN 中国FTA は 21 世紀の FTA を目指してアップグレード交渉を進めている。経済協力も活発であり両国の協力枠組みは 100 を超える。ASEAN は全加盟国が一帯一路構想に参加している。ASEAN の有識者調査では東南アジアで最も経済的影響力のある国は圧倒的に中国である。

　こうした状況から ASEAN と中国は経済的に一体化している，あるいは ASEAN は中国の経済的に支配されているという見方もでている。しかし，ASEAN への最大の投資国は米国であるし，ASEAN の貿易の 75％以上は中国以外との貿易である。米中対立では ASEAN は「どちらにもつかない」姿勢を堅持している。重要なのは，ASEAN と中国の経済関係の実態を統計，公式資料，現地調査などから明らかにすることである。

　本書は，ASEAN の変化を中国経済の台頭のなかで読み取ろうとするものである。本書の執筆に先立って，亜細亜大学アジア研究所が主催する研究会において，ASEAN 地域を専門とする研究者が各々の視点から中国の影響を議論した。本書はその成果の一部である。

　本章の構成は以下の通りである。
　第 1 章「米中対立下の ASEAN—均衡戦略の現状と展望」（石川幸一）
　東アジアの国々が直面している最大の課題の 1 つは米中対立への対応である。米中対立下における ASEAN の立場は米中どちらかを選択することを避ける均衡戦略である。中国は ASEAN の最大の貿易相手国，米国は最大の投資国であることが示すように ASEAN は米中両国と緊密な経済関係にあり，

米中との経済関係から利益を得ているためにどちらかを選択することは非現実的であるためだ。また，逆にいえば，「米中均衡戦略」が可能なのは，ASEAN は中国の最大の貿易相手となり，米国のアジア投資で ASEAN は最大であるなど米中両国にとっての ASEAN の経済的重要性が増しているからである。インド太平洋の中心に位置する ASEAN の地政学的重要性も高まっており，米中は ASEAN の取り込みに力を入れている。

　第 2 章から第 5 章は経済統合を扱う。

　第 2 章「ASEAN 中国自由貿易地域（ACFTA）をインフラに南進する中国」（助川成也）

　ASEAN 中国自由貿易協定（ACFTA）は，中国と ASEAN 諸国の経済的結びつきを強化する重要な枠組みであり，2005 年の発効以降，両地域の貿易関係は飛躍的に進展した。ACFTA に基づき，中国製品が ASEAN 市場に広範に浸透し，特に電気自動車などのハイテク製品の輸出が急増している。一方で，この経済的進出は ASEAN 諸国の地場産業に深刻な影響を与え，競争力の低下が懸念されている。

　ASEAN 各国は，中国の経済力に依存しすぎることで，経済的自立を損なうリスクと，経済圧力に直面する可能性が高まっている。本章では，ACFTA による経済的恩恵とともに，ASEAN の地場産業や政治的リスクを考察し，中国とのバランスの取れた関係構築の必要性を論じる。

　第 3 章「緊密化する中国と ASEAN の貿易」（宮島良明）

　中国と ASEAN の貿易は，2000 年代以降，「質」と「量」ともに緊密化が着実に進んだ。「量」的には，貿易額の急増，相互の貿易相手としてのポジションアップ，貿易結合度の上昇が確認できる。また，「質」的には，貿易品目の変化があげられる。そこでは，主要な輸出入品目が，1 次産品や原材料から IT 関連製品に入れ替わっていた。それにより，貿易構造も大きく変化してきた。垂直型の貿易の割合が減少する一方で，水平型の貿易の割合が増加した。ただし，貿易額は水平型と垂直型ともに増大しており，国際的な情勢なども踏まえると，中国と ASEAN の貿易にとって垂直型の貿易もより一層，重要なものとなってきている。

　第4章「中国企業の対 ASEAN 投資の現状―ASEAN が「最大の投資先」に」（牛山隆一）

　中国が ASEAN 諸国で投資の主体として存在感を高めている。ASEAN 側の統計によると，中国は 2023 年に日本を初めて追い抜き，対 ASEAN 投資全体で米国に次ぐ2番目の主体となった。日本が長年，大きな存在感を有したタイでトップに立つなど，個別の国でも中国の台頭は著しい。一方，中国の投資先として ASEAN のシェアは上昇を続け，米シンクタンクの統計によると ASEAN は中国にとって最大の投資先となった。中国企業の間では電気自動車市場で攻勢をかける自動車メーカーや生産拠点の分散化に力を入れる電子部品業界などの動きが目立つ。こうした中国企業との協業に地元の ASEAN 企業は意欲的である。日本企業にとって ASEAN 事業を進めるうえで「中国要因」を考慮することが益々重要になってきた。

　第5章「ASEAN 金融統合の展望―中国，そして日本とどう付き合うか」（赤羽裕）

　2015 年に発足した ASEAN 経済共同体における通貨・金融分野の内容を確認し，当該分野に関する ASEAN －中国関係を考察した。さらに日本との関係も考慮したうえで，今後の ASEAN における通貨・金融分野での協力の方向性を検討した。結果としては，「ビジョン 2045」として，より長期的な方向性を示し，ASEAN の一体性を維持・改善していくことを重視し，当該分野に関しても，域内通貨の利用促進と決済を含めた金融のデジタル化を中心に，「米ドル依存リスク」の低減を図りながら，その統合を ASEAN WAY で進めていく。あわせて，東アジア域内の大国でもある中国とも，「人民元依存」リスクは取らない前提で，関係の深化は進んでいくと考えられる。

　第6章から第8章は経済協力について述べる。

　第6章「「一帯一路」とメコン協力の実態」（藤村学）

　「一帯一路」の軌道修正，ASEAN における鉄道連結性などの状況を概観したうえで，メコン地域のなかでも中国資金にインフラ開発を大きく依存するカンボジア，ラオス，ミャンマーに焦点を当て，中国資本の影響について報告する。ラオスはマクロ経済が危機的な状況に陥っている中，引き続きインフラ整

備で中国の資金に依存し続ければ，「債務のわな」のシナリオも見えてくる。カンボジアの公的債務状況はラオスと比べれば懸念する段階にはないが，民間ベースでのインフラ整備で中国資本のプレゼンスが大きく，中国由来のマクロ経済ショックに対する脆弱性が増すことが懸念される。ミャンマーでは内戦が泥沼化して軍政が西側諸国から孤立するなか，インフラ整備資金を中国に依存せざるを得ない状況に向かっている。

　第7章「ASEAN のエネルギーとラオスにおける電力事情―ASEAN 各国の多様性と環境・経済発展のジレンマ」（春日尚雄）

　ASEAN のエネルギー需要は経済成長にともない増加している。特に電力は大きく伸びているが，ASEAN 全体の電源構成を見ると石炭火力発電への依存がより増している。脱炭素の国際的な合意からこれを下げる必要があり，再生可能エネルギーを中心とする取り組みが進められているが，これを達成するのは容易ではないだろう。一方，メコンのバッテリーとも言われるラオスは水力発電に強みを持つが，国内需要が小さく周辺国への電力供給を行うも国内の送電網が脆弱であるなど歪な構造を持っている。ラオス電力公社（EDL）は財務的にも厳しく，中国との関係と債務問題が極めて微妙である。

　第8章「カンボジアに対する中国の影響力―経済的プレゼンスと話語権」（鈴木亨尚）

　カンボジアにおける中国の経済的プレゼンスは大きく，またカンボジア政府に対する中国の影響力も大きいと思われる。しかし，それはカンボジア社会が中国の影響を強く，継続的に受けていることを意味するものではない。そこで，中国のカンボジアに対する影響力について検討した。そのため，影響力の定義を行い，経済的プレゼンスと話語権という概念を提示するとともにカンボジア・中国関係の基本的構図を示す。その上で，中国の経済的プレゼンスと中国のカンボジアに対する影響力の発現を確認する。最後に中国の経済的プレゼンスに対するカンボジア社会の懸念とこれに対する中国の対応を検討する。

　終章である第9章は，経済展望と日本との関係を記す。
　第9章「中国・ASEAN の経済展望と日本の稼ぐ力」（大泉啓一郎）
　中国と ASEAN の経済を人口動態から展望する。中国では人口減少と生産

年齢人口比率の低下から経済成長の減速が予想されている。人口ボーナスが終焉する中国は，資本・技術を活用した経済成長（新常態）への移行を目指している。国内の豊富な貯蓄はデジタル産業の育成を後押しする一方で不動産バブルというリスクも顕在化させている。一方，ASEAN では人口ボーナスがしばらく続くと予想されるが，それを効果的なものにするためには開発資金の調達が重要となる。この点で，中国企業の ASEAN 投資（シン・チャイナプラスワン）や一帯一路の進展は ASEAN の人口ボーナスを促進する可能性がある。このようななかにあって，日本の持続的な経済成長には中国・ASEAN の経済力を取り込める稼ぐ力を高めることが肝要になる。貿易収支，第 1 次所得収支，サービス収支の現状と課題を整理する。

　今後の東アジアの経済は中国と ASEAN がけん引するといっても過言ではない。第 0-1 表は，東アジアの経済規模を 100 として，各国・地域に区分して内訳をみたものである。

第 0-1 表　東アジアの GDP（東アジア全体を 100 とした場合）

	日本	韓国・台湾・香港	中国	ASEAN
1970	58.8	5.1	25.6	10.4
1980	63.0	7.8	17.4	11.8
1990	70.7	11.9	8.9	8.5
2000	63.0	13.7	15.4	8.0
2010	36.7	11.6	38.8	12.9
2023	14.8	10.0	61.9	13.4
2029	12.4	9.4	63.5	14.7

（資料）UNCTADstat, IMF World Economic Outolook, Apr. 2024 より筆者作成。

　2000 年には 63.0％あった日本のシェアは 2023 年には 14.8％に低下した。これに対して中国は 15.4％から 61.9％へ上昇した。あたかも日本と中国の立場が入れ替わったような状況にある。また，韓国・台湾・香港がシェアを下げているのに対して，ASEAN は 8.0％から 13.4％とシェアを高めている。中国・ASEAN を合算すれば，そのシェアは 2000 年の 23.4％から 2023 年には 75.1％に急拡大したことになる。この傾向は今後も続くとみていいだろう。
　したがって，日本の ASEAN への向き合い方は，この状況変化に対応した

ものにするべきであろう。戦後日本は，ASEAN に対して，当初は支援国として，1980 年代半ば以降，投資国としての役割を果たしてきた。そして，日 ASEAN 友好協力 50 周年に当たる 2023 年に日本政府は，ASEAN との新しい関係を「共創」とし，対等な関係構築を新しいビジョンに据えた。今後，時代の変化に合わせた具体策が肝要になる。

　出版情勢が厳しい中，本書の意義を理解し刊行を快諾された文眞堂社長の前野隆氏，編集の労をとっていただいた前野弘太氏ほか編集部の方々に心から感謝を申し上げたい。

　本書が新しい ASEAN との関係を考える上での一助となれば幸いである。

2025 年 1 月

執筆者を代表して

石川幸一・大泉啓一郎

目　　次

第1部　経済統合

第 1 章

米中対立下の ASEAN
——均衡戦略の現状と展望——

はじめに

　東アジアの国々が直面している最大の課題の 1 つは米中対立への対応である。2018 年に追加関税の相互賦課から始まった米中対立は技術覇権を巡る競争にエスカレートした。米中競争はインド太平洋で起きているとの認識はトランプ政権からバイデン政権に引き継がれており，インド太平洋の真中に位置する ASEAN は米中対立の舞台となっている。

　米中対立下の ASEAN は米中どちらにも与しない均衡戦略を取っている。ASEAN は中国との経済関係の深化が注目されているが，最大の輸出先は米国（2022 年）であり，最大の投資国は米国となっている。ASEAN が米中両国と緊密な貿易投資関係で結ばれていることが均衡戦略の大きな理由だ。米中対立下の ASEAN については国際関係論や安全保障からの分析が多いが，本章は ASEAN の米国および中国との経済関係に焦点を当てている。

　本章の構成は次の通りである。第 1 節で ASEAN の米中両国との貿易投資および人の移動を検討し，第 2 節で 1991 年以降の ASEAN と中国の多角的な経済協力，第 3 節で ASEAN と米国の経済協力をオバマ政権を中心に概観している。第 4 節で ASEAN が均衡戦略を採用する理由を検討するとともに第 5 節で均衡戦略がなぜ可能なのかを ASEAN の重要性の増大から検討したうえで，「おわりに」で課題と展望を論じている。

第1節　ASEANの米中両国との経済関係

1．中国とASEANは相互に最大の貿易相手国・地域

(1)　2009年にASEANの最大の貿易相手国

　ASEANの対外貿易は1980年の1,378億ドル世界シェア3.7％から2023年には3兆5,600億ドル世界シェア7.6％と過去40年で大きく発展したが，その原動力となったのは中国との貿易である。1980年に24.5億ドルでシェア1.8％だったASEANの対中国貿易は，2000年には350億ドルに増加しシェアは4.4％に拡大した。中国がWTOに加盟した2001年以降，貿易は順調に増加し2009年には中国は日本を抜いてASEANの最大の貿易相手国となった（ASEAN域内貿易を除く）。2023年は7,023億ドルでシェアは19.7％となっている。1980年に25.9％と圧倒的なシェアを占めた日本は2000年に16.1％，2010年は11.0％，2020年はシェア7.7％とシェアを急速に低下させ，中国，米国，EUに次ぐ第4位の域外貿易相手国となっている。ASEANの貿易における日本と中国の位置は過去40年で完全に逆転した（第1-1図）。

第1-1図　ASEANの対米国，中国，日本貿易

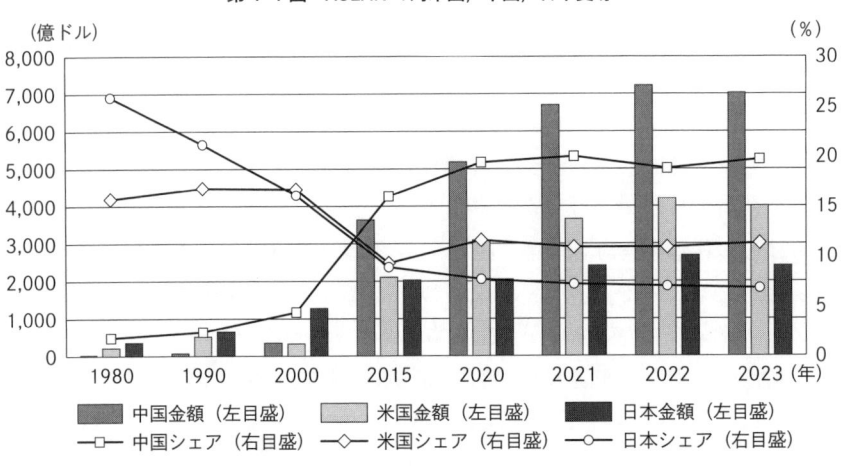

（資料）ASEAN Statisical Yearbook 各年度版。日本アセアンセンター「ASEAN日本統計集」より筆者作成。

　日中逆転の要因は言うまでもなく中国経済の躍進と日本経済の低迷である。中国が最大の貿易相手国となったのは 2009 年だが，翌 2010 年には中国がドル表示の名目 GDP で日本を抜いてアジアで第 1 位，世界で第 2 位となっている。2022 年の ASEAN の対中貿易額は対日貿易額の 2.7 倍であり，同年の中国の GDP は日本の GDP の 4.2 倍となっている。

　ASEAN と中国の貿易は 1 次産品と工業品の貿易から IT 関連製品などを中心とする工業品の相互貿易に貿易構造が高度化しており，現在は電気機械が輸出入とも約 30％を占めている。ASEAN と中国の間には電気機械を中心とするサプライチェーンが形成されており，中国は ASEAN への部品や資材の供給国となっている。ASEAN の域内貿易比率は 2020 年で 21.2％と中国のシェアを上回っているが，輸入では 2019 年に中国のシェアが 21.6％と ASEAN の 21.0％を上回り，その後も中国が ASEAN 域内輸入を上回っている。ASEAN 進出日系製造業の部品調達先をみてもタイとベトナムでは ASEAN 域内調達よりも中国からの調達が多くなっている[1]。

(2)　輸出では米国も重要

　ASEAN と米国の貿易は，1980 年の 21.5 億ドルから 2000 年に 132 億ドル，2010 年に 186 億ドル，2023 年に 400 億ドルに順調に拡大している。2000 年までは 15％前後だった米国のシェアは低落し 2010 年に 9.3％に低下したが，その後は対米輸出が着実に増加し，2020 年には 11.6％と持ち直している。主要対米輸出品（2022 年）をみると，電気機械が 33.3％，一般機械が 13.9％と機械類で 47％を占めている。消費財も重要であり，衣類および附属品（メリヤスおよびクロス網）が 5.6％，家具が 5.4％，履物が 4.5％となっている。対米輸入（2022 年）では，一般機械が 18.4％，鉄道車両などが 17.7％，鉱物性燃料が 13.4％，航空機が 6.9％，光学機器が 5.3％などとなっている。

　中国は ASEAN の輸入では圧倒的な比重を占めるが，輸出では米国も重要である（第 1-2 図，第 1-3 図）。例えば，2023 年の輸入では中国が 4,092 億ドル（シェア 23.8％）で首位，米国は 1,262 億ドルで 2 位だが，シェアは 7.4％で中国の約 3 割である。一方，輸出では中国が 2,939 億ドル（シェア 14.8％）で首位，米国は 2,744 億ドル（シェア 14.8％）で僅差で 2 位となっている。米

中対立により中国から ASEAN に生産拠点を移す動きが出ており，ASEAN の対米輸出は今後も増加すると予測される。米中対立下で米中貿易は 2021 年，2022 年に過去最高を記録したが，2007 年以降首位を続けてきた米国の対中輸入は 2023 年に前年同期比 20.3％減となり，メキシコに次いで第 2 位となった（赤平 2024）。大きく減少した品目であるノート PC はベトナムからの輸入が約 4 倍に急増した。

第 1-2 図　ASEAN の対米国，中国，日本輸出

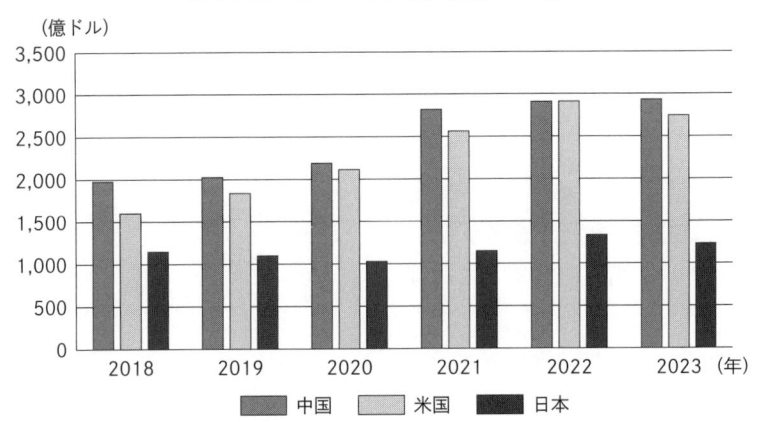

（資料）ASEAN Statisical Yearbook 2023 より筆者作成。

第 1-3 図　ASEAN の対米国，中国，日本輸入

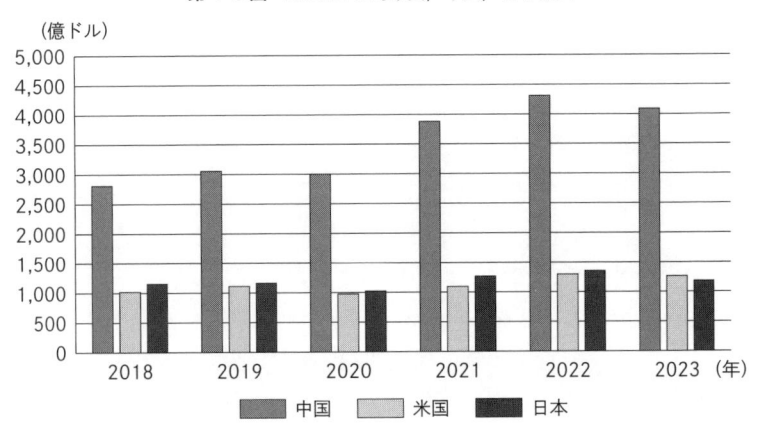

（資料）ASEAN Statisical Yearbook 2023 より筆者作成。

　貿易で中国のシェアが高い国（2022 年）は，輸出ではラオス 27.6％，インドネシア 22.6％，ミャンマー 21.6％などで他の国は 10％台である。輸入では，カンボジア 34.9％，ベトナム 33.0％，ミャンマー 32.1％，インドネシア 28.5％と全般にシェアは高くなる（第 1-1 表）。カンボジアは輸入では中国が最大だが，輸出は米国が 39.9％と最大であり，ベトナムも輸出は米国が 29.4％と最大である。中国から部材を輸入し米国に製品を輸出する三角貿易のパターンである（大泉 2024：293）。ASEAN は中国への経済的依存が注目されるが輸出市場では米国が重要なことを見落とすべきでない。2020 年以降 ASEAN は中国の最大の貿易相手国となっており，2023 年の中国の貿易相手国のシェアはASEAN が 15.4％，EU が 13.2％，米国が 11.2％である。ASEAN にとって中国は極めて重要な貿易相手国だが，中国にとっても ASEAN は極めて重要な貿易相手となっている。ASEAN 中国貿易については第 3 章で詳細に論じている。

2．ASEAN への最大の投資国は米国

⑴　2010 年以降急増した中国の投資

　ASEAN の対内直接投資では近年は米国が最大の投資国である。年により変動はあるが米国，日本，EU が主要投資国であり中国はそれに次いでいる。中国の ASEAN への投資は，2000 年代は 10 億ドルから 20 億ドルの水準だった

第 1-1 表　ASEAN 各国の貿易，対内投資，外国訪問者に占める中国のシェア

（％）

	貿易（2022 年）		対内外国直接投資 （2022 年）	外国からの訪問者 （2019 年）
	輸出	輸入		
インドネシア	22.6	28.5	18.0	20.8
マレーシア	13.6	21.3	4.8	37.9
フィリピン	13.9	20.4	0.6	16.2
シンガポール	12.4	13.2	8.5	29.0
タイ	12.0	23.4	13.0	37.3
ベトナム	15.6	33.0	10.2	36.3
カンボジア	5.5	34.4	91.0	53.8
ラオス	27.3	24.3	36.1	81.2
ミャンマー	21.6	32.1	7.4	85.5

（資料）ジェトロ世界貿易投資報告。ASEAN Statistical Yearbook 2023 より筆者作成。

が，2010年に40.5億ドルに増加し，2017年には168.1億ドルと100億ドルを一気に突破した。2023年は米国が743億ドルでシェア32.4％，EUが248億ドルでシェア10.8％，中国が174億ドルでシェア7.5％，日本が145億ドルでシェア6.3％となっている。2022年のASEAN各国の対内投資に占める中国の投資（対中投資依存度）を国別にみると，カンボジアでは中国の投資が91.0％と圧倒的に大きなシェアを持っており，ラオスでも高いが他の国では大きくない（第1-1表）。

　中国のコスト増などから始まっていた中国からASEANへの生産拠点の移管が米中貿易摩擦により加速しており，近年はEV関連投資が増加している。そのため中国のASEANへの投資は着実に増加していくだろう。中国の対外投資（2022年末ストック）では，ASEANは10.4％を占め香港に次いで第2位である。中国企業のASEAN投資については第4章で詳しく論じている。

(2)　米国のアジア投資ではASEANが最大

　米国の対ASEAN直接投資は2018年を除き対中国投資を上回っており，2022年末の残高はASEANが3,564億ドル，中国が1,261億ドルとほぼ3倍の規模となっている（U.S. Department of Commerce 2023a）。米国のASEAN向け投資は85％がシンガポール向けである。商務省のデータによる

第1-4図　ASEANの米国，中国，日本からの直接投資受入れ

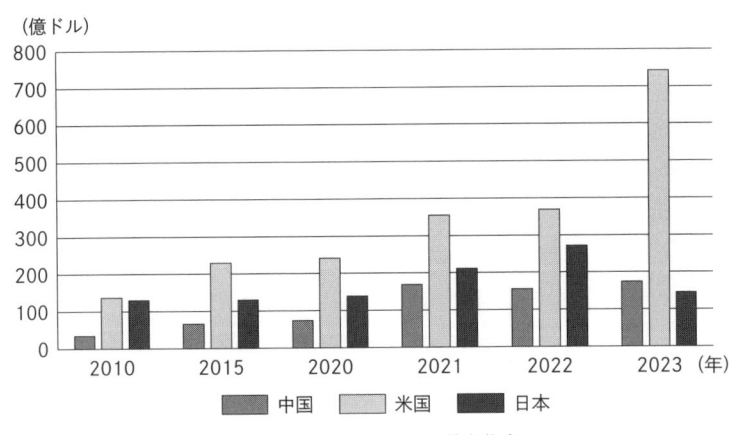

（資料）ASEAN Statisical Yearbook 各年度版より筆者作成。

第 1-2 表　ASEAN および中国の米国多国籍企業の概況

	ASEAN	中国
企業数	2,080 社	1,956 社
総資産	1 兆 4,686 億ドル	5,272 億ドル
販売	7,557 億ドル	4,716 億ドル
付加価値	1,229 億ドル	934 億ドル
研究開発	31 億ドル	55 億ドル
雇用	97 万人	122 万人

（資料）U.S. Department of Commerce, Bureau of Economic Analysis（2023）, *Activities of U.S. Multinational Enterprises, 2021* より筆者作成。

と，ASEAN における米国側過半出資企業数は，2021 年には 2,080 社となっており，中国の 1,960 社を上回っている（第 1-2 表）（U.S. Department of Commerce 2023b）。2021 年の世界における米国側過半出資企業数は 3 万 7,656 社であり，ASEAN は英国，カナダ，オランダに次いで 4 位である。アジアでは第 1 位であり，日本（789 社）の 2.6 倍，インド（640 社）の 3.3 倍の規模である。米国企業の ASEAN での販売額（2021 年）は 7,566 億ドルで中国の 4,716 億ドルの 1.6 倍である。2021 年の総資産は 1 兆 4,686 億ドルで中国の 2.8 倍の規模で世界 5 位，アジアでは 1 位である。付加価値は 1,229 億ドルで中国の 1.3 倍となり，世界で 4 位，アジアでは 1 位である。研究開発費は 31 億ドルで中国の 56％，雇用は 97 万人であり中国（122 万人）についでアジアで 2 位となっている。このように ASEAN は米国企業の海外事業で極めて重要な位置を占めている。

　人の移動では陸続きの中国が地理的な近さもあり圧倒的に多い。中国から ASEAN への観光客など訪問人数は，2011 年の 731 万人から 2019 年には 3,228 万人に 4.4 倍増加した。2019 年は中国が 22.4％のシェアを占め第 1 位である。中国からの訪問観光客のシェア（域外からの訪問観光客に対する）が高い国は，ミャンマー 85.5％（2019 年，以下同じ），ラオス 81.2％，カンボジア 53.8％と CLM が極めて高い（第 1-1 表）。マレーシアを除くと陸の ASEAN といわれる地域が観光面で中国と関係が強いことが判る。ラオスは中国ラオス高速鉄道の開通で今後中国人観光客が増加すると考えられる。コロナ・パンデミックによる人の移動の規制が行われた 2020 年は中国からの訪問客は 40 万人

に激減しており，まだ回復していない。

　カンボジア，ラオス，ミャンマーを中心に陸の ASEAN（タイ，カンボジア，ラオス，ミャンマー，ベトナム）で中国の経済的なプレゼンスがより大きく，海の ASEAN（インドネシア，マレーシア，フィリピン，シンガポール，ブルネイ）ではインドネシアで中国との経済的結びつきが大きい（第 1-1 表）。

第 2 節　ASEAN と中国の経済協力

1．30 年間で拡大・緊密化
⑴　国交正常化から ASEAN との公式関係へ

　ASEAN と中国の外交・経済協力関係は 1991 年に開始された。ASEAN が創設された 1967 年は東西冷戦とベトナム戦争の最中であり，中国と ASEAN は対立と不信の関係にあった。中国は東南アジア各国で反政府闘争を行っていた各国の共産党を支援し「革命の輸出」を行おうとしていた[2]。ASEAN については中国封じ込めという米国の意図が背景にあるという疑念を抱いていた。1970 年代に入ると，中国は ASEAN 加盟国との関係正常化に乗り出し，マレーシア，フィリピン，タイとの国交を正常化した。他の国との国交正常化は遅れ，1965 年の 9 月 30 日事件により 1967 年 10 月に国交が凍結されたインドネシアとの国交正常化は 1990 年 8 月となった。1979 年の中国軍のベトナム侵攻により断絶していたベトナムとの国交が回復したのは 1991 年 11 月だった。シンガポールとの国交は 1990 年，ブルネイとの国交は 1991 年に正常化した。ベトナムとの国交正常化により現在 ASEAN に加盟している全ての国との国交が正常化した。このように加盟国との関係正常化が進み，また，中国は 1989 年の天安門事件を ASEAN は中国の内政問題として制裁に参加しなかったことを評価した。こうした状況下で中国は ASEAN との関係構築に乗り出した。

　1991 年 7 月にクアラルンプールで開催された第 24 回 ASEAN 外相会議開会式に銭其琛外相がマレーシア政府の招待により出席したことから中国と ASEAN との公式関係は始まった（以下，第 1-3 表参照）。1993 年には ASEAN 事務局長が初めて訪中し，中国は ASEAN の協議パートナー（Consultation Partner）となった。1994 年には，安全保障対話を行うメカニ

ズムである ASEAN 地域フォーラム（ARF）に創設と同時に加盟した。また，
同年 7 月には，ASEAN 事務局長と中国外相が経済貿易協力合同委員会と科学
技術協力合同委員会の設立に合意しており，両国・地域の経済協力の第一歩と
なった。

第 1-3 表　中国と ASEAN の経済交流の発展

年	事象
1991	24 回 ASEAN 外相会議に銭其琛中国外相出席，初の非公式外相会談
1993	中国，ASEAN の協議パートナーになる
1994	中国，第 1 回 ASEAN 地域フォーラム（ARF）に参加
1996	中国，ASEAN の対話国となる，中国，第 29 回 ASEAN 拡大外相会議に初参加
1997	第 1 回 ASEAN 中国合同協力委員会（JCC），ASEAN 中国協力基金設立
	中国，アジア通貨危機で ASEAN 支援
	ASEAN プラス 3 首脳会議，第 1 回 ASEAN 中国首脳会議（以後毎年開催），「21 世紀に向けての善隣・信頼のパートナーシップ」共同宣言
2000	中国の提案により ASEAN 中国 FTA の専門家による研究を開始
2001	ASEAN 中国 FTA の 10 年以内設立を発表
2003	中国，域外国として初めて東南アジア友好協力条約（TAC）署名，平和と繁栄のための戦略的パートナーシップ協力宣言に調印
2004	ASEAN 中国博覧会，南寧で開催
2005	ACFTA 物品貿易協定発効
2007	ASEAN 中国サービス貿易協定調印
2009	ASEAN 中国相互留学生 10 万人計画
2010	ASEAN 大使任命，ASEAN 代表部開設
2011	中国アセアンセンター開設
2013	中国一帯一路構想（BRI）を発表
2016	第 1 回メコン瀾滄江会議開催
2019	ACFTA アップグレード協定発効
2020	中国，コロナ対策で ASEAN 協力
2021	ASEAN 中国対話関係 30 周年，中国ラオス鉄道開通，包括的戦略パートナーシップへ格上げ
2023	中国 AOIP への協力を発表

（資料）ASEAN 中国サミットの議長声明，共同声明などより筆者作成。

(2)　微笑外交を展開する中国

　1996 年 7 月には，中国は ASEAN の対話国（Full Dialogue Partner）となった[3]。1997 年 12 月にクアラルンプールで初の ASEAN+3（日中韓）首脳会議が開かれたが，同時に第 1 回 ASEAN 中国首脳会議が開催され，その後定例化された。同会議では，「21 世紀に向けての善隣・信頼のパートナーシップ共同宣言」が調印された。宣言では，善隣友好，ハイレベルの交流と対話，2 国間（中国と ASEAN 加盟国）および多国間（中国と ASEAN）の協力強化，南シナ海での紛争を含む紛争の平和的手段での解決を謳っている。中国は，ASEAN の東南アジア非核兵器地帯条約（SEANWFZ）を歓迎する一方で，ASEAN は「一つの中国」政策を確認している。また，1997 年に起きたアジア通貨経済危機で深刻な経済的影響を被った ASEAN 各国は中国が人民元の切り下げを行わなかったことを高く評価した。東アジアで FTA 締結の動きが始まると 2000 年に中国は ASEAN 中国 FTA（ACFTA）の 10 年以内設立を発表した。

　中国は ASEAN に対する協力を拡大し具体化を進めたが，こうした動きは微笑外交（Charms Offensive）と呼ばれている[4]。微笑外交による ASEAN 重視の背景について，青山（2013）は，2002 年 11 月の中国共産党第 16 回全国代表大会で 21 世紀の最初の 20 年間を「戦略的チャンス」としてとらえ，周辺国は最も重要な地域として重視されるようになったことがあることを指摘している（青山 2013：109）。2002 年には，FTA を中核として多角的な経済協力を進めるために包括的経済協力枠組み協定を締結し，物品貿易協定を 2004 年 11 月に調印した。2003 年には「平和と繁栄のための戦略的パートナーシップ共同宣言」を発出した。

　戦略的パートナーシップ宣言で謳われた協力を具体的な計画にまとめたものが，2004 年の首脳会議で採択された戦略的パートナーシップ行動計画（行動計画）である。行動計画は 2006 年から 2010 年の 5 年間の協力のマスタープランである。その内容は広範なもので，政治安全保障協力で 7 計画，経済協力で 13 計画，機能的協力で 9 計画，国際および地域協力で 4 計画を定め，実施の枠組み，メカニズム，具体的プログラムなどを明らかにしている。行動計画は，その後 5 年ごとに策定され，現在は 2020 年 11 月の ASEAN 中国外相会

議で採択された行動計画（2021－2025）が実施されている。

　中国は 2003 年に ASEAN の基本条約である東南アジア友好協力条約（TAC）の域外大国として初の署名国となるとともに ASEAN の初の戦略的パートナーとなった。2010 年には ASEAN 大使を任命している。経済協力分野は多角化し，①農業，②情報通信技術（ICT），③人的資源開発，④相互投資，⑤メコン川流域開発，⑥エネルギー，⑦輸送，⑧文化，⑨観光，⑩公衆衛生，⑪環境などで協力が実施されている。例えば，ICT は 2003 年 10 月に「ICT 協力覚書」が調印され，2005 年 5 月に北京，上海などで，「ASEAN-中国 ICT ウィーク」が開催された。交通については，2004 年 11 月に「交通協力についての覚書」が調印された。2004 年 11 月には中国 ASEAN 博覧会（CAEXPO）が南寧で開催され，その後毎年開催され 2,500 社を越える企業が参加している。

(3)　中国の大国化と外交攻勢

　中国は 2009 年にドイツを抜いて世界最大の輸出国となり，2010 年にドル表示の名目 GDP で日本を追い越し，世界第 2 位，アジアで 1 位の経済大国となった。2009 年の中国共産党 4 中全会で 1991 年以来の「韜光養晦　有所作為（能力を隠し，できることをする）」から「堅持韜光養晦　積極有所作為（韜光養晦を堅持するが積極的に成果をあげる）」に方針を変更した。2013 年 9 月には習近平国家主席がカザフスタンで「シルクロード経済帯」，10 月にインドネシアで「21 世紀海上シルクロード」，すなわち一帯一路構想を提案した。2009 年の世界金融危機により 2009 年の経済成長率は米国が－2.4％，EU が－4.1％となり世界では－0.6％と未曾有の経済危機となった。その中で中国は 4 兆元の財政支出を実施し，2009 年の経済成長率は 8.7％，2010 年も 10.3％と世界経済の回復をリードした。中国は世界経済において自国の重要性が高まり，自国の経済システムが西側の市場システムより優れているとの自信を持つようになった。

　2011 年に北京に貿易投資観光文化交流を行う中国 ASEAN センターを開設し，2012 年に任命した ASEAN 大使を常駐大使に格上げし，ジャカルタに常駐 ASEAN 代表部を開設した。2013 年には一帯一路構想（Belt and Road

Initiative：BRI）が発表され，ASEAN加盟国は全て参加している。2016年には第1回メコン瀾滄江会議が開催された。2018年1月にメコン瀾滄江（MLC）協力首脳会議が開催され，MLC協力とGMS（大メコン圏）協力の相乗効果を高めることが指向された。また，連結性では中国の一帯一路構想（BRI）とASEAN連結性マスタープラン（MPAC）の相乗効果も求められており，2019年11月に「ASEAN連結性マスタープラン（MPAC）2025と一帯一路構想（BRI）の相乗効果に関するASEAN中国共同声明」が採択されている。

　2019年には2015年に調印されたACFTAアップグレード協定議定書が発効し，ASEANが主導して交渉が続けられてきたRCEPが2020年に調印され，中国は2021年に批准，2022年1月にRCEPは発効した。2021年には一帯一路構想のASEANにおける代表的なプロジェクトである中国ラオス鉄道が開通した。

　2021年には米国（2022年），日本（2023年）に先駆けて戦略的パートナーシップを包括的戦略パートナーシップに格上げしている。経済連携や貿易投資分野から教育，環境，連結性，メコン開発，デジタル化などの分野での協力に重点が移るとともに2020年の新型コロナ感染症（COVID-19）発生以降はコロナとの戦いでの協力に重点が置かれている。2020年2月にCOVID-19に関するASEAN中国外相会議，5月にはASEAN中国経済大臣会議，7月にはASEAN中国交通大臣会議が相次いで開催された。中国はCOVID-19ASEAN対応基金とASEAN包括的リカバリー枠組みに支援を行うとともにワクチン提供を約束した。2023年には中国はASEANのインド太平洋構想である「インド太平洋に関するASEANアウトルック（AOIP）」への協力を発表した。中国はFOIPなど米国や日本のインド太平洋構想を中国封じ込めとして批判していただけにAOIPへの協力は注目される。

2．中国とASEANの協力の概要と特徴
⑴　積極的に多角的協力を実施する中国

　中国とASEANの協力関係は2021年に30周年を迎えた。中国とASEANは極めて多角的な経済協力を実施している。首脳会談の数をみても米国の11回に対して中国は26回を数えるなどより積極的である。中国とASEANの

協力は，ASEAN+1（中国）という枠組みを基本として進められているが，金融協力はチェンマイ・イニシアティブやアジア債券市場イニシアティブなど ASEAN+3（日中韓：APT）の枠組みで進められている。安全保障協力は ASEAN 地域フォーラム（ARF），ASEAN 拡大国防大臣会議（ADMM プラス）などより多くの国が参加する枠組みで協議されている。メコン開発は，メコン首脳会議など流域国 6 カ国（ラオス，ミャンマー，カンボジア，ベトナム，タイ，中国）の枠組みで進められているなど多様な協力枠組みがあり，重層的に実施されている。

　協力メカニズムも重層的であり，ASEAN 中国首脳会議を頂点に多くの協議，協力の枠組みが作られている。首脳会議の下には，外相会議を初めとする閣僚レベルの会議，高級事務レベル協議が設置されている。ASEAN 中国首脳会議は，1997 年の非公式首脳会議以降定例化され，特別首脳会議も 2003 年の新型肺炎（SARS）についての特別首脳会議など何度か開催されている。

　中国は東南アジア友好協力条約（TAC）に参加した最初の ASEAN 域外国であり，東南アジア非核兵器地帯条約（SEANWFZ）に参加した最初の核保有国である。さらに，ASEAN との FTA 締結，戦略的パートナーシップ（2003 年）および包括的戦略的パートナーシップ（2021 年）関係を結んだ最初の国であることは中国の ASEAN 重視姿勢を示している[5]。

　閣僚会議は，外相会議のほか，国防，経済，交通，教育，税関協力，衛生，通信，メディア，法の施行など多くの分野で毎年開催されている。これらの分野では，高級事務レベル協議が閣僚会議に先立ち行われている。実施レベルでは，ASEAN 中国合同協力委員会（ACJCC）が毎年ジャカルタで開催されており，ASEAN 各国の常駐代表と中国の ASEAN 常駐大使が参加している。ACJCC は行動計画と ASEAN 中国基金を管轄しており，中国政府は ASEAN と中国の協力の円滑な実施のため ASEAN 事務局に専門家を派遣している。ASEAN 中国基金が設立されたときに中国は 1,000 万ドルを拠出した。

⑵　200 を超える協力メカニズム

　様々なレベルの会議や協議の決定内容は，協定や議定書など法的な文書になるとともに行動計画として具体的な措置や施策が ACJCC により決められ実施

される。具体的な施策は，委員会，フォーラムやビジネスサミットなど会議や交流の開催，展示会開催，研修や訓練など能力構築，基金の設立，協力センターの設立，中国による資金の供与など様々であり，こうした個別の協力メカニズムは 200 を超えるといわれる（Shambaugh 2021：147）。

　例えば，2004 年に南寧で開催された中国 ASEAN 博覧会（CAEXPO）は毎年開催されており，2500 を超える参加企業，5 万人を超える参加者がある大規模な展示会に発展し，ASEAN 中国ビジネス投資サミット（CABIS）が併催されている[6]。また，2011 年には北京に貿易投資観光文化交流を目的に ASEAN 中国センターが常設の協力機関として開設され，ほかには ASEAN 中国技術移転センターが設立されている。

　協力対象分野は極めて広範であり，政治安全保障，経済，社会文化に加え，連結性，持続的開発，ASEAN の格差是正，サブリージョナル協力，AOIP への協力などが行われている。

⑶ ACFTA，一帯一路，パートナーシップ行動計画

（ACFTA）

　ASEAN と中国の主要協力分野の 1 つは FTA である。ACFTA 交渉では ASEAN 側が関心を持つ農産物の自由化を先行して実施（アーリーハーベスト）し，AFTA に類似した段階的削減方式を採用するなど中国側が積極的な姿勢を示した[7]。2002 年の包括的経済協力枠組み協定の締結後，物品貿易協定を 2004 年 11 月に調印，2005 年 7 月に発効，2007 年 1 月にサービス貿易協定を調印，同年 10 月に発効，2009 年 8 月に投資協定を調印，2010 年 1 月に発効など ACFTA は順調に発展した。物品貿易の関税撤廃率は 91.9％（品目ベース）であり，日本 ASEAN 包括的経済連携協定（AJCEP）の 86.5％よりも高い。2007 年には衛生植物検疫（SPS），2009 年には貿易の技術的障害（TBT）分野の協力に関する議定書が調印されるなど対象分野も拡大している。

　2019 年には 2015 年に調印された原産地規則など物品貿易，サービス貿易，投資の 3 協定の改定を行う ACFTA アップグレード協定議定書が発効した。デジタル経済，グリーンエコノミーなど新しい分野を取り込む ACFTA3.0 交渉は 2024 年 10 月に実質合意した。ACFTA は企業により利用されており，タ

イでは利用率が 6 割を超え，日系企業が積極的に利用している（助川 2021：12）。ACFTA については第 2 章で詳しく論じている。

（一帯一路構想）

　ASEAN 加盟国は全て一帯一路構想に参加しており，連結性強化のためのインフラ資金の提供を一帯一路構想に期待している。インフラ整備など連結性強化を目的に ASEAN が実施している ASEAN 連結性マスタープラン（MPAC）は資金不足などにより実施が遅れている。豪州のローイー研究所によると，ASEAN の一帯一路構想（BRI）の 24 大型インフラプロジェクトのうち完成したのは，160 億ドル相当の 8 プロジェクトであり，完成の見通しは 350 億ドル相当の 8 プロジェクト（ただし 2 件は規模縮小）となっている。一方，210 億ドル相当の 5 プロジェクトが中止となり，50 億ドル相当の 3 プロジェクトが進展の見通しがない状態である。フィリピンは一帯一路による大型鉄道プロジェクトを中止し一帯一路から離脱と報じられた[8]。

　2021 年 12 月に ASEAN での代表的一帯一路プロジェクトである中国ラオス鉄道が完成した。中国ラオス鉄道は，総工費がラオスの GDP の 5 割という経済規模に比べ巨大なプロジェクトであり，対中債務が懸念されている。ラオスの対中債務は 29.4％であるが，「隠れ債務」（国有企業などが融資を受けているが中央政府が主要債務者でないためバランスシートに記載されていない債務）をいれると GDP の 65％に達し世界最悪レベルである（助川 2022）。一帯一路構想については第 6 章で詳細に論じられている。

（パートナーシップ行動計画）

　2006 年に戦略的パートナーシップ行動計画（行動計画）が始まり，5 年ごとに更新され，現在 2021 年から 2025 年までの第 4 次計画が実施されている。経済協力では，①貿易投資協力，②金融協力，③食糧農業協力，④衛生植物検疫および貿易の技術的障害協力，⑤海洋協力，⑥ICT 協力，⑦科学イノベーション協力，⑧輸送協力，⑨観光協力，⑩エネルギー・鉱物資源協力，⑪税関協力，⑫知的財産協力，⑬零細中小企業協力，⑭生産能力協力の 14 分野で多様なプログラムが現在実施されている。

第3節　米国の対 ASEAN 経済政策と経済協力

1．1977 年に開始された ASEAN との関係

⑴　ブッシュ政権で経済協力を開始

　米国と ASEAN の関係は，1977 年に米国が ASEAN の対話国となったことから始まった（第1-4 表）。1978 年には第 1 回の閣僚会議がワシントンで開催されており，1979 年にはバンス国務長官がバリで開催された ASEAN 外相会議に出席している。米国の ASEAN への関与と協力は政権により大きく異なっている。クリントン政権（1993 年 1 月〜2001 年 1 月）は，人権外交，民主主義外交を展開するとともに APEC を重視し，ASEAN の優先順位は低かった[9]。テロとの戦いを最優先したブッシュ政権（2001 年 1 月〜2009 年 1 月）は，中東地域を重視し ASEAN を軽視したが，テロ対策の一環として ASEAN への経済協力を行った。

　2002 年 7 月に発表された ASEAN 協力プラン（ASEAN Cooperation Plan：ACP）は ASEAN 共同体創設に向けたビエンチャン行動計画を支援するプログラムである。2002 年 10 月には，ASEAN 加盟国と 2 国間 FTA 交渉を実施するための指針となる ASEAN 支援構想（Enterprise for ASEAN Initiative：EAI）が発表された。EAI 構想では，ASEAN 各国が WTO に参加し，その上で米国と TIFA を締結することが米国と ASEAN が将来，FTA を結ぶ条件とされた（謝 2024：173）。2004 年には，米国 ASEAN 技術協力訓練ファシリティ（US-ASEAN Technical Assistance and Training Facility，米国 ASEAN ファシリティ）が ACP の中核プロジェクトとして開始されている。

　2006 年 7 月に外相会議でパートナーシップ行動計画枠組み文書が調印され，「国家協力と経済統合を進めるための ASEAN 開発ビジョン（ASEAN Development Vision to Advance National Cooperation and Economic Integration：ADVANCE)」が発表された。2006 年 8 月には，貿易投資の拡大に向けて合同協議会を設立する ASEAN 米国貿易投資枠組み取決め（TIFA）が調印されている。

　2007 年の ASEAN 拡大外相会議にライス国務長官が欠席（2005 年に続き 2

第 1-4 表　米国 ASEAN 関係年表

年	事項
1977	米国 ASEAN の対話国になる
1979	バンス国務長官 ASEAN 外相会議出席
2002	パウエル国務長官 ASEAN 協力計画（ACP）を発表，ASEAN 支援構想（EAI）発表
2005	ブッシュ大統領と ASEAN 首脳パートナーシップ強化のための共同宣言発表
2006	米 ASEAN 貿易投資枠組み（TIFA）発表，国家協力と経済統合を進めるための ASEAN 開発ビジョン（ADVANCE）発表
2008	米国 ASEAN 加盟国以外で初めて ASEAN 大使任命
2009	米国東南アジア友好協力条約（TAC）署名，米 ASEAN サミット開催，オバマ大統領 ASEAN10 カ国首脳と会った最初の大統領となる
2010	米国 ASEAN 加盟国以外で初めて ASEAN 常駐代表部をジャカルタに設置，米国初めて東アジアサミットに参加（クリントン国務長官）
2011	米国常駐大使を初めて任命
2012	米 ASEAN 経済関与強化イニシアティブ（E3）開始
2013	東南アジア青年リーダーイニシアティブ（YSEALI）を開始
2015	米国 11 月の米 ASEAN サミットで ASEAN との関係を戦略的パートナーシップに格上げ
2016	米国サニーランズでの米 ASEAN 特別サミットを開催，米 ASEAN コネクトを発表
2019	米国，ASEAN のインド太平洋に関する ASEAN アウトルック（AOIP）を歓迎
2021	米国，AOIP への協力を発表

（資料）US Mission to ASEAN より筆者作成。

度目）し，9 月に予定されていた ASEAN 首脳会議を延期した。ASEAN 創設 40 周年，ASEAN 米国対話 30 周年の 2007 年の重要な会議への米国側代表の欠席と延期は ASEAN 軽視と受け取られ，ASEAN を失望させた。米国内でも批判が高まり，ASEAN を重視し関与を続けるというシグナルとして対話国として初めての ASEAN 大使任命を行ったと考えられる。また，TPP の本格的参加はオバマ時代だが，TPP への参加決定はブッシュ政権末期に行われている。

(2)　ASEAN との関係を重視したオバマ政権

　米国の ASEAN への関与を深め，経済協力を推進したのはオバマ政権時代

（2009年1月〜2017年1月）である。オバマ政権はアジアを重視する Pivot (Rebalance) to Asia 戦略を開始し，北東アジアだけでなく東南アジアを重視する政策にシフトした。Pivot は外交，経済，安全保障の3分野で展開された。外交では，2009年に東南アジア平和友好協力条約（TAC）に署名，ニューヨークで首脳会談（最初の米 ASEAN サミット）を開催した。さらに，2016年2月にカリフォルニア州サニーランズで米 ASEAN 特別サミットを開催した。オバマ大統領は任期中にブルネイを除く ASEAN9 カ国を訪問している。2010年には対話国として初めてジャカルタに ASEAN 常駐代表部（US Mission to ASEAN）を開設し，2011年に ASEAN 常駐大使を任命した。2016年に米国は ASEAN との関係を戦略的パートナーシップに格上げした。

　経済分野では，多くの経済協力プログラムが始められている。メコン開発では，2009年に米国とカンボジア，ラオス，ミャンマー，ベトナム，タイのメコン圏5カ国の協力枠組みである低地メコンイニシアティブ（Lower Mekong Initiative：LMI）が開始された。LMI は農業と食糧安全保障，連結性，教育，エネルギー安全保障，環境と水，衛生の6分野とジェンダーのような分野横断的な課題を対象とし，技術協力，人材育成などを行っている。2012年には，米 ASEAN 経済関与強化イニシアティブ（Expanding Economic Engagement：E3）が開始された。E3 は貿易と投資の促進を目的とし TPP のような高水準の FTA に ASEAN 加盟国が参加する準備を行うことと ASEAN 経済共同体の構築支援を意図していた。

　2016年の米 ASEAN 特別サミットでは米 ASEAN コネクト（US-ASEAN Connect）が発表された。米 ASEAN コネクトは，米国の ASEAN 各国への経済的関与の新しい枠組みであり，米国 ASEAN 間の貿易と投資関係の強化と ASEAN 経済共同体構築への米国政府と民間企業の支援を行うものである。安全保障面では，2014年に国防総省ハワイで米 ASEAN 防衛フォーラムを開催した。2013年12月にアジア海洋イニシアティブが発表され，国務省は2015年にインドネシア，マレーシア，フィリピン，ベトナムが参加する東南アジア海洋法執行イニシアティブ（Southeast Asia Maritime Law Enforcement Initiative：MLE）に 2,500万ドルを支出した。2016年にこれら4カ国にタイを加えた5カ国を対象に海洋安全保障イニシアティブ（Maritime Security

Initiative）が開始された。

　オバマ大統領は，米国と東南アジアの関係を米国のアジア太平洋地域への戦略的リバランスの極めて重要な要素であると述べている。オバマ自身がハワイで生まれ，6 歳から 10 歳までジャカルタで育ち，東南アジアへの愛情と理解があったことも指摘されている（Shambaugh 2021：63）。

(3)　トランプ政権で米国の信頼度が低下

　オバマ政権時代に進展した ASEAN との関係強化はトランプ政権（2017 年 1 月〜2021 年 1 月）で逆転してしまった。トランプ大統領は 2017 年 1 月の就任直後に TPP（環太平洋経済連携協定）からの離脱を発表した。TPP 離脱は ASEAN では裏切りと受け止められ，米国は予測が出来ず，信頼できない国であるとの認識が増えた（Shambaugh 2021：69）。トランプ政権は，1 年目の 2017 年は大統領以下主要閣僚が ASEAN 関連の会議に参加するなど ASEAN 関与の姿勢をみせたが，2018 年からはトランプ大統領自身が ASEAN との首脳会議に出席することはなかった。2019 年と 2020 年はオブライエン大統領補佐官が出席したため，ASEAN 側は ASEAN 軽視と受け止め首脳が出席した国は 3 カ国のみだった。2020 年 3 月 14 日にラスベガスで米 ASEAN 特別首脳会議を開催する予定だったが，新型コロナ感染症の感染拡大のため延期されてしまった。

　中国との対立はインド太平洋で起きているとの認識から，トランプ大統領は，2017 年 APEC の CEO サミットで「自由で開かれたインド太平洋戦略（FOIP）」を発表し，米国のアジア戦略は FOIP を中心に展開されていった。ASEAN は，2019 年 6 月に独自のインド太平洋構想「インド太平洋に関する ASEAN アウトルック（ASEAN Outlook on Indo-Pacific：AOIP）」を発表しており，米国は AOIP を歓迎，支持を表明している [10]。

　米国のアジア外交では，積極的な東南アジア外交を展開したオバマ政権が例外であり，トランプ政権の東南アジア外交は善意の無視（benign neglect）という米国の伝統的な東南アジア外交に連なると指摘されている [11]。トランプ政権の ASEAN 軽視は東南アジアでの米国の信頼度を著しく低下させた。ISEAS ユスフ・イシャク研究所が実施した 2020 年の ASEAN 有識者意識調査

の結果によると，米国を戦略的パートナーおよび地域の安全保障を担保する国としてどの程度信頼するかという問いについては，「信頼しない」が13.8％（2019年9.4％），「ほとんど信頼しない」が33.2％（同25.2％）となっており，5割近くが米国を信頼できないと回答していた（Tan et al. 2020）。

(4) バイデン政権の東南アジア政策

バイデン政権（2021年1月〜）は一転して積極的な ASEAN 外交を展開している。就任1年目の2021年7月以降，ハリス副大統領，ブリンケン国務長官，オースティン国防長官など重要閣僚が東南アジアを相次いで訪問した。バイデン政権の積極的な ASEAN 外交によりトランプ政権により低下した米国の信頼度は回復している。2021年度の ASEAN の有識者意識調査の2021年版によると，米国の信頼度は2020年の30.3％から2020年は48.3％に高まった（Seah et al. 2021）。

2021年の外相会議で米国は AOIP の4分野（海洋協力，連結性，SDGs，経済その他）に対する協力を明らかにしている。2022年5月12−13日には米国 ASEAN 特別サミットがワシントンで開催され，ミャンマーを除く9カ国の首脳（フィリピンは外相が参加）と ASEAN 事務総長が参加した。米ASEAN 特別サミットの目的は，トランプ政権下で米国に対する信頼が低下した ASEAN への米国の関与を再保証することであり，米国のインド太平洋戦略とインド太平洋に関する ASEAN アウトルックという2つのインド太平洋構想を補完することにより米国と ASEAN の新時代を開始することを明らかにした（The White House 2022）。

共同声明では，①COVID-19との戦い，②経済関係と連結性の強化，③海洋協力の推進，④人と人の連結性，⑤サブリージョナルな開発の推進，⑥技術強化とイノベーション推進，⑦気候変動への取組み，⑧平和の維持と信頼構築の8分野での主要な協力プログラムが例示され，1億5,000万ドルの資金協力を発表した（The White House 2022）。

また，トランプ政権下で空席となっていた ASEAN 駐在大使として，国家安全保障会議（NSC）で大統領副補佐官を務めるヨハンネス・エイブラハム氏を指名した。

　2016 年秋の米 ASEAN サミットで ASEAN との関係を強化されたパートナーシップから戦略的パートナーシップに格上げしていたが，2022 年 10 月の第 10 回サミットで，包括的戦略パートナーシップに再格上げされた。2023 年 9 月の第 11 回の米国 ASEAN サミットでは，米国アセアンセンターをワシントンに設立することが決定し，2023 年 12 月 14 日にワシントンで開設された。

　バイデン政権はパリ協定復帰などトランプ政権の政策を転換したが，インド太平洋戦略は継承しており，2022 年 2 月に「インド太平洋戦略」を発表した。バイデン政権のインド太平洋戦略は，米国の太平洋岸からインド洋に至る地域であるインド太平洋は米国の安全保障と繁栄に極めて重要であると認識し，米国はインド太平洋における米国のコミットメントを強化する決意であると述べている（The White House 2022）。トランプ政権と異なり，同盟国やパートナーと連携することを強調し「強力で団結した ASEAN」を，10 の行動計画の 4 番目に掲げている。インド太平洋戦略の経済戦略としてインド太平洋経済枠組み（IPEF）交渉を 2023 年 5 月 23 日に東京で立ち上げた[12]。

2．米国の ASEAN 関与

(1) FTA の欠如とインド太平洋経済枠組み（IPEF）

　米国はシンガポールと 2 国間 FTA を締結しているが，ASEAN とは FTA を締結していない。ASEAN の 4 カ国（シンガポール，ブルネイ，マレーシア，ベトナム）が参加している TPP から離脱しており，ACFTA に加え RCEP を結んでいる中国と比べ ASEAN への経済的関与は弱く東アジアの経済連携からも除外されている状態だった。ASEAN を含むインド太平洋各国への経済的関与のためにバイデン政権は 2022 年 5 月にインド太平洋経済枠組み（IPEF）交渉を立ち上げた。IPEF の参加国は，米国，豪州，ブルネイ，インド，インドネシア，日本，韓国，マレーシア，ニュージーランド，フィリピン，シンガポール，タイ，ベトナム，フィジーの合計 14 カ国である。IPEF は，①貿易，②サプライチェーン，③クリーン経済，④公正な経済の 4 つの柱で構成されている。4 つの柱には選択的な参加が可能である。IPEF は経済連携構想であるが，RCEP や CPTPP などの経済連携協定とは異なり，関税撤廃など市場アクセスを含む伝統的な貿易協定ではなく，米国議会の承認を求める

必要はない。IPEF は 2023 年 5 月にサプライチェーンの柱で実質合意に達し，11 月 16 日の首脳会議でクリーンエコノミーと公正な経済で合意に達したが，貿易は交渉継続となった。IPEF サプライチェーン協定は 2024 年 2 月に発効した。

⑵　ASEAN 米国戦略的パートナーシップを実施するための行動計画

ASEAN 米国戦略的パートナーシップを実施するための行動計画 2021−2025（Plan of Action to implement the ASEAN-US Strategic Partnership：以下行動計画 2021-2025）が実施中である。行動計画は 2005 年 11 月の米 ASEAN 首脳会談で合意された「米国 ASEAN の強化されたパートナーシップ（US-ASEAN Enhanced Partnership）」に基づき，5 年ごとに作成され実施されている。行動計画 2021-2025 は，ASEAN 共同体 2025 の後半の期間を対象としており，ASEAN 共同体に加えインド太平洋構想の支援も目的としている。行動計画 2021-2025 の推進を目的に，2020 年 9 月 10 日に USAID と ASEAN は最初の地域開発協力協定（Regional Development Cooperation Agreement：RDCA）に調印した。行動計画 2021−2025 の協力分野は，①政治安全保障協力，②経済協力，③社会文化協力，④分野横断的協力の 4 分野である。行動計画は優先分野を提示しているが，非常に広範で総花的ともいえる内容であり，政治安全保障協力は 5 分野 38 行動計画，経済協力は 9 分野 37 行動計画，社会文化協力は 7 分野 36 行動計画，分野横断的協力は 5 分野 12 行動計画となっている。

⑶　経済協力の中核となる米 ASEAN コネクト

2016 年 2 月 15 日に米 ASEAN 特別サミットでオバマ大統領が発表した米 ASEAN コネクト（US-ASEAN Connect）は，現在でも米国の ASEAN への協力の中核プログラムである。米 ASEAN コネクトは，ASEAN 経済共同体など ASEAN の経済統合と米国の ASEAN との貿易と投資の増加を目的としており，ビジネスコネクト，エネルギーコネクト，イノベーションコネクト，政策コネクトの 4 つの柱から構成されており，政府全体で取り組む（whole of the government）としている。例えば，エネルギーコネクトは，ASEAN の

電力部門が持続可能で効率的かつ革新的な技術を利用できるようにすること
を目的としており，USAID がクリーン電力アジア（Clean Power Asia）プ
ログラムにより ASEAN 加盟国を支援している。イノベーションコネクトで
は，豪州政府とともに女性の持続可能な生計の創出を目的に女性と社会事業
に融資を行うマイクロファイナンス機関に支援を行う女性生計債（Women's
Livelihood Bond）への保証を行っている。

⑷　その他の多様な協力

米国は ASEAN に対し多様な協力を実施している。経済分野では，TIFA，
E3 などのプログラムによりデジタル経済化，零細中小企業開発，貿易円滑
化（ASEAN シングルウィンドウ），知的財産，良き規制慣行，労働，農業な
どの分野での協力を実施している。インフラ分野ではグローバル・インフラ
投資パートナーシップにより米 ASEAN インフラ連結性プラットフォームを
立ち上げた。2022 年に米 ASEAN 電気自動車イニシアティブ（U.S.-ASEAN
Electric Vehicle Initiative）を開始しており，米国の運輸省と米国貿易開発庁
が EV 関連インフラの改善のための政策提言を行うとともに EV に関するワー
クショップ開催し，ASEAN の EV 市場調査を開始した。

2023 年 12 月に米国アセアンセンターがワシントンに開設された。米国アセ
アンセンターは，① ASEAN と米国の民間セクター（とくに中小企業）およ
び市民社会の関係強化，②文化および教育分野の米国と ASEAN の人的交流
の強化，③米 ASEAN 包括的戦略的パートナーシップの具体的な活動を支援
強化するための調査の実施，④人材育成（キャパシティ・ビルディング）の推
進などにより米国 ASEAN の関係をさらに強化拡大することを目的としてい
る。

第 4 節　均衡戦略を進める ASEAN

米中対立は当初は 1974 年通商法による対中 25％の追加関税と中国側の報復
関税の発動という貿易摩擦だった。しかし，2019 年国防授権法による先端半
導体など先端技術と基盤技術を巡る輸出管理，投資規制，政府調達禁止など安

全保障貿易投資管理の導入と中国側の同様な対抗措置導入により技術覇権を巡る対立にエスカレートした。米中対立は地域ではインド太平洋，経済分野では軍民両用の先端技術・基盤技術分野で起きていると米国は認識している[13]。そのため，ASEAN を含めこの地域の国々は米中対立に直面している。

　米中対立下における ASEAN の基本的立場は米中どちらかを選択することを避けるという均衡戦略である（ただし，加盟国をみると米中間での立ち位置および姿勢は異なる）[14]。基本的認識は，①大国の対立や争いで犠牲となるのは小国である[15] という認識であり，②植民地支配や東西冷戦時代の代理戦争などの歴史的経験も影響している。そのため，東南アジア諸国では域外大国の東南アジア地域への介入を避けるという意味の中立が DNA となっているといわれる（Shambaugh 2021：249）。ASEAN は 1971 年に「平和・自由・中立地帯宣言（ZOPFAN）」を発出し，近年は東アジアの地域協力や地域統合で ASEAN が中心となる「ASEAN 中心性」を強調している[16]。シンガポールの ISEAS ユスフ・イシャク研究所の ASEAN 有識者意識調査 2024 年版によると，ASEAN の直面している脅威として，「ASEAN は大国間競争の舞台となり加盟国は大国の代理人になっている」という回答が 76.4％となっている（Seah et al. 2024）。

　経済面では，中国は最大の貿易相手国，米国は最大の投資国であることが示すように，米中両国と ASEAN は緊密な経済関係にあり，ASEAN は米中との経済関係から利益を得ているためにどちらか一方を選択することは非現実的である。また，ASEAN の中国，米国との経済協力，経済交流関係は，極めて広範かつ多角的であり，長年にわたり友好関係を維持するとともに経済技術協力を受けてきている。そのため，中国の台頭を脅威ではなく機会と捉え歓迎するとともに，避けられない現実であり「安定し繁栄した中国は利益であり貧しい中国は危険（ゴー・チョクトン）」と認識し，地域の安定と発展の方向に中国を関与させようとしてきた（Liow 2017：132）。ASEAN では中国封じ込めや中国敵視政策に同調する国はなく[17]，封じ込めや敵視を強いると米国に抵抗し中国に接近するという逆効果となる可能性が指摘されている（Shambaugh 2021：250）。

　ASEAN は中国と FTA を結び ASEAN 各国は一帯一路構想に参加している

が，同時に米国主導の IPEF にも主要 7 カ国が参加している。米国が中国と対抗色の強い FOIP を進めると ASEAN は中国を排除しない AOIP を 2019 年に発表している。米国は経済安全保障のために 5G 通信設備からファーウェイの機器設備を排除するよう要請したが，ASEAN 主要国はベトナムを除き応じていない（野木森・佐野 2020：5）。ベトナムはファーウェイを排除しているが，米国の要請に応えたのではなくベトナム企業の育成のためである。2024 年の 6 月にタイが BRICS 加盟申請意向書を閣議決定し，マレーシアが参加意向を表明した。インドネシアも 2024 年の BRICS サミットで参加意思を表明した。一方，インドネシアの OECD 加盟審査が 2 月に開始され，タイ，マレーシアも OECD 加盟を表明するなどバランスが重視されている。

　二股外交とも呼ぶべき ASEAN の「米中均衡戦略」が可能なのは，米国，中国両国にとって ASEAN の重要性が増しているためである。ASEAN は，インド太平洋の中心という戦略的に極めて重要な場所に位置しており，マラッカ海峡や南シナ海に極めて重要なシーレーンが位置している。次に東アジアの地域協力や地域統合で ASEAN が中核的な役割を果たしている（ASEAN 中心性）ことがあげられる。そして，ASEAN が中国の最大の貿易相手となり，米国の最大の投資先となっていることが示すように米中両国にとって ASEAN の経済的重要性が増していることが指摘できる。こうした背景から米国中国とも ASEAN を重視し協力を強化するとともに ASEAN 中心性を尊重している

第 1-5 図　米中対立下での ASEAN の対応

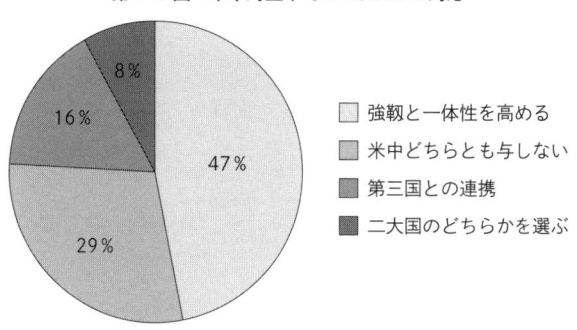

（出所）Seah, Sharon et al. *The State of Southeast Asia 2024 Survey Report.* ASEAN Studies Centre, ISEAS-Yusuf Ishak Institute.

ため均衡戦略が可能となっている。

　こうした ASEAN の米中均衡戦略は ASEAN で支持されている。前述の ASEAN 有識者意識調査によると，米中対立への ASEAN の対応については，「2 大国からの圧力をかわすために強靭性と一体性を高める」が 46.8％，「米中どちらにも与しない対応を続ける」が 29.1％となっている（Seah et al. 2024）。中立は実際的でなく二大国の 1 つを選択するという回答は 8.0％に過ぎなかった（第 1-5 図）。

おわりに　課題と展望

　米中対立は長期化する。アジアでの覇権を巡る争いだからである。キッシンジャーが指摘したように「アジアに覇権国が出現することを防ぐことは 1 世紀以上続いている米国の不動の政策」となっている[18]。覇権国として急速に台頭してきたのは中国であり，中国は最大の競争相手であるという認識はトランプ政権時に明確になり，バイデン政権も継承している。

　中国の経済成長率は人口増のピークを迎え低下傾向にあるが，先進国よりも高い成長は続いており，今後も 4−5％程度の成長は維持されるだろう。科学技術レベルの高さと自強自立政策に加え，人材，インフラ，部品産業の発達などからデュアル・ユースの新興技術製品の生産拠点としての重要性は維持される。海軍力を中心に軍事力の増強は続くだろう。

　そのため，米国は地域戦略としてのインド太平洋戦略と経済安全保障戦略として先端半導体などデュアル・ユースの戦略的技術や製品を対象とする対中貿易投資管理を強化している。米国の経済安全保障のための厳しい貿易投資管理は先端半導体など軍事転用可能（デュアルユース）な新興技術分野を対象とする「小さな庭・高い塀（small yard high fence）」といわれる部分的な分断である[19]。経済安全保障と活発な経済交流は両立可能であり，東アジアでは経済統合も進展している。

　中国と ASEAN への間にはサプライチェーンが構築されており，中国は ASEAN への中間財供給国として重要性を増している。米中対立の中で中国から ASEAN に製造拠点を移管する動きが加速しており，中国から ASEAN に

中間財が供給され，ASEAN で製品化し米国に輸出する新しい三角貿易が形成されつつある。米中対立と習近平政権下で強権化が進む中国の投資リスクが高まっており，ASEAN への外国投資は今後増加するだろう。

　ASEAN の経済的重要性と地政学的重要性は高まっており，米中は ASEAN の取り込みを強化している。ASEAN の米中均衡戦略は変わらない。インド太平洋の中心に位置し米中両国と良好な関係を維持する ASEAN に期待されるのは，インド太平洋を平和の海とする AOIP の実現とともに東アジアの経済統合の中心として自由でルールに基づくアジアの通商秩序を維持・推進することである。

　ASEAN に対して米中どちらかの選択を強制しないことは共通の外交マナーとして定着したといわれる（木場 2024b：41 頁）。米国の ASEAN 政策は政権により政策が大きく変わり一貫性に欠けるなどの問題点が指摘されている[20]。米国と ASEAN の間で米国の ASEAN 政策を補完するとともに ASEAN の立ち位置を理解し，アジアの経済連携と経済協力において ASEAN と連携し協力していくことが日本の責務である。

（石川幸一）

【注】

1　ジェトロのアジア・オセアニア進出日系企業実態調査（2024 年版）によると，2023 年の調達先はタイでは ASEAN4.6％に対し中国が 5.5％，ベトナムでは ASEAN の 10.4％に対し中国は 11.6％となっている。

2　本節は，石川幸一（2022）の内容を更新し整理したものである。

3　1994 年の対話国は，日本，米国，カナダ，豪州，ニュージーランド，韓国，EU である。東アジアサミット（EAS）の参加条件の 1 つは ASEAN の対話国である。

4　Charms Offensive については，Liow（2017），pp. 123-137.

5　包括的戦略パートナーシップは中国とともに豪州とも結ばれた。ASEAN は 2003 年に中国と戦略的パートナーシップ関係となり，その後，対話国と順次パートナーシップ関係を確立した（韓国 2010 年，インド 2012 年，豪州 2014 年，日本，米国 2015 年など）。

6　ASEAN 中国博については，末廣（2018），123-125 頁，が詳しい。

7　ACFTA は，①品目を関税率により分類し段階的に関税引下げ，②0−5％への引き下げの多用，③CLMV への特別待遇，④互恵主義など AFTA と共通点が多い。AFTA をモデルとしたことで ASEAN は ACFTA に合意が容易になっており，中国の ASEAN への配慮と ASEAN 重視を示している。

8　マニラ南部の全長 380 キロ，工費 25 億ドルのフィリピン国鉄ビコル線プロジェクトと 100 キロ，工費 14.5 億ドルのミンダナオ通勤鉄道プロジェクトが中止となった。スービックとクラークを結

ぶ鉄道も中止となり，3鉄道プロジェクトが中止となった。他の一帯一路プロジェクトは中止との報道はなく，正式に離脱となったかは判らない。

9　東ティモールでの人権侵害，マレーシアやインドネシアでの労働者の権利やシンガポールでの米国人少年へのむち打ち刑などが問題となっていた（Liow 2017：52）。

10　インド太平洋に関する ASEAN アウトルックについては，石川（2020）を参照。

11　トランプ政権では，東南アジア主要国の大使の不在も目立った。駐タイ大使は 17 カ月間不在だったし，駐フィリピン，駐シンガポール，ASEAN 大使も不在が続いた。

12　外務省，2022 年 5 月 23 日。

13　米中対立については，石川・馬田・清水編（2023）所収の論文を参照。

14　国別にみるとラオスとカンボジアは中国から積極的に経済援助を受け入れる親中国家である。フィリピンはドゥテルテ政権時代に Pivot to China といわれるほど親中国だったが，現マルコス政権は，2024 年 4 月に初の米日比首脳会談を開催し，南シナ海での中国の行動を名指しで批判し，3カ国による海上共同訓練の実施，半導体や重要鉱物資源などの供給網強化で合意した。また，2023年 11 月に一帯一路大型鉄道プロジェクトを中止するなど親米的になっている。ただし，ドゥテルテ政権時代もフィリピンは米国から数多くの軍事協力を得ており，大規模軍事演習は継続していた（木場 2024a：260-264）。

15　東南アジアには「2 匹の象が喧嘩すると間で死ぬのは小さな動物」という諺がある。

16　ZOPFAN については，庄司（2023），97-99 頁を参照。

17　リー・クアンユーは，We distanced ourselves from［the United States'］hostile rhetoric against China. We feared that talking and acting as if China was as enemy would make it one. We did not want this to happen; no country in Southeast Asia wanted to go out of its way to make China an enemy. と発言している。Liow (2017), pp. 132-133.

18　キッシンジャー，伏見訳（2022），35-36 頁。バイデン政権のインド太平洋調整官であるカート・キャンベルは「アジアに支配的な覇権国が出現するのを防ぐために外交的，経済的，軍事的な手段を駆使することを求める」と論じている。キャンベル，村井訳（2017），200 頁。また，マイケル・グリーンは，米国のアジア戦略的の中心的なテーマは，米国は他の強国がアジアあるいは太平洋で独占的な覇権国になることを許容しないことであると述べている。Green (2017), p. 5.

19　トランプ氏は中国に対し一律 60％の関税を賦課することなどを表明しており，トランプ氏が当選すれば米中競争は狭い庭の範囲に留まらなくなり，アジアそして世界の通商に大きな影響を与える。

20　思い付き外交（episodic diplomacy）であり長期的な戦略が欠如していると指摘されている。ほかには，民主主義，人権，ガバナンスの強調，ASEAN Way への理解と忍耐の不足，一帯一路構想に比べての資金不足，米国と中国の距離（距離の暴虐）などが指摘されている。

【参考文献】

青山瑠妙（2013），『中国のアジア外交』東京大学出版会。

赤平大寿（2024），「米国」若松勇・箱﨑大・藪恭兵編著『グローバルサプライチェーン再考』文眞堂。

石川幸一（2020），「ASEAN のインド太平洋構想（AOIP）：求められる構想の具体化と FOIP との連携」ITI 調査研究シリーズ，No. 101，国際貿易投資研究所。

石川幸一（2022），「中国と ASEAN の経済協力と行動計画（2021-2025）」世界経済評論 IMPACT+，No. 22。

石川幸一・馬田啓一・清水一史編 (2023)，『高まる地政学的リスクとアジアの通商秩序 現状と課題，展望』文眞堂。

大泉啓一郎 (2024)，「人口動態から ASEAN 経済を長期展望する」林田秀樹編『ASEAN の連結と亀裂 国際政治経済のなかの不確実な針路』晃洋書房。

木場紗織 (2024a)，「フィリピン：ドゥテルテからマルコスへ」林田秀樹編，前掲書。

木場紗綾 (2024b)，「ASEAN 諸国の安全保障観―米中対立への懸念，パートナーの多元化―」林田秀樹編，前掲書。

キッシンジャー，ヘンリー／伏見威蕃訳 (2022)，『国際秩序 下』日本経済新聞出版社。

キャンベル，カート／村井浩紀訳 (2017)，『The Pivot アメリカのアジア・シフト』日本経済新聞出版社。

ジェトロ，「アジア・オセアニア進出日系企業実態調査 (2024 年版)」。

謝笠天／石川義道・濱田太郎訳 (2024)，『国際経済法における新アジア地域主義』信山社。

庄司智孝 (2023)，「ASEAN の「中立」―米中対立下のサバイバル戦略―」増田雅之編『大国間競争の常態』インターブックス。

末廣昭 (2018)，「東南アジアに南進する中国」末廣昭・田島敏雄・丸川知雄編『中国・新興国ネクサス 新たな世界経済循環』東京大学出版会。

助川成也 (2021)，「交渉から 20 年を経た ASEAN 中国 FTA ～対話関係樹立 30 周年で経済的存在感が高まる中国～」『通商政策の新たな地平―畠山襄追悼論叢』ITI 調査研究シリーズ，No. 121, 国際貿易投資研究所。

助川成也 (2022)，「中国の開発協力と ASEAN」『アジアの国際環境の変化と ASEAN の対応』ITI 調査研究シリーズ，No. 130, 国際貿易投資研究所。

野木森稔・佐野淳也 (2020)，「強まる ASEAN・中国経済のつながり―ASEAN の対米中バランス外交継続に落し穴―」Research Focus，2020 年 8 月 14 日。

Green, Michael J. (2017). *By More Than Providence, Grand Strategy and American Power in the Asia Pacific since 1783*. Columbia University Press.

Liow, Joseph Chinyong (2017). *Ambivalent Engagement, The United States and Regional Security in Southeast Asia after the Cold War*. Brookings Institute Press, Washington, D.C.

Seah, Sharon et al. (2021). *The State of Southeast Asia 2021 Survey Report*. ASEAN Studies Centre, ISEAS-Yusuf Ishak Institute.

Seah, Sharon et al. (2024). *The State of Southeast Asia 2024 Survey Report*. ASEAN Studies Centre, ISEAS-Yusuf Ishak Institute.

Shambaugh D (2021). *Where Great Powers Meet, America & China in Southeast Asia*. Oxford University Press.

Tan, S. M. et al. (2020). *The State of Southeast Asia 2020 Survey Report*. ASEAN Studies Centre, ISEAS-Yusuf Ishak Institute.

The White House (2022). Fact Sheet: U.S-ASEAN Special Summit in Washington, DC., My 12.

U.S. Department of Commerce, Bureau of Economic Analysis (2023a). U.S. Direct Investment Abroad.

U.S. Department of Commerce, Bureau of Economic Analysis (2023b). Activities of U.S. Multinational Enterprises, 2021.

第 1 部

経済統合

第 2 章

ASEAN 中国自由貿易地域（ACFTA）を インフラに南進する中国

はじめに

　ASEAN の中国との対話関係は，1991 年 7 月にマレーシアで開かれた第 24 回 ASEAN 閣僚会議の開会式に，中国の銭其琛外相を主催国ゲストに招いたことに始まる。5 年後の 1996 年，中国は ASEAN の「対話国」の地位を得た。1997 年のアジア通貨危機では，中国は日本と韓国とともに ASEAN+3 の一員として，チェンマイ・イニシアティブなどの地域金融協力を推進し，信頼関係が醸成された。

　中国と ASEAN の経済関係強化への転換点は，ASEAN 中国自由貿易地域（ACFTA）[1] の構築である。その作業は 2001 年に遡り，同年 11 月にブルネイで開かれた ASEAN 関連首脳会議で，中国と ASEAN は 10 年以内の FTA 設置で合意した。当時，中国製品の流入により「中国脅威論」が ASEAN 内で高まっていた中での合意は，日本を含む東アジア各国に大きな衝撃を与え，ASEAN を巡る FTA 構築の号砲となった。

　日本を含む東アジア諸国が中国の ASEAN 接近を懸念する中，ACFTA を核とした両地域の経済関係は年々緊密化し，2021 年には ASEAN と中国の関係は「戦略的パートナーシップ」から「包括的戦略パートナーシップ」へと格上げされた。

　ACFTA の物品貿易協定は 2005 年に発効し，2025 年で 20 年を迎える。この間，ASEAN と中国の貿易関係は飛躍的に発展した。ACFTA により，ASEAN 先発加盟国は 2010 年に，後発加盟国は 2015 年に関税を撤廃した。こ

れにより，ASEAN の対中国貿易は 2005 年から 2023 年にかけて 6 倍超拡大した。

2009 年以降，中国は ASEAN にとって最大の貿易相手国となり，2019 年以降は ASEAN も中国にとって最大の貿易相手となった。この貿易関係の深化は，ACFTA による関税削減や貿易円滑化の影響が大きいが，近年では ASEAN 諸国の産業が圧迫され，中国脅威論が再燃している。

ACFTA は，中国と ASEAN 諸国の貿易を通じた結びつきを強化し，ASEAN 市場における中国の経済的存在感を急速に高めた。しかし，この経済的進出は ASEAN 諸国にとって歓迎できない側面もあり，中国の経済圧力や競争力に対する懸念が高まっている。特に電気自動車や消費財の分野では，中国製品が急速に市場を支配し，地場産業への競争圧力が強まっている。さらに，中国の経済的影響力の拡大は地経学的なリスクを伴い，ASEAN 諸国はこれにどう対処するかが問われている。本章では，ACFTA による中国と ASEAN の経済関係が持続可能な成長をもたらすのか，あるいは経済的従属と地場産業の弱体化を招くのかを検討し，ASEAN にとっての課題を提起する。

第 1 節では，ACFTA の締結経緯やその構成，そして中国と ASEAN の関係強化の背景を概観する。第 2 節では，ACFTA の物品貿易協定およびその後のサービス，投資分野への拡大とそれらの深化についてみる。そして第 3 節では，ACFTA を通じて ASEAN 市場に展開する中国製品，特に電気自動車（BEV）の輸出拡大の実態を分析し，中国の ASEAN への経済進出が ASEAN 諸国に与える恩恵とリスクの両面を明らかにし，今後の関係構築上の課題を提示する。

第 1 節 ACFTA 締結の経緯と構成

1．ACFTA とその発展

ASEAN 中国自由貿易地域（ACFTA）は，枠組み協定，物品貿易・サービス貿易・投資の経済 3 協定，紛争解決メカニズムの計 5 つの協定で構成される。この中核となるのが，ASEAN と中国の間で自由貿易地域を 10 年以内に設立し，貿易，投資，サービスでの協力を強化することを謳った「ASEAN 中

国包括的経済協力枠組み協定」（以降，ACFTA 枠組み協定）である。

　本枠組み協定をベースに，物品貿易，サービス貿易，投資の 3 種類の経済協定が構築された。また ASEAN 諸国と中国の間で発生する貿易や投資に関する紛争を，効率的かつ公正に解決するための手続きを定めたのが紛争解決メカニズム協定[2] である。この協定は，協議と合意による解決を第一に推奨し，解決に至らない場合はパネルを設置し，第三者による審査を行う仕組みが導入されている。

　ACFTA は枠組み協定の署名から四半世紀近くが経過しているが，これらの協定は，生きた協定（living agreement）として更新されている。中国と ASEAN とは ACFTA 合同委員会を常設機関として設置，ACFTA の効果的な運用および実施を確保する観点から，規定やルールの見直しを検討している。同委員会からの見直し要請を受ける形で，毎年開かれる経済相会議や首脳会議が協定改定の場として活用されてきた。つまり協定内容を固定化せず，自由化水準の深掘りに加えて，現代のビジネスに合致したルールや手続きの改善などアップグレードを図っている（第 2-1 表）。

　物品貿易協定自体またはその上部協定である ACFTA 枠組み協定は繰り返し改善が行われている。ASEAN と中国間の貿易で関税を削減・撤廃する約束が記された物品貿易協定は，産業界の要望を受ける形でこれまで複数回修正

第 2-1 表　ASEAN 中国自由貿易地域（ACFTA）の構成

協定名		ACFTA1.0			ACFTA2.0	
		署名	発効	備考（改正議定書等署名）	署名	発効
包括的経済協力枠組み協定		2002年11月	2003年7月	2003年10月，06年12月，12年11月		
	物品貿易協定	2004年11月	2005年7月	2006 年 12 月	2015年11月	2019年8月
	TBT/SPS 章組入協定議定書	2012年11月	2013年1月			
	サービス貿易協定	2007年1月	2007年11月	第 2 パッケージ（2011年11月署名，12年1月発効）		
	投資協定	2009年8月	2010年1月			
	紛争解決メカニズム協定	2004年11月	2005年1月		－	－

（注）2024 年 10 月には ACFTA3.0 が実質的に妥結した。
（資料）各協定書から筆者作成。

されている。リ・インボイス（仲介貿易）の可能化，商品の生産地等を示す原産地証明書フォーム E の船積み前発給の可能化，フォーム E 有効期間の延長，連続する原産地証明書「移動証明書」[3] の発給可能化，衛生植物検疫措置（SPS）および貿易の技術的障害（TBT）条項などの追加が代表例である。

ASEAN と中国とが初期に構築した協定は「ACFTA1.0」と呼ばれる。これは ACFTA の第1段階である。核となる物品貿易協定自体は 2005 年に発効したが，他にサービス貿易，投資の3協定全てが出揃い，ACFTA1.0 が全面的に稼働したのは 2010 年である。この時点で，ASEAN 先発加盟国[4] と中国の間で，ほぼ全ての貿易品目で関税がゼロまたは低水準に削減されるなど自由貿易地域が正式に確立され，貿易拡大の契機となった。

「ACFTA2.0」は，2015 年に署名され，19 年に発効した「ACFTA 枠組み協定とその下での協定にかかる改正議定書」によるアップグレードを指す。ここでは ACFTA1.0 の関税撤廃対象品目を拡大した。また非関税障壁の削減，手続きの簡素化など，より高度な貿易円滑化措置が導入された。原産地規則（ROO）章を抜本的に修正し，付加価値基準に加えて関税番号変更基準（CTC）も加えられた。また製品別規則（PSR）を見直し，「税関手続きおよび貿易円滑化」に関する条項を組み込んだ。

サービスと投資では，サービス貿易協定に第3パッケージを盛り込み，特定の約束（情報通信技術，金融，観光など）の自由化が進展した。投資の分野でも投資の促進および円滑化に関する規定を追加した。また経済・技術協力に追加の規則と対象分野を導入するなど，ASEAN と中国間での経済的相互依存がさらに強化された。

中国と ASEAN は 2020 年に発生した新型コロナウイルスのパンデミック（世界的大流行）によるサプライチェーンの大混乱やデジタル化の流れを受け，更なるアップグレードを志向した。2020 年 11 月，ASEAN と中国は首脳間で，「平和と繁栄のための ASEAN・中国戦略的パートナーシップを実施するための行動計画」（2021〜2025 年）を採択した[5]。ASEAN と中国とは5年毎の行動計画（Plan of Action：POA）を策定しており，21〜25 年の同計画は第4次 POA である。第4次 POA において，貿易・投資の促進の観点から，ACFTA では3項目が明記されている。まず 1)「ACFTA アップグレード議

定書」の実施強化である。その上で同議定書の下での物品貿易および投資協定について，2) 将来の作業計画の残りの要素についてさらに議論し，電子商取引分野での協力や非関税障壁などその他の協力可能な分野を検討する予定である。そして，ASEAN と中国の間の貿易，投資，観光を強化するため，3) ACFTA 協定から生じる利点を双方の企業が活用できるように支援する，と明記されている[6]。

　2022 年 11 月の第 25 回 ASEAN 中国首脳会議では，「ACFTA3.0」交渉の正式開始が発表された。目標は，地域の経済関係をさらに強化し，サプライチェーンの強化や電子商取引の促進を通じて ASEAN と中国の連携を深化させることである。ACFTA3.0 は，従来の ACFTA1.0 および 2.0 を強化し，物品貿易だけでなく，デジタル経済やグリーン経済など新たな分野に焦点を当てるなど，包括的で現代的，かつ互恵的な協定を目指している。2023 年 2 月から実交渉が行われていたが，2024 年 10 月には実質的妥結を発表した。

2．ACFTA 構築の経緯

　中国が ASEAN に対して FTA を提案したのは，日本がシンガポールとの間で FTA に踏み出す動きを見せたことへの反応であった。1999 年 11 月，第 3 回世界貿易機関（WTO）閣僚会合・シアトル会議で新ラウンドの立ち上げが失敗した。WTO などによる多角的貿易自由化を最優先し，個別国など二国間 FTA 等に距離を置いていた日本は，この状況に強い危機感を持った。

　シアトル会議の翌月 1999 年 12 月に来日したシンガポールのゴー・チョクトン首相は，小渕首相に対し，二国間での FTA 締結の可能性などを検討する共同研究を提案した。農林水産業への影響の懸念から，これまで二国間 FTA に踏み込めなかった日本は，これら日本にとってのセンシティブ産業をほぼ持たず，それら懸念が少ないシンガポールとの FTA 共同研究実施について合意した。

　この日本の動きについて中国は，シンガポールとの FTA を皮切りに，日本が ASEAN を囲い込む戦略と深読みし，ASEAN に対して 10 年以内の自由貿易地域創設を働きかけた（深沢・助川 2014：7）。中国・朱鎔基首相は 2000 年 11 月にシンガポールで開催された ASEAN 関連首脳会議で，ASEAN 側に自

由貿易地域構想に向けた作業部会設置を提案した。

　日本や他の東アジアの国々は，ASEAN 側は経済的にも軍事的にも台頭著しい中国に警戒心を持っており，FTA の誘いに乗るはずはないとみていたが，翌 2001 年 11 月にブルネイでの ASEAN 関連首脳会議で，中国と ASEAN とが 10 年以内の FTA 設置に合意した。その合意に日本を含め東アジア各国は大きな衝撃を受けた。

　日本は意図しなかったものの，日本の動きが中国を刺激し，さらにそれに反応した中国の ASEAN 接近が 2000 年代，東アジア域内で起こった FTA の「ドミノ現象」の号砲になった。ASEAN 市場において中国製品と比べた競争条件の悪化，いわゆる「貿易転換効果」への懸念が，インド，豪州・ニュージーランド，韓国など東アジア各国を ASEAN との FTA 構築競争に駆り立てた。

　また，中国が自由貿易構想を推し進める動機の 1 つは，未開発の同国西部地域をより魅力的な国際貿易ハブにしたいと考えていることだった[7]。ASEAN と FTA を締結すれば，近隣の貿易相手国に地理的に近い広西チワン族自治区，雲南省，重慶市，四川省といった西南部が最も恩恵を受けることが期待された。

　翌 2002 年 11 月に署名された「ACFTA 枠組み協定」には，ASEAN 側の警戒心を和らげ，ASEAN 側を FTA に誘い込む様々な仕掛けが盛り込まれていた。まずは農業が依然として主力産業の国々が多い ASEAN に対し，中国は農産品における早期関税削減・撤廃措置，いわゆるアーリーハーベストを提案した。広大な中国の気候は北から南にかけて寒帯，温帯，亜熱帯，そして一部に熱帯地域があるが，基本的に熱帯地域に位置する ASEAN で栽培される多くの野菜や果物と種類が異なる。熱帯果物の中国向け輸出拡大は，ASEAN の農業従事者の所得向上，ひいては地方部の底上げに繋がるとし，中国の提案は ASEAN 各国に歓迎された。

　さらには，ASEAN 各国と中国とが 5 つの優先分野，具体的には，①農業，②情報通信技術（ICT），③人的資源開発，④投資，⑤メコン川流域開発，での協力他 ASEAN 側を惹きつける魅力的な事項[8]が散りばめられていた。また，ラオス，ベトナム等当時 ASEAN の WTO 非加盟国に対し最恵国待遇

（MFN）[9] の付与を約束するなど，ASEAN を巧みに FTA に誘い込んだ。

その一方で，中国は自らも実利を得た。2001 年に WTO に加盟を果たした中国であるが，「市場経済国」ステータスについては，中国の市場経済体制がまだ十分に整備されていないことを理由に，「非市場経済国」扱いが継続された。中国が市場経済国として認められなければ，中国製品が他国からアンチダンピング措置を打たれる可能性が高まることになる。

中国の WTO 加盟議定書[10] には，第 15 条の「補助金およびダンピングの決定における価格比較可能性」において，加盟から 15 年間，中国は「非市場経済国」として扱われ，アンチダンピング措置が特別な基準で適用されることが認められていた。この期限が過ぎた後も，特定の基準を満たさない限り，各国が中国を市場経済国として認定するかどうかは引き続き各国の裁量に委ねられた[11]。

中国は WTO 加盟議定書に明記された 15 年を待つことなく，FTA 等を活用し，個別に市場経済国ステータス確保に取り組んだ。枠組み協定締結から 2 年後の 2004 年 11 月の ASEAN 中国首脳会議で署名され，2005 年 7 月に発効[12] した「ACFTA 枠組み協定における物品貿易協定」の第 14 条（中国の市場経済国としての地位の承認）では，ASEAN 加盟 10 カ国は中国を完全な市場経済国として承認することに同意し，中国と ASEAN 間の貿易に関して「中国の WTO 加盟議定書の第 15 条および第 16 条，ならびに WTO 加盟作業部会報告書の第 242 項を適用しない」ことが盛り込まれた。

3．ACFTA の構成とこれまでの取組み

ACFTA では貿易品目について，関税番号 2 桁ベースで HS01 から HS08 までの農水産品を i）アーリーハーベスト品目とし，また一般スケジュール通り関税削減を実施する ii）ノーマルトラック，ノーマルトラックより 2〜3 年の関税撤廃猶予を与えた iii）ノーマルトラック 2，国内産業保護の観点から関税を 5％以下の水準にまで緩やかに削減する iv）センシティブ品目，関税を 50％以下にまで削減する v）高度センシティブ品目，の 5 つに分け，関税削減スケジュールが作られている（第 2-2 表）。ACFTA ではノーマルトラック対象品目の関税撤廃年について，先発加盟国が 2010 年，後発加盟国が 2015 年に設定

第 2-2 表　ACFTA の関税削減スケジュール

国・地域	カテゴリー	2006 年	2008 年	2010 年	2012 年	2015 年	2018 年	2020 年
ASEAN 先発加盟国／中国	アーリーハーベスト	0%						
	ノーマルトラック			0%				
	ノーマルトラック 2				0%			
	センシティブ品目				20%以下		0〜5%	
	高度センシティブ品目					50%以下		
後発加盟国	アーリーハーベスト	0%（※ラオス・ミャンマーは 08 年，カンボジアは 10 年）						
	ノーマルトラック					0%		
	ノーマルトラック 2						0%	
	センシティブ品目					20%以下		0〜5%
	高度センシティブ品目						50%以下	

（資料）「ASEAN 中国包括的経済協力枠組み協定」（2002 年 11 月）より筆者作成。

　された。なお ASEAN 先発加盟国と中国の関税撤廃率，いわゆる自由化率は 91.9％である[13]。

　以降，ASEAN 先発加盟国は 2012 年 1 月にセンシティブ品目の関税を 20％以下に，さらに 2018 年 1 月には 0〜5％に，それぞれ削減したことで，先発加盟国の ACFTA の措置は一通り完了した。一方，後発加盟国はセンシティブ品目について，2015 年 1 月に 20％以下に削減，さらに 2020 年に 0〜5％への削減を実施，ACFTA は一応は完成をみた。

第 2 節　ACFTA で変わる ASEAN・中国貿易関係

1．ASEAN 貿易における中国の存在感

　2001 年に中国と ASEAN が FTA 構築を発表した際，ASEAN には中国に対する脅威論と機会論とが混在していた。シンガポールやマレーシアなどに代表されるが，中国との FTA が ASEAN 全体の経済成長を促進するとの期待から，前向きな態度を示していた国もある。これらの国々は，FTA によって中国市場へのアクセスが拡大し，地域の経済協力が深化することで利益が得られると考えていた。日本市場の開放に困難性を感じている ASEAN 諸国に対し，

中国は国内の膨大な消費者の可能性を指摘し，また貧しいメコン諸国に対しては経済援助を提供することで，ASEAN を自由貿易地域形成に誘い込んだ[14]。

　また ASEAN 諸国は，30 年間に亘ってこの地域を経済的に支配してきた日本に中国が取って代わると考え，将来の勝者で新たな成長エンジンと手を結ぶことは理にかなっていたとの見方もある。米国ギャロップ社が 2007 年に行った世論調査では，ASEAN 各国市民の大半が，中国との緊密な関係は自国の利益になると回答，シンガポールとマレーシアに至ってはその回答は 7 割を超えた（第 2-3 表）。

第 2-3 表　中国との緊密な関係は自国の利益になるか（2007 年 10〜12 月調査）

(%)

	カンボジア	インドネシア	ラオス	マレーシア	シンガポール	フィリピン	タイ	ベトナム
利益になる	46	49	79	74	75	55	68	59
利益にならない	4	9	5	1	4	30	8	6

（資料）米国ギャロップ社調査をもとに筆者作成。

　また実際の ASEAN 中国間貿易も ACFTA 発効以降，輸出・輸入とも事前の予測を大幅に上回るペースで拡大した。ASEAN 事務局[15] は 2005 年，ACFTA の経済効果について，ASEAN の中国向け輸出が 48 ％，中国の対 ASEAN 向け輸出が 55.1 ％拡大すると推計した。また GDP については ASEAN が 0.9 ％，中国は 0.3 ％拡大するとした。

　しかし実際の中国 ASEAN 間貿易は，ACFTA 物品貿易協定が発効した 2005 年を基準にすると，2023 年の中国の総輸出が約 5 倍に拡大したのに対し，対 ASEAN 輸出は同 10 倍であった。一方，中国の対 ASEAN 輸入は約

第 2-4 表　中国の対世界・対 ASEAN 貿易（2005 → 2023 年）

(100 万ドル，%)

	輸出			輸入		
	2005 年	2023 年	規模	2005 年	2023 年	規模
世界	762,218	3,422,171	4.5 倍	660,202	2,563,585	3.9 倍
ASEAN	55,479	537,034	9.7 倍	75,017	389,515	5.2 倍
ASEAN シェア	7.3%	15.7%	–	11.4%	15.2%	–

（資料）Direction of Trade（IMF）より筆者作成。

5倍で総輸入の約4倍を上回った（第2-4表）。このように大量の中国製品が
ACFTA発効以降，急速にASEANに向けて南下している。その結果，2005
年時点で中国は対ASEAN貿易で赤字であったが，2012年に貿易黒字に転換，
以降は継続的に貿易黒字を計上している。

　中国の対ASEAN貿易におけるシェアでは，中国・広西チワン族自治区と
国境を接するベトナムとの間で拡大している。ベトナムの市場規模（GDP）
はASEAN全体の11.4％（2023年）に過ぎない中で，中国の対ベトナム
輸出は経済規模をはるかに上回る規模に達している。2005年には中国の対
ASEAN輸出で10.2％，輸入で3.4％に過ぎなかったベトナムのシェアは，
2020年には輸出で3割，輸入で4分の1を占めるまでに拡大した（第2-5表）。

　中国の貿易において，2020年のベトナムの存在感の高まりとそれ以降のわ
ずかな低下は，欧米を中心とした保護貿易の機運の高まりを反映したものであ
る。2017年の米国トランプ大統領誕生以降，米中貿易摩擦が激化し，ベトナ
ムが迂回輸出拠点と位置づけられた側面もある。また地政学的なリスク等を踏
まえ，中国からベトナムに生産拠点をシフトする動きが顕著であるが，特にベ

第2-5表　中国の対ASEAN貿易における国別構成比

(％)

	輸出					輸入				
	2005年	2010年	2015年	2020年	2023年	2005年	2010年	2015年	2020年	2023年
ASEAN	100.0	100.0	100.0	100.0	100.0	100.0	100.0	100.0	100.0	100.0
ブルネイ	0.1	0.3	0.5	0.1	0.2	0.3	0.4	0.1	0.5	0.5
カンボジア	1.0	1.0	1.4	2.1	2.4	0.0	0.1	0.4	0.5	0.5
インドネシア	15.1	15.9	12.3	10.7	12.3	11.2	13.5	10.6	12.4	19.1
ラオス	0.2	0.3	0.5	0.4	0.6	0.0	0.4	0.7	0.7	1.0
マレーシア	19.1	17.2	15.8	14.8	16.8	26.8	32.6	28.6	24.8	26.4
ミャンマー	1.7	2.5	3.4	3.3	2.2	0.4	0.6	2.8	2.1	2.5
フィリピン	8.5	8.4	9.6	10.9	10.1	17.2	10.5	10.2	6.4	5.0
シンガポール	30.1	23.4	19.1	15.1	14.8	22.0	15.9	14.0	10.5	8.1
タイ	14.1	14.3	13.7	13.1	14.3	18.7	21.5	20.0	16.0	13.1
ベトナム	10.2	16.7	23.8	29.6	26.4	3.4	4.5	12.8	26.2	23.8

（資料）Direction of Trade（IMF）より筆者作成。

トナム北部は中国に隣接しており，既存の中国国内のサプライチェーンに統合しやすいという地理的優位性がある。

　また近年，ベトナムでもエレクトロニクス分野の産業集積が構築されつつある。2010 年前後に韓国のサムスンが進出し，同社をアンカー企業に，北部地域は関連企業が集積している。またアップル製品は EMS（電子機器受託製造サービス）が中国で一極集中的に OEM（相手先ブランドでの製品製造）で組み立てを行っていたが，2010 年代後半以降，サプライチェーンの多角化に取り組んでおり，その有力リスク分散拠点がベトナムである。

2．ASEAN に南進する中国製品

　ACFTA の物品貿易協定発効は，中国と ASEAN 間の貿易拡大を後押ししたことは疑いない。また「重力モデル（gravity model of trade）」理論では，貿易と地理的距離は非常に密接な関係にあると説明される。同理論では，貿易量は国々の経済規模と地理的距離によって左右される。ASEAN と中国とは隣接していることに加えて，さらに通信やデジタル技術の発展，ACFTA の物品

第 2-6 表　ASEAN の貿易額における中国のシェア

(%)

	輸出			輸入		
	2005 年	2023 年	変化	2005 年	2023 年	変化
ASEAN	8.0	15.6	7.6	10.4	23.7	13.3
ブルネイ	2.3	16.9	14.6	8.0	10.4	2.4
カンボジア	0.5	6.4	5.9	16.6	44.3	27.7
インドネシア	7.8	21.5	13.7	10.1	27.6	17.5
ラオス	4.3	36.7	32.3	9.3	36.7	27.4
マレーシア	6.6	13.5	6.9	11.6	21.3	9.7
ミャンマー	1.7	22.5	20.7	16.0	30.6	14.7
フィリピン	9.9	14.6	4.7	6.3	23.3	17.0
シンガポール	8.6	13.8	5.2	10.3	13.9	3.6
タイ	8.3	12.0	3.7	9.4	24.6	15.1
ベトナム	9.9	17.8	7.9	16.0	33.3	17.3

（資料）Direction of Trade（IMF）より筆者作成。

第 2-1 図　ASEAN の対中国貿易における貿易特化係数（2005 年，2023 年）

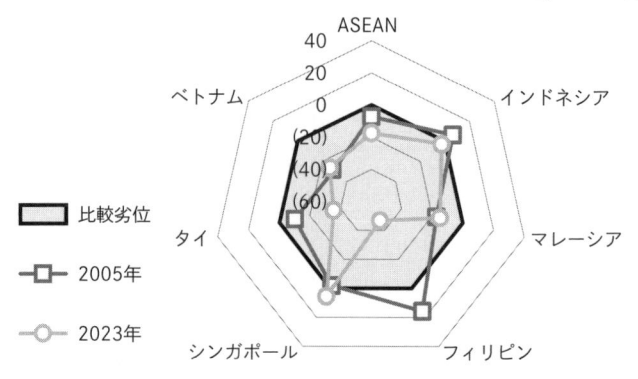

（資料）Direction of Trade（IMF）より筆者作成。

貿易協定を背景に，相互に貿易面での存在感が高まった。

　ASEAN および加盟各国の貿易に占める中国のシェアについて，ACFTA が発効した 2005 年と 2023 年とを比較すると，全ての加盟国で中国の存在感が拡大した。輸出ではカンボジアを除きシェアが 1 割超となり，また輸入では，特に後発加盟国でシェア 3 割超と高く，中国の経済的存在感が高い。

　ACFTA 物品貿易協定締結により，中国と ASEAN 間貿易の競争力変化を見るため貿易特化係数[16] を 2005 年と 2023 年とで算出，比較した。この指数は，各国が貿易において中国に対してどの程度競争力を持っているかを示しており，プラスであれば中国に対して比較優位，マイナスであれば比較劣位を示す（第 2-1 図）。

　2005 年にはインドネシアやフィリピンが比較優位を持っていたが，2023 年にはこれらの国々は中国に対して競争力を失ったことがわかる。残念ながら，両時点間で ASEAN 側で競争力が向上したのはシンガポールのみで，他の全ての加盟国は中国との間で競争力低下を余儀なくされている。特にその間，フィリピン，タイが競争力を大きく低下させた。これは両国製品が中国市場に入る以上に，中国製品がこれらの国々の市場に流入した結果である。

3．タイにみる ACFTA の利用実態

　ACFTA は関税の減免を通じて，価格競争力を向上させる効果がある。その

ため ACFTA は中国の ASEAN 向け輸出を加速させた可能性があるものの，実際に ACFTA がどの程度，貿易額増大に寄与したか把握するのは困難である。また手続きが煩雑である，あるいはその手続き自体がわからない等の理由で，ACFTA の利用に踏み出せない企業も少なくない。

　実際の貿易取引において ACFTA が利用されているかどうかの情報の多くが断片的で限られている。例えば，2019 年における中国の対 ASEAN 貿易のうち，ACFTA に基づく優遇関税を享受した輸入は前年比で 9.6％増加し，優遇措置を受けた中国の輸入総額の 49％を占めた[17] と発表されている。

　また ASEAN 側では，限られた一部の加盟国が FTA 利用輸出入額を公表しているに過ぎない。その限られた情報源がタイである。タイについては，ACFTA を利用した輸出は原産地証明書フォーム E に記載された FOB ベースの輸出額から商務省が，輸入は税関が，それぞれ把握している。

　まず，FTA 利用輸出額（または輸入額）を当該国・地域向け輸出額（輸入額）で除すことで「名目 FTA 利用率」が算出できる。しかし名目 FTA 利用率は，日本など先進国・地域に代表されるが，既に最恵国待遇（MFN）ベースで関税が撤廃されている品目が多く，あえて FTA を利用する必要がない場合や，逆に多くの品目が FTA の関税削減・撤廃の対象外である場合，自ずと同利用率は低くなる。それらの品目を除外し，FTA が利用可能な品目の輸出額（または輸入額）を分母として算出したのが「実質 FTA 利用率」である。より重要なのは実質 FTA 利用率であり，各国・地域の政府は同利用率の向上に向け，啓蒙普及や利用支援を行っている。

　タイの中国向け輸出における ACFTA 名目利用率は，2005 年の発効直後は関税削減幅も限られていたため 1 割前後で推移していたが，2009 年以降に上昇に転じ，2013 年に 50％を上回った。以降，50％前後で推移していたが，2018 年に一気に約 6 割，21 年には約 7 割に，それぞれ達した。この背景には，中国および先発加盟国は 2018 年 1 月に関税撤廃・削減措置の最後のステップ「センシティブ品目（SL）関税の 0〜5％化」を行った。センシティブ品目とは，いわゆる自由化（関税削減・撤廃）が国内産業に深刻な影響を与えることが懸念される「重要品目」で，ACFTA では 400 品目（HS6 桁ベース），かつ総輸入の 10％以内の範囲内で品目が指定されている。前述の通り，

第2-2図 タイのACFTA貿易の利用率（名目・実質）の推移

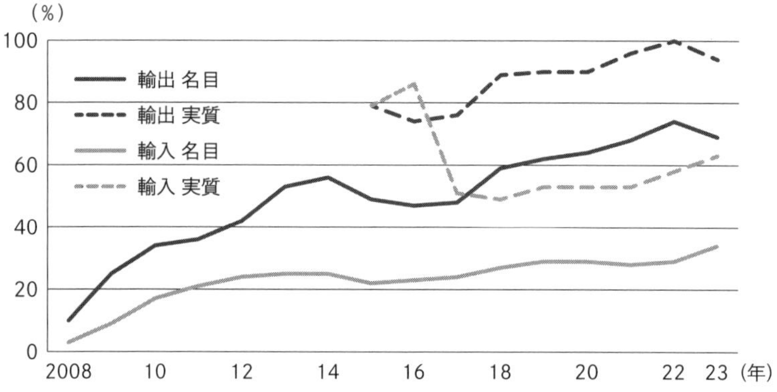

（資料）タイ商務省，タイ関税局より筆者作成。

同品目は12年に「20%以下」にまで，18年1月には一気に0〜5%にまで，それぞれ削減された（第2-2図）。

次いで，タイの中国向け輸出におけるACFTA実質利用率は，データに制約はあるが，2019年に初めて90%を超え，以降も利用は高水準で推移している。ACFTAでは2018年を最後に，これ以上の関税削減はないことから，タイの名目・実質利用率は天井にあるといえる。

一方，タイの対中国輸入におけるACFTA利用率は，緩やかに上昇しているものの，23年に初めて3割台に乗せた。しかしその利用水準は輸出に比べて半分程度と低い。

FTA利用の側面からその手続きを見ると，輸出者は当該輸出品について，利用するFTAの原産地規則に則って原産地を明らかにし，原産地証明書を取得する必要がある。当該輸出品が輸入材料・部材も用いて製造されている場合，サプライヤーからの各種情報や書類も必要になる。関税減免の直接的な恩恵を享受するのは輸入者であるが，従来のFTAでは専ら輸出者がその手続きを担うことになる。

一方，輸入者は輸出者が取得した原産地証明書を，基本的に輸入通関時に税関に提示するのみで，関税減免の恩恵を享受することができる。そのため輸出者に比べて輸入者の手続き負担は圧倒的に少ない。それにも関わらず輸入での利用率は低位にとどまっている。

　輸入で FTA 利用率が低い理由として，輸出者による FTA 手続きの不案内や煩雑な手続きの忌避も考えられる。また大きな要因として，当該輸入品がタイ投資委員会（BOI）の原材料・部材の輸入関税減免の恩恵を既に受けており，FTA 利用の必要性がないと判断している場合もある。確かに，原材料や中間財であれば，BOI の投資恩典を用いれば無税で輸入できる可能性がある。ただし，BOI の制度はあくまでも最終製品が輸出向けである場合に限った措置であることに注意を要する。つまり，国内向けに供給される製品については，原材料も中間財も関税が課される。また，製造段階で発生した廃棄材などについても，原材料・部材の段階で無税輸入していることから，企業側が勝手に廃棄することはできない。

　FTA の場合，原材料・部品や完成品を含め，対象品目であれば，最終製品が輸出向けか国内向けかに関わらず，関税減免を享受でき，その面では BOI 制度に比べて有利である。しかし，輸入時に課される付加価値税（VAT）は，FTA では減免されない。一方，BOI の制度では，あくまでも最終製品が輸出向けのものに限られるが，VAT も免税される。また，より重要とみなされる投資奨励業種の場合，法人税の減免の恩恵も享受できる。そのため，FTA より BOI 制度を選択・利用している企業も少なくない。

　タイでの輸出における実質利用率が9割にのぼるなど，ACFTA は「使われる FTA」に昇華してきた。これは両国・地域が ACFTA を不断に見直し・改善に取り組んでいる成果でもあり，それら継続的な取組みが ACFTA を「生きた協定」として利用を後押ししてきた。

第3節　ACFTA で南進する中国製電気自動車（BEV）

1．ACFTA で急増する BEV 輸入とその背景

　ASEAN 中国間貿易において，中間財や部品など多国籍企業がサプライチェーンを通じて，戦略的に ACFTA を活用している姿はあまり見られない。

　タイの ACFTA 利用輸出上位品目は，1次産品に加えて，工業原料やバイオ燃料に用いられる品目が上位を占めている。例えば，毎年，上位を占める主な品目は，1）ドリアン，2）天然ゴム配合ゴム製品，3）マニオカ（カッサバ）で

ん粉，4）グアバ，マンゴーおよびマンゴスチン，など，主に南国果物や原材料等を供給している。

一方，ACFTA 利用輸入上位品目は鉄鋼製品が多いが，近年，急速に増えているのが電気自動車（BEV）である。関税番号（HS）6桁ベースで電動機乗用自動車（HS870380），いわゆる BEV の輸入は，22年には品目別で第3位，そして23年には第1位に躍り出た。

中国製 BEV がタイに一気に流入した背景には，2つの要因がある。第一に，ACFTA の下での物品貿易協定交渉時の判断ミス，第二に，タイ政府の BEV 振興策による後押しである。

もともと ASEAN 各国は自国での自動車産業育成を目指し，高い関税障壁を設けてきた。タイの場合，MFN で80％もの高関税を課している。しかし地域経済統合形成の世界的潮流の中，ASEAN として自由貿易地域（AFTA）創設に踏み出し，ASEAN 原産品に限って関税撤廃を志向した。これが域内拠点の機能再編を誘発し，タイとインドネシアが同地域の自動車生産・輸出拠点に成長，それ以外の国は KD 生産や主要部品を供給することで ASEAN 自動車産業を支える現体制が出来上がった。

ただし ASEAN による初めての域外国との自由貿易協定である ACFTA では，自動車分野では高い関税障壁を設けたはずが，BEV はそこから漏れていた。その結果，2010年以降，タイの BEV における輸入関税はゼロになった。

第二に，タイ政府の BEV 振興策が，中国企業のタイ輸出および進出を後押しした。タイは長期的に目指すべき経済社会のビジョンとして2016年に「タイランド4.0（Thailand 4.0）」を打ち出した。この政策は，タイの経済構造を高度化させることを目的としており，工業生産から知識・技術に基づく経済への移行を促進するもので，特にイノベーション，デジタル技術，研究開発を推進し，産業の高度化や新たな成長産業の育成を図っている。タイは「次世代自動車」を12のターゲット産業の1つに位置づけ，同自動車の生産拠点化に取り組んでいる。タイ政府が想定する次世代自動車は主にバッテリー電気自動車（BEV）であり，ハイブリット車（HEV），プラグインハイブリット車（PHEV），も含まれる。

タイ政府は2024年または25年の国内生産を条件に，輸入 BEV に対して補

助金付与，物品税減免など経済的インセンティブを約束するなど，積極的な投資誘致活動を展開した。これに複数の中国企業が将来のタイ生産を約束し，2022 年以降，まず中国製 BEV の ACFTA によるタイ輸出を開始した。

タイ政府の呼びかけに応じたのは，既に生産拠点を有する上海汽車，長城汽車[18]に加え，BYD（比亜迪），NETA（浙江合衆新能源汽車），広州汽車系の広汽埃安新能源（AION），長安汽車等である。これら企業は 2022 年以降，タイ生産に先駆け ACFTA を用い，中国製 BEV をタイ市場に次々と投入した。

その結果，2023 年のタイの自動車販売台数は 78 万台であったが，その中で中国車は 8.7 万台，シェアは 11％と初めて 2 桁に達した。その一方，日本車はこれまで 9 割前後のシェアを維持していたが，22 年は 85％，そして 23 年は 78％と 8 割を割り込んだ。日本車の牙城ともいえるタイ市場が，ACFTA を通じた中国 BEV の攻勢に晒された。

2．中国 BEV メーカーの ASEAN 戦略

中国製 BEV の ACFTA を通じた輸入は，程なく減少に転じるとみられる。これは中国製輸入 BEV がタイ市場で受け入れられていないというわけではなく，次のステージに入ることを意味する。現在，中国製輸入 BEV は，BYD，合衆新能源（NETA），長城汽車，上海汽車などに代表されるが，中国企業 8 社程度が少なくとも輸入した台数分以上の BEV のタイ現地生産を 24 年から 25 年にかけて開始する。また同時にこれら企業は，タイから ASEAN やオセアニア，企業によっては欧州への輸出を念頭に置いている。

これら中国 BEV 企業の特徴として，ジェトロの工業省へのヒアリングによれば，一般工業区ではなく，フリーゾーン（FZ：タイ国外と見做される保税区）企業の認証を取得，あるいは取得予定である[19]。工業団地関係者によれば，FZ の新規開発はほぼ行っておらず，一般工業区を購入した上で，税関に必要部分の FZ への変更申請を行っている。

実際に工場敷地全体を FZ に変更し，BEV を組み立てた場合，タイで 40％以上の付加価値[20]を付け，必須生産工程（Essential Production Processes）を 4 つ以上タイ国内で行えば，タイ国内搬入時の BEV 輸入関税は 0％になる。また，保税区内で組み立てられた BEV の原産地証明書を取得すれば，BEV は

第2-7表 ASEAN主要国の電気自動車のFTA別関税率

輸入国→		ASEAN					域外国					
		タイ	インドネシア	フィリピン	マレーシア	ベトナム	中国	日本	韓国	インド	豪州	NZ
↓輸出国	HSコード	HS 8703.80.99					-.00.90	-	-.10	-.30	-.90.55	-.19.11
最恵国待遇（MFN）税率		80%	50%	30%	30%	70%	15%	free	8%	125%	5%	free
AFTA/ASEAN		free	free	free	free	free	free	free	free	-	free	free
ACFTA/中国		free	50%	30%	5%	50%			8%		free	free
AJCEP/日本		20%	free	30%	20%	-					free	free
AKFTA/韓国		40%	5%	30%	30%	-	22.5%				free	free
AIFTA/インド		-	33.75%	-	-	-		free	free		free	-
AANZFTA/豪州・NZ		free	15.33%	free	free	free	free	free	free			
RCEP		-	50%	30%	30%	70%	15%	free	-		3%	free

（注）　−：除外他FTAで記載なし。＼：FTA未締結。HSコードで「-」は「8703.80」を略したもの。
（資料）ASEAN Tariff Finder より筆者作成。

タイ原産となり，ASEAN域内やオセアニア他，タイがFTAを締結する市場に関税なしで輸出出来る。中国BEV企業はタイに拠点を置くことで，少なくとも東アジアでは関税障壁を回避できる可能性がある（第2-7表）。FTA利用輸出が本格化すれば，タイのFTA利用輸出上位品目にBEVが登場する可能性もある。

3. 中国製品の流入で高まるタイ企業の不満

　中国BEV企業の工場は24〜25年に次々と立ち上がるが，タイ国内の日系およびタイ系の自動車部品企業から取引に結び付いたという話は少ない。その理由に立地が関係している可能性がある。第一に，保税区に立地した中国BEV企業は，バッテリー等で40%以上の付加価値さえ満たせれば，それ以外は中国から調達した部材でも，保税区内での取引や加工について，一般的に輸入関税もまた付加価値税（VAT）も非課税または免税として扱われるため，中国の部材輸出者はACFTAの原産地証明書フォームEすら取得する必要はない。また無税輸入の際の供託金も不要である。第二に，タイ国内企業が保税区立地企業に納品する場合は，通常とは異なる取引手続きが求められ，手間となることである。

　また保税区の立地如何に関わらず，中国BEV企業はBYDなど，概して垂

直統合ビジネスモデルを採っていることが影響している可能性もある。BEV
の場合，バッテリー，モーター等のコア部品を中心に内製化率が高く，タイ国
内企業など外部の参入余地は限られる。

　このようにタイで BEV 生産が本格化しても，タイ企業への経済的波及効果
は限定的かつ一部に限られており，タイ産業界に不満と懸念が高まっている。
ACFTA の BEV 輸入も，保税区での同製造も，制度の穴を突かれた形である
が，タイ政府がこれらを放置すれば，国内産業のみならず，輸出を通じて他の
ASEAN 各国の自動車産業をも棄損しかねない。

　また中国製 BEV の輸入圧力のみならず，他の消費財等についても中国製品
が流入し，ASEAN 地場産業を圧迫し，国内の中小企業から不満が高まってい
る。例えば，タイでは近年，中国からの電子商取引（EC）や ACFTA を通じ
た消費財の氾濫的流入が問題視されている。タイの主要経済 3 団体で組織され
るタイ商業・工業・銀行合同常設委員会（JSCCIB）は，2024 年 2 月にセター
政権に対して，少額輸入貨物の取り扱い，不当に安価に輸入される商品へのア
ンチダンピング措置，税関での輸入商品検査の強化，タイ工業製品規格の適用
などの対策を急ぐよう求めて陳情した。タイでは 1,500 バーツ（約 6,000 円）
以下の商品の輸入では，関税と付加価値税（VAT）が免除されていた[21]。

　特に中国系 EC「TEMU」の ASEAN 市場参入が強く警戒されている。
TEMU は 2023 年にフィリピンとマレーシアに進出，24 年 7 月にはタイでも
サービスを開始した。TEMU は，多くの商品を直接，中国の工場から海外の
消費者に届ける製造者直結モデルを採ることで，伝統的な中間業者の手続きや
マージンを省くことで，短時間輸送と低価格を実現している。例えば，中国広
東省からバンコクまで 5 日以内に届けられるという[22]。

　クルンテープ・トゥラキット紙（2024 年 8 月 1 日付号社説）は，中国製品
はタイ製品より 20～30％程度低価格で売られており，影響は工業業種全 46 業
種のうち 20 業種以上に及んでいるとして，「政府は早急に安価な中国製品流入
に対処する措置を講じなければならない」としている。例えば，工業製品規格
事務局による製品検査や少額商品でも VAT の徴収，FZ 要件の修正，小規模
事業者保護のため，中国製品へのセーフガード発動の検討を挙げた。同紙は，
政府が何も取り組まず，工業製品生産がさらに収縮すれば，事業者は中小企業

を中心に自ら生産する代わりに低コストの製品の輸入業者に転じる可能性もあると警鐘を鳴らしている。

おわりに

ACFTA が発効してから 20 年が経過し，中国は世界最大の通商国となり，その最大の貿易相手国が ASEAN となった。両国・地域間の貿易が拡大した背景には，中国と ASEAN の双方が，世界でも有数の成長市場として発展してきたことがある。これをインフラとして ACFTA が支えた。

ACFTA を基盤に，ASEAN における中国の経済的存在感は急速に高まり，ASEAN は今や中国の政治・経済動向に大きく左右されるようになっている。特に，米国トランプ政権が発足した 2017 年以降，米中両国が互いの品目に高関税をかける「貿易戦争」が激化し，自由貿易が脅かされた。これにより，一部の企業は米国の高関税を回避するため，製造拠点を中国から ASEAN へ移す動きが出始め，ASEAN が「漁夫の利」を得ているとされる。しかし，ASEAN は世界のサプライチェーンに深く組み込まれており，単純にこの状況を喜ぶことはできない。

米中貿易戦争により，中国の対米輸出が減速すれば，ASEAN の対中国輸出も影響を受けることになる。また米国や欧州向けに輸出しにくくなった中国製品が ASEAN 市場に流入し，ASEAN の市場秩序が乱される恐れもある。このため，ASEAN 各国政府は，中国製品の氾濫的流入にどう対処するかが課題となっている。

さらに，ACFTA による貿易関係の緊密化と相互依存の高まりは，経済だけでなく地経学的リスクも伴うことになる。中国の習近平国家主席は，2020 年 4 月の中国共産党中央財経委員会で，「世界の産業チェーンの中国への依存関係を強め，外国からの供給停止に対抗する力を持つ」と演説しており，ACFTA を通じた中国依存拡大を，政治的に利用する可能性があることを示唆している。いわゆる国家が経済的手段を戦略的に利用して他国に影響力を及ぼすエコノミック・ステイトクラフト（Economic Statecraft）である。

ACFTA による中国と ASEAN の経済的な結びつきは，多大な経済的利益

をもたらしているが，その一方で，地場産業に対する中国の経済的な影響や，地経学的リスクへの警戒も必要である。今後は，RCEP（地域的な包括的経済連携）協定などFTAを活用し，リスク分散を図りながら，サプライチェーンの強化と安定化を進めることが，ASEAN諸国にとって重要な課題となる。

（助川成也）

【注】

1　ACFTAは物品貿易協定，サービス貿易協定，投資協定の3つから構成されるが，本章では物品貿易協定を指すものとする。

2　https://asean.org/agreement-on-dispute-settlement-mechanism-of-the-framework-agreement-on-comprehensive-economic-co-operation-between-the-association-of-southeast-asian-nations-and-the-peoples-republic-of-chin/

3　ASEANではBack to Back原産地証明書とも言われる。

4　ブルネイ，インドネシア，マレーシア，フィリピン，シンガポール，タイ。

5　ASEANと中国は2003年10月に「平和と繁栄のためのASEAN・中国戦略的パートナーシップに関する首脳宣言」発出以降，5年毎に行動計画（Plan of Action：POA）を策定している。

6　その他のFTA関連ではRCEPを取り上げ，その早期実施に向けて協力することが盛り込まれている。

7　Knowledge at Wharton. The China-ASEAN Free Trade Agreement: Who's Happy, Who's Not.

8　銀行，金融，観光，産業協力，運輸，通信，知的財産権，中小企業，環境，バイオテクノロジー，漁業，林業，鉱業，エネルギー，地域開発などの範囲でASEANと中国との協力が明記されている。

9　ある国に対して他国が与える最も有利な貿易条件。

10　World Trade Organization, "ACCESSION OF THE PEOPLE'S REPUBLIC OF CHINA," WT/L/432, 23 November 2001.

11　なお2016年以降も，米国やEU，日本は，中国が市場経済の要件を十分に満たしていないとして「市場経済国」認定を拒否した。

12　ベトナム等一部の国は遅れて参加した。

13　第23回ASEAN-中国首脳会議（2020年11月12日）に報告された「Report on the 10-Year Development of the ASEAN-China Free Trade Area Since Its Full Establishment」による。

14　"China and Asean Agree to Free Trade Area: But Why." History Behind the Headlines: The Origins of Conflicts Worldwide. Encyclopedia.com（September 11, 2024）. https://www.encyclopedia.com/history/energy-government-and-defense-magazines/china-and-asean-agree-free-trade-area-why

15　Cordenillo (2005).

16　貿易特化係数は，輸出額から輸入額を引いた純輸出額を輸出額と輸入額を足した往復貿易額で除すことで算出される。貿易特化指数が「100」に近ければ近いほど当該品目の貿易構造は輸出に偏り，比較優位があることを意味する。一方，「−100」に近づけば輸入に偏っていることを意味し，

貿易相手国の比較優位（自国の比較劣位）を示す。「0」ならば輸出入が均衡していることを表す。

17　Report on the 10-Year Development of the ASEAN-China Free Trade Area Since Its Full Establishment.

18　上海汽車は 2014 年，大手財閥 CP と合弁（SAIC-CP），MG ブランドで生産を開始した。また 2020 年 11 月には長城汽車が米ゼネラル・モーターズ（GM）のラヨーン工場を買収，21 年 9 月に本格稼働に入った。

19　ジェトロ・ビジネス短信（2024 年 3 月 28 日付）

20　ASEAN からの調達分は付加価値に累積出来るが，域外分は非原産扱いとなる。

21　タイ政府は 2024 年 5 月以降，1500 バーツ以下の輸入品の VAT 徴収を開始した。

22　プラチャーチャート・トゥラキット紙（2024 年 7 月 30 日号社説）。

【参考文献】

石川幸一・清水一史・助川成也編（2016），『ASEAN 経済共同体の創設と日本』文眞堂。

助川成也（2021），「交渉から 20 年を経た ASEAN 中国 FTA ～対話関係樹立 30 年で経済的存在感が高まる中国～」『通商政策の新たな地平【畠山襄追悼論叢】』ITI 調査研究シリーズ，No. 121，国際貿易投資研究所。

深沢淳一・助川成也（2014），『ASEAN 大市場統合と日本』文眞堂。

Cordenillo, Raul L. (2005). The Economic Benefits to ASEAN of the ASEAN-China Free Trade Area. http://asean.org/?static_post=the-economic-benefits-to-asean-of-the-asean-china-free-trade-area-acfta-by-raul-l-cordenillo.

Knowledge at Wharton Staff (2010). The China-ASEAN Free Trade Agreement: Who's Happy, Who's Not. https://knowledge.wharton.upenn.edu/article/the-china-asean-free-trade-agreement-whos-happy-whos-not/

Li, L. (2014). The Impact on Customs of the Implementation of China-ASEAN FTA. *World Customs Journal*, Vol. 8, No. 1, pp. 87-100.

Lim, I. & Kauppert, P. (2010). Facing a political lock-in situation with the ACFTA: which options for Indonesia? Reports from Friedrich-Ebert-Stiftung Indonesia. Friedrich-Ebert-Stiftung.

第3章

緊密化する中国と ASEAN の貿易

はじめに

　中国と ASEAN の貿易は，当初から東アジア域内貿易の中心的な存在だったわけではない。1980 年代，主役はアジア NIES（韓国，台湾，香港，シンガポール）であった。アジア NIES は，日本から資本財や中間財を輸入し，加工，生産ののち，巨大市場アメリカに最終財を輸出することで，その存在感を増した。いわゆる「成長の太平洋トライアングル構造」である。ところが，1985 年のプラザ合意による円高（ドル高是正）や日米貿易摩擦は，この貿易構造に大きな変化をもたらすこととなった。円高により輸出が不利になった日本企業は，貿易摩擦を回避する意味でも，アメリカへの直接投資を増やし，現地生産を本格化させたからだ（末廣 2010：15-17）。

　同時に，1990 年代に入るとさらなる円高が，日本企業をアジアに向かわせた。この直接投資ブームの結果，東アジア地域には，日本を中軸にしたアジアNIES － ASEAN －中国による貿易のトライアングル構造が形成され，域内貿易の比率が高まっていった（末廣 2010：17-18）。このころの東アジア経済の急成長は，「奇跡」として話題になったものの[1]，その直後，1997 年にはアジア通貨危機に直面し，とくに ASEAN 諸国は大きな経済的なダメージを受けることになった。

　これにより奇跡の成長は調整を余儀なくされ，東アジアでも 1980 年代のラテンアメリカ同様[2]，経済的停滞が懸念された。しかし，通貨危機からの回復過程は速かった。通貨危機の影響が少なかった中国を中心に，2000 年代に入ると東アジア域内での「分業」が加速し，東アジア地域の域内貿易は急拡大し

た[3]。そのなかで，プレゼンスを高めたのが，中国と ASEAN の貿易であった。

2000 年代以降，着実に関係を深めてきた中国と ASEAN の貿易は，近年より一層，緊密化してきている。それがどのように進み，背景には何があるのか，本章では，UNCTADstat が公開する SITC3 桁分類の貿易データを用いて，その詳細を明らかにする[4]。

その際，本章では，ASEAN を 1 つのまとまり（経済体）とみなし，中国との相互貿易の分析を行う。もちろん，個別の ASEAN 加盟国と中国との相互貿易の分析について，その重要性を軽視しているわけではない。あくまで本研究の目的が，東アジア地域の域内貿易を俯瞰的に，構造的に把握することにあるので，このような分析手法を採用することとした。ASEAN 諸国は，1 カ国としては経済規模が小さい国も多いので，世界第 2 位の経済規模である中国との 1 対 1 の貿易関係は，ともすると過小に評価される場合もあるかもしれない。しかし，経済協力や市場統合が進む ASEAN を 1 つの市場とみなせば，14 億人の巨大市場である中国に対抗しうる，東アジア地域唯一の存在とみることもできよう。

以下，本章の構成である。第 1 節では，貿易額の推移と取引される貿易品目の変化について検討を行う。第 2 節では，貿易における中国にとっての ASEAN と，ASEAN にとっての中国の位置づけを，貿易相手国の上位ランキングの変化から確認する。さらに，近年，中国と ASEAN の貿易が緊密化していることを確認するため，貿易結合度を用いて分析を行う。第 3 節では，緊密化の背景を探るため，2000 年以降にどのように両者の貿易構造が変化してきのかについて，貿易特化係数などから明らかにする。

第1節　輸出入額の推移と貿易品目の変化

1．輸出入額の推移

中国と ASEAN の貿易は，2000 年代，2010 年代をとおして拡大を続けてきた。第 3-1 図には，1995 年から 2023 年までの中国の ASEAN からの輸入総額（ASEAN の輸出）と，ASEAN の中国からの輸入総額（中国の輸出）の推移を示した。

第 3-1 図　中国と ASEAN の貿易額の推移（1995〜2023 年）

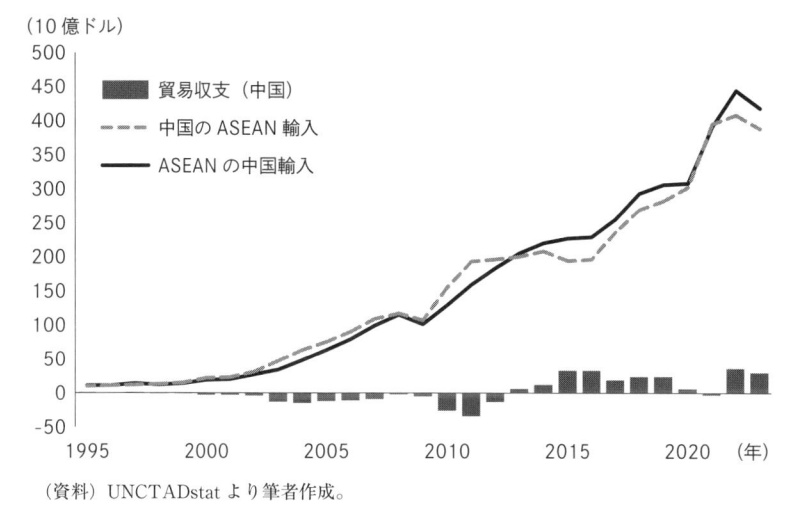

（資料）UNCTADstat より筆者作成。

　1995 年の中国の ASEAN からの輸入総額は 99 億ドル，ASEAN の中国から
の輸入総額は，106 億ドルであった。10 年後の 2005 年にはそれぞれ 750 億ド
ル，628 億ドルと 7.6 倍，5.9 倍に増加した。さらに 10 年後，2015 年にはそれ
ぞれ 1,945 億ドル，2,274 億ドルと 2005 年から 2.6 倍，3.6 倍の増加となった。
その後も両者の貿易は拡大を続け，2023 年，中国の ASEAN からの輸入総額
は 3,880 億ドル，ASEAN の中国からの輸入総額は 4,182 億となった。1995 年
と比較するとそれぞれ 39.2 倍，39.4 倍となり，中国と ASEAN の貿易は，輸
出入ともに 28 年間，年平均 14.0％の増加を続けたこととなる。

　この間の中国と ASEAN の貿易収支は，2000 年代は ASEAN の貿易黒字が
続き，2010 年代中頃からは中国の貿易黒字の傾向となっている。具体的な数
字を確認しておくと，1995 年は中国の 7 億ドルの黒字，2005 年は ASEAN の
122 億ドルの黒字，2015 年は中国の 330 億ドルの黒字，2023 年は中国の 302
億ドルの黒字となっている。

2．貿易品目の変化

　輸出入額が増大するなかで，中国と ASEAN の貿易はその中身も変化して
きた。第 3-1 表は，中国の ASEAN からの輸入品目について，第 3-2 表は，

第 3-1 表　中国の ASEAN からの輸入品目上位 10 品目

(100 万ドル、％)

	1995 年			2005 年			2015 年			2023 年		
	品目	金額	シェア	品目	金額	シェア	品目	金額	シェア	品目	金額	シェア
1	334 石油製品	1,166	11.8	776 熱電子管・半導体	25,889	34.5	776 熱電子管・半導体	50,674	26.1	776 熱電子管・半導体	63,814	16.4
2	333 原油	932	9.4	752 自動データ処理機械	8,197	10.9	752 自動データ処理機械	8,791	4.5	333 原油	28,960	7.5
3	422 植物性油脂（その他）	832	8.4	333 原油	3,798	5.1	764 通信機器	7,636	3.9	871 光学機器	22,814	5.9
4	634 ベニヤ・合板	787	7.9	764 通信機器	2,654	3.5	335 石油残留物・同製品	7,469	3.8	671 銑鉄・フェロロイ	14,983	3.9
5	042 米	424	4.3	334 石油製品	2,530	3.4	759 事務用機器の部分品	5,346	2.7	764 通信機器	14,051	3.6
6	231 天然ゴム	404	4.1	759 事務用機器の部分品	2,480	3.3	422 植物性油脂（その他）	4,455	2.3	752 自動データ処理機械	13,292	3.4
7	793 船舶・浮遊構造体	391	3.9	422 植物性油脂（その他）	2,002	2.7	343 天然ガス	4,253	2.2	322 亜炭・泥炭	11,444	2.9
8	061 砂糖・はちみつ	356	3.6	231 天然ゴム	1,816	2.4	231 天然ゴム	3,857	2.0	057 果実・ナット（生鮮・乾燥）	10,502	2.7
9	764 通信機器	292	3.0	513 カルボン酸・同誘導体	1,345	1.8	778 その他の電気機器	3,675	1.9	334 石油製品	9,495	2.4
10	776 熱電子管・半導体	231	2.3	571 エチレン重合体（一次製品）	1,173	1.6	571 エチレン重合体（一次製品）	3,224	1.7	343 天然ガス	8,943	2.3

（出所）UNCTADstat より筆者作成。

ASEAN の中国からの輸入品目について，輸入額が大きい順に 10 品目を並べたものである。ここでは，1995 年から 10 年ごとに 2005 年，2015 年，2023 年の 4 年分の輸入品目を示した。

　1995 年，中国が ASEAN からもっとも多く輸入したのは「334 石油製品」で，輸入額は 12 億ドル，輸入総額に占める割合は 11.8％であった。1995 年の特徴は，ほかにも上位に「333 原油」「442 植物性油脂（その他）」「634 ベニヤ・合板」「042 米」「231 天然ゴム」「061 砂糖・はちみつ」と，1 次産品や原材料が多いことであった。

　2000 年代に入ると，その様相は一変する。2005 年の輸入 1 位の品目は，「776 熱電子管・半導体」となり，輸入額も 259 億ドルに拡大した。輸入シェアも 34.5％と，ASEAN からの輸入の 3 分の 1 以上を占めた。その後も，2015 年には 507 億ドルで 26.1％，2023 年には 638 億ドルで 16.4％と，「776 熱電子管・半導体」の輸入品目 1 位が継続している。このほかにも，「752 自動データ処理機械」や「764 通信機器」「759 事務用機器の部分品」などの IT 関連製品が上位にランクされるようになったのが，2000 年代以降の特徴の 1 つである。

　一方，ASEAN の中国からの輸入を見ると，1995 年の時点で「764 通信機器」が輸入品目の 1 位で，輸入額は 4 億ドル，輸入総額に占める割合は 3.6％であった。その後も「764 通信機器」は，2005 年，2015 年は 1 位，2023 年は 2 位と主要な輸入品目となっており，その輸入額は 65 億ドル，248 億ドル，231 億ドルと急増し，輸入シェアも 10.3％，10.9％，5.5％と拡大した。

　1995 年の時点では，2 位の「673 鉄鋼圧延製品（無被覆）」や 4 位の「672 鉄鋼インゴット・半製品」などの鉄鋼関連製品，3 位の「653 人造繊維の織物」や 6 位の「652 綿織物」などの繊維関連製品などが上位に位置していたものの，2000 年代以降は，「764 通信機器」を含め，「776 熱電子管・半導体」や「759 事務用機器の部分品」，「752 自動データ処理機械」など IT 関連製品が上位を占めるようになった。この点は，前述の中国の ASEAN からの輸入品目の変化の特徴と一致しており，中国と ASEAN の貿易は，2000 年代をとおして，相互に IT 関連製品の輸出入を拡大することで，深化してきたということがわかる。

第 3-2 表　ASEAN の中国からの輸入品目上位 10 品目

(100 万ドル，%)

	1995 年			2005 年			2015 年			2023 年		
	品目	金額	シェア	品目	金額	シェア	品目	金額	シェア	品目	金額	シェア
1	764 通信機器	381	3.6	764 通信機器	6,468	10.3	764 通信機器	24,752	10.9	776 熱電子管・半導体	33,949	8.1
2	673 鉄鋼圧延製品（無被覆）	373	3.5	759 事務用機器の部分品	4,461	7.1	776 熱電子管・半導体	15,237	6.7	764 通信機器	23,146	5.5
3	653 人造繊維の織物	324	3.1	776 熱電子管・半導体	4,372	7.0	752 自動データ処理機械	9,254	4.1	759 事務用機器の部分品	21,324	5.1
4	672 鉄鋼インゴット・半製品	295	2.8	752 自動データ処理機械	3,306	5.3	772 回路開閉機器印刷回路	6,046	2.7	334 石油製品	18,083	4.3
5	752 自動データ処理機械	233	2.2	334 石油製品	3,141	5.0	334 石油製品	6,032	2.7	772 回路開閉機器印刷回路	15,295	3.7
6	652 綿織物	225	2.1	778 その他の電気機器	2,021	3.2	778 その他の電気機器	5,321	2.3	752 自動データ処理機械	14,777	3.5
7	523 無機酸の金属塩	200	1.9	772 回路開閉機器印刷回路	1,831	2.9	676 鉄鋼の棒・形鋼	5,275	2.3	778 その他の電気機器	11,920	2.9
8	122 製造たばこ	197	1.9	672 鉄鋼インゴット・半製品	1,329	2.1	759 事務用機器の部分品	5,203	2.3	699 各種の卑金属製品	9,970	2.4
9	716 回転式電気機械	186	1.8	333 原油	1,069	1.7	699 各種の卑金属製品	4,766	2.1	893 プラスチック製品	9,079	2.2
10	334 石油製品	185	1.7	653 人造繊維の織物	914	1.5	793 船舶・浮遊構造体	4,719	2.1	728 その他の産業用機械	7,194	1.7

（出所）UNCTADstat より筆者作成。

3．品目分類別シェアの変化

　さらに中国 ASEAN 貿易の中身の変化を，輸入品目の分類別シェアの推移から確認しておこう。ここでは，SITC の大分類（1 桁目）に従ってその割合を求め[5]，1995 年から 2023 年までをグラフにしている。第 3-2 図が中国の ASEAN からの輸入品目の，第 3-3 図が ASEAN の中国からの輸入品目の分類別シェアの変化を示したものである。

　2000 年代以降，中国の ASEAN からの輸入品目のランキング上位に，IT 関連製品が多く登場するようになったことについては，前項ですでに述べた通りである。この点に関連して，第 3-2 図からは 2000 年代に入り，IT 関連製品を含む「7 機械類及び輸送用機器」のシェアが急拡大していることが確認できる。1995 年の「7 機械類及び輸送用機器」の輸入額は 19 億ドルで，輸入総額に占める割合は 19.2% にすぎなかったが，その後，2005 年には 447 億ドルで 59.6%，2015 には 888 億ドルで 42.6%，2023 年には 1,275 億ドルで 32.8% と急速に輸入額は増加し，そのシェアは拡大した。2000 年代以降，「7 機械類及

第 3-2 図　中国の ASEAN からの輸入品目の変化（分類別のシェア）

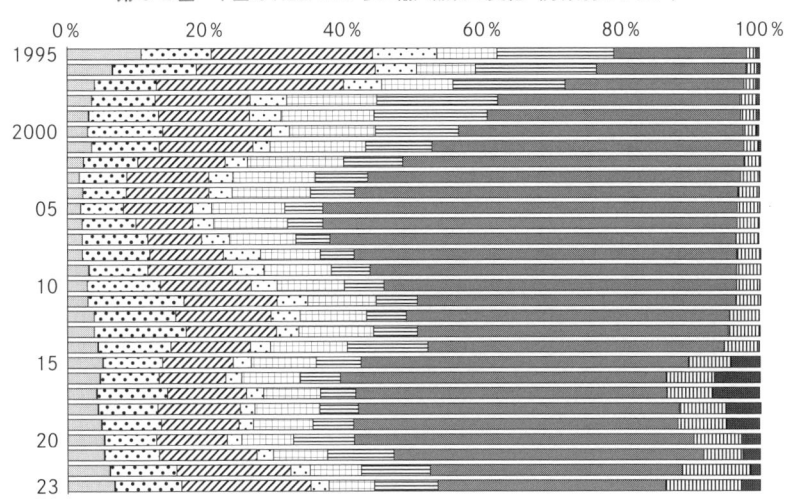

□ 0 食料品及び動物（食用）■ 1 飲料及びたばこ ┇ 2 非食品原材料 ▨ 3 鉱物性燃料
┊ 4 動植物性油脂　　　　目 5 化学製品　　　　目 6 工業製品　　　■ 7 機械類及び輸送用機器
‖ 8 雑製品　　　　　　　■ 9 その他

（資料）UNCTADstat より筆者作成。

び輸送用機器」が中国の ASEAN からの輸入の中心となったことがわかる。

　そのほかの品目分類を見ると，1995 年にシェアが大きかった「3 鉱物性燃料」(23.3％) や「6 工業製品」(16.8％)，「0 食料品及び動物（食用）」(10.7％) は，2000 年代以降，そのシェアを減らし，2023 年にはそれぞれ 18.8％，9.1％，6.7％となった。また，2010 年代の後半からは「8 雑製品」のシェアが拡大し，2015 年に 6.1％，2023 年に 10.9％を占めるようになったことがわかる。

　他方，ASEAN の中国からの輸入をみても（第3-3図），1990 年代の「7 機械類及び輸送用機器」の割合は，必ずしも大きくはなかったことがわかる。1995 年の輸入額は 32 億ドル，その割合は 29.9％であった。このとき，もっとも割合が大きかった品目分類は，35 億ドルで 32.7％を占めた「6 工業製品」であった。

　その後，「7 機械類及び輸送用機器」は，2005 年に 315 億ドルで 50.3％，2015 年に 1,148 億ドルで 50.5％，2023 年に 2,009 億ドルで 48.0％と輸入額

第 3-3 図　ASEAN の中国からの輸入品目の変化（分類別のシェア）

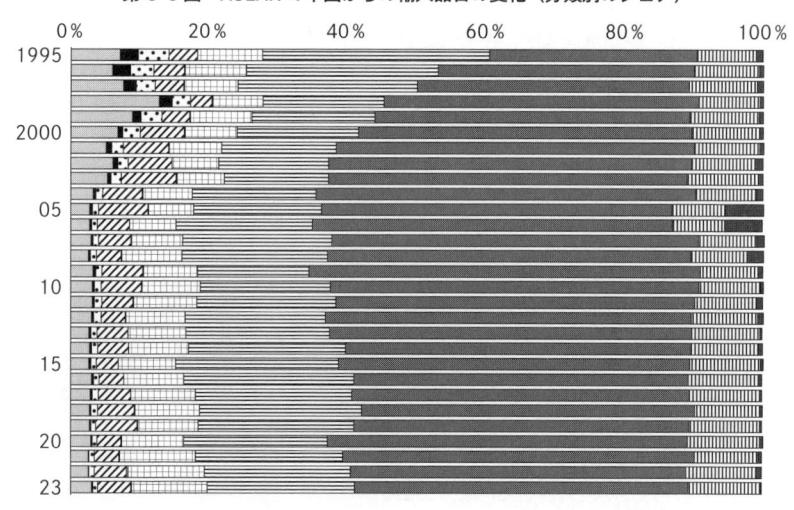

（資料）UNCTADstat より筆者作成。

もシェアも拡大し，2000年代以降，ASEANの中国からの輸入全体の半分程度の割合で推移した。一方で，「6 工業製品」は，2005年に116億ドルで18.5%，2015年に536億ドルで23.6%，2023年に890億ドルで21.3%と，輸入額こそ増加しているが，輸入全体に占める割合は低下した。とはいうものの，2000年代以降，これら2つの分類でASEANの中国からの輸入（中国のASEANへの輸出）全体の3分の2以上の割合を占めており，ASEANは，中国にとっての工業製品の重要なマーケットとなってきたということがわかる。次節では，これらを念頭に，2000年代以降，お互いに貿易パートナーとしての重要性が増してきていることを確認する。

第2節　貿易相手としての位置づけの変化

1．貿易相手のランキングの変化

　中国とASEANの貿易は，その中身が変化するとともに，お互いの貿易相手国・地域としての位置づけも大きく変化してきた。第3-3表は，中国の輸出入相手国・地域のうち，金額が大きい順に10カ国・地域を，1995年から10年ごとに表にしたものである。同様に，第3-4表には，ASEANの貿易相手，上位10カ国・地域を示している[6]。

　2000年代以降，中国にとってASEANの貿易相手としての重要性は，一貫して高まってきた。第3-3表によれば，1995年の時点で，ASEANは，中国の輸出相手としては第4位で輸出シェアは7.0%，輸入相手としては第5位で輸入シェアは7.5%であった。10年後の2005年には，輸出相手としての順位は第4位と変わらず，輸出シェアも7.3%と大きな伸びはなかったが，輸入相手としてはアメリカ，台湾を抜いて第3位となり，輸入シェアも11.4%に拡大した。2015年には，輸出相手として日本を抜いて第3位に上昇し，輸出シェアも12.2%に伸びた。さらに，輸入相手としては，日本や韓国を抜いて第1位となり，輸入シェアは11.6%となった。そして，2023年には，中国の貿易相手として，ASEANは輸出入ともに第1位であり，そのシェアは輸出で15.5%，輸入で15.2%にまで拡大した。文字どおり，現在，中国にとって最大の貿易相手は，ASEANなのである。

第 3-3 表　中国の貿易相手、上位 10 カ国・地域

(10 億ドル、％)

輸出

輸出	1995			2005			2015			2023		
	国名	輸出額	シェア	国名	輸出額	シェア	国名	輸出額	シェア	国名	輸出額	シェア
1	香港	36	24.2	アメリカ	163	21.4	アメリカ	410	18.0	ASEAN	524	15.5
2	日本	28	19.1	香港	124	16.3	香港	330	14.5	アメリカ	501	14.8
3	アメリカ	25	16.6	日本	84	11.0	ASEAN	277	12.2	香港	275	8.1
4	ASEAN	10	7.0	ASEAN	55	7.3	日本	136	6.0	日本	157	4.7
5	韓国	7	4.5	韓国	35	4.6	韓国	101	4.5	韓国	149	4.4
6	ドイツ	6	3.8	ドイツ	33	4.3	ドイツ	69	3.0	ベトナム	138	4.1
7	シンガポール	4	2.4	オランダ	26	3.4	オランダ	66	2.9	インド	118	3.5
8	オランダ	3	2.2	イギリス	19	2.5	ベトナム	60	2.6	ロシア	111	3.3
9	台湾	3	2.1	シンガポール	17	2.2	イギリス	59	2.6	ドイツ	101	3.0
10	イギリス	3	1.9	台湾	17	2.2	インド	58	2.6	オランダ	100	3.0

輸入

輸入	1995			2005			2015			2023		
	国名	輸入額	シェア	国名	輸入額	シェア	国名	輸入額	シェア	国名	輸入額	シェア
1	日本	29	22.0	日本	100	15.2	ASEAN	194	15.2	ASEAN	388	15.2
2	アメリカ	16	12.2	韓国	77	11.6	韓国	175	10.4	台湾	199	7.8
3	台湾	15	11.2	ASEAN	75	11.4	日本	149	8.9	アメリカ	165	6.5
4	韓国	10	7.8	台湾	75	11.3	アメリカ	143	8.5	韓国	162	6.3
5	ASEAN	10	7.5	中国	55	8.4	台湾	143	8.5	オーストラリア	160	6.3
6	香港	9	6.5	アメリカ	49	7.4	中国	143	8.5	ロシア	156	6.1
7	ドイツ	8	6.1	マレーシア	31	4.7	ドイツ	88	5.2	ブラジル	129	5.1
8	ロシア	4	2.9	シンガポール	20	3.0	オーストラリア	74	4.4	ドイツ	122	4.8
9	シンガポール	3	2.6	シンガポール	17	2.5	マレーシア	53	3.2	ドイツ	106	4.2
10	イタリア	3	2.4	オーストラリア	16	2.5	ブラジル	44	2.6	中国	104	4.1

(注) ここでの「ASEAN」には、東ティモールのデータが含まれる。
(資料) UNCTADstat より筆者作成。

(10 億ドル，%)

輸出	1995			2005			2015			2023		
	国名	輸出額	シェア	国名	輸出額	シェア	国名	輸出額	シェア	国名	輸出額	シェア
1	アメリカ	61	18.9	アメリカ	94	14.3	中国	141	12.0	中国	280	15.5
2	日本	45	14.1	日本	72	11.0	アメリカ	129	11.0	アメリカ	268	14.8
3	シンガポール	29	9.0	中国	55	8.3	日本	101	8.6	日本	121	6.7
4	マレーシア	21	6.6	香港	43	6.6	香港	83	7.0	香港	116	6.4
5	香港	21	6.5	シンガポール	43	6.5	マレーシア	59	5.0	シンガポール	81	4.5
6	タイ	11	3.6	マレーシア	39	6.0	シンガポール	57	4.8	マレーシア	77	4.2
7	台湾	11	3.5	インドネシア	28	4.2	インドネシア	48	4.1	韓国	75	4.1
8	イギリス	10	3.2	韓国	25	3.8	韓国	45	3.8	インド	72	4.0
9	ドイツ	10	3.2	オーストラリア	23	3.6	オーストラリア	41	3.5	インドネシア	57	3.2
10	韓国	10	3.1	タイ	23	3.5	インド	41	3.5	台湾	55	3.0

輸入	1995			2005			2015			2023		
	国名	輸出額	シェア	国名	輸出額	シェア	国名	輸出額	シェア	国名	輸出額	シェア
1	日本	86	24.3	日本	85	14.1	中国	227	20.6	中国	418	24.3
2	アメリカ	48	13.5	中国	63	10.4	日本	100	9.1	日本	121	7.0
3	マレーシア	23	6.6	アメリカ	62	10.2	アメリカ	84	7.6	アメリカ	121	7.0
4	シンガポール	21	5.9	シンガポール	46	7.6	シンガポール	74	6.7	韓国	117	6.8
5	韓国	17	4.9	マレーシア	43	7.1	韓国	68	6.2	台湾	109	6.3
6	台湾	17	4.8	台湾	33	5.4	マレーシア	60	5.5	マレーシア	95	5.5
7	ドイツ	15	4.4	韓国	29	4.8	台湾	60	5.4	シンガポール	78	4.5
8	タイ	12	3.4	タイ	26	4.2	タイ	51	4.6	タイ	62	3.6
9	中国	11	3.0	インドネシア	20	3.3	インドネシア	36	3.3	インドネシア	62	3.6
10	香港	10	2.8	サウジアラビア	19	3.1	サウジアラビア	29	2.7	オーストラリア	48	2.8

（注）ここでの「ASEAN」には，東ティモールのデータが含まれる。
（資料）UNCTADstat より筆者作成。

　一方，ASEANにとっての中国は，2000年代以降，貿易相手としてさらに重要なポジションに浮上してきている。第3-4表を見ると，1995年の時点では，ASEANの輸出相手として，中国は上位10位にランクされていなかったことがわかる。この時点では，中国は第11位で輸出シェアは2.9％に過ぎなかった。輸入でもシェアは3.0％と小さく，そのランクも第9位と低かった。このときのASEANの主要な貿易相手は，日本とアメリカであった。輸出は第1位がアメリカで，第2位が日本，輸入は，第1位が日本で，第2位がアメリカであった。この2つの国でASEANの輸出の33.0％，輸入の37.8％を占め，1990年代のASEANの経済成長を支えた。

　2000年代に入ると，ASEANの貿易相手として，中国が存在感を示すようになった。2005年，輸出相手として中国は，アメリカ，日本に次いで第3位となり，輸出シェアは8.3％に拡大した。輸入相手としては，日本に次いで第2位で，輸入シェアは10.4％となった。その後，中国は，輸出で2010年から，輸入で2007年からASEANの貿易相手として第1位が続く（2022年の輸出のみ第2位）。第3-4表から確認しておくと，2015年の中国の輸出シェアは12.0％，輸入シェアは20.6％，2023年の輸出シェアは15.5％，輸入シェアは24.3％であった。

2．貿易結合度による分析

　貿易相手のランキングの推移から，現時点で中国とASEANは，お互いにもっとも重要な貿易パートナーとなっていることがわかった。ただし，お互いがどの程度「緊密化」してきているのかについては，貿易額や貿易シェアの大小からだけでは評価が難しい。そこで，ここでは貿易結合度を用いて，中国とASEANの貿易が，2000年代以降，どのぐらい緊密化してきているのか（いないのか）について検討を行う。

　貿易結合度は，A国とB国の相互貿易の結びつき（関係性）が，世界平均（世界全体の貿易のなかでのA国とB国のシェア）と比較して，どの程度，強いか，弱いかを指数化したものである。具体的には，A国のB国との輸出結合度は，以下の式で求めることができる。

$$A 国の B 国との輸出結合度 = \frac{A 国の B 国への輸出割合}{全世界の B 国への輸出割合}$$

　輸入結合度も同様の式により求めることができる。この指数は，お互いの貿易の結合度（緊密度）が世界平均と同じだった場合には，その値が「1」となる。よって，1 より大きい場合には関係性が強い（緊密度が高い），1 より小さい場合には関係性が弱い（緊密度が低い），と評価することができる[7]。

　それでは，第 3-4 図より中国と ASEAN の貿易結合度について，1995 年から 2023 年までの推移を見てみよう。中国の ASEAN との輸出結合度は，1995 年には 1.1 であったが，その後，2005 年に 1.4，2015 年に 1.7，2023 年に 2.1 と右肩上がりで上昇してきた。これは，2023 年の時点で，中国の ASEAN への輸出が世界平均の 2.1 倍，「緊密」な状態にあるということを示唆している。同様に，中国の東南アジア諸国との輸入結合度を見ると，1995 年の 1.2 から 2005 年に 1.7，2015 年に 1.5，2023 年には 1.8 となり，その緊密度は輸出同様に増していることがわかる。つまり，中国にとって ASEAN との貿易は，輸出入ともに，その結びつきが強くなっているということだ。

　他方，ASEAN の中国との貿易結合度をみると，こちらも輸出入ともに

第 3-4 図　中国と東南アジア（東ティモールを含む）の結合度の推移

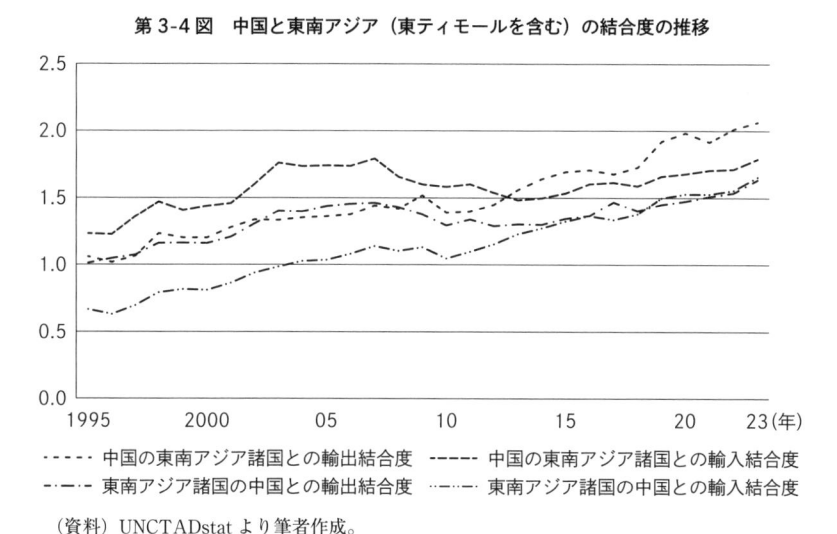

- - - - - 中国の東南アジア諸国との輸出結合度　- - - - 中国の東南アジア諸国との輸入結合度
- ･ - ･ - 東南アジア諸国の中国との輸出結合度　- - ･ - 東南アジア諸国の中国との輸入結合度

（資料）UNCTADstat より筆者作成。

2000 年代以降に結びつきが強くなってきていることが確認できる。ASEAN の中国との輸出結合度は 1995 年に 1.0 と，このときは世界平均の関係性であったが，その後，2005 年に 1.4，2015 年に 1.3，そして 2023 年には 1.6 に上昇し，その緊密度は増してきた。また，輸入結合度は，1995 年には 0.7 と，この時点では世界平均より弱い関係性であったが，その後，2005 年に 1.0，2015 年に 1.3，2023 年に 1.7 と 2000 年代以降，徐々にその関係性は強くなり，緊密度は増してきた。ASEAN にとっても中国との貿易は，輸出入ともに緊密化してきていることが確認できる。

第3節 中国と ASEAN の貿易構造の変化

1．分析の方法

　ここまで，中国と ASEAN の貿易について，とくに 2000 年代以降に緊密度が増してきたことをみてきた。本節では，貿易構造もしくは分業という観点から，その緊密化の背景を考察する。その際の分析手法は，宮島・大泉（2008），宮島・大泉（2018）で用いたものを援用する。ここでは，品目ごとに計算した貿易特化係数（産業内貿易指数）から全品目を 5 つのカテゴリに分類し，その貿易額（輸出額＋輸入額）を合算したのちに貿易総額（輸出総額＋輸入総額）に占める割合を求めた。

　中国の対 ASEAN 貿易に関する貿易特化係数は，以下の式により求めることができる。

$$\text{中国の貿易特化係数} = \frac{\text{中国の対 ASEAN 輸出額} - \text{中国の対 ASEAN 輸入額}}{\text{中国の対 ASEAN 輸出額} + \text{中国の対 ASEAN 輸入額}}$$

　貿易特化係数は，その式の特性から必ず 1 から−1 の間の値となる（分母が 0 の場合を除く）。例えば，中国が完全に輸出に特化している品目の場合は，輸入額がゼロとなるので，その値は 1 となる。上記の式では，「中国の対 ASEAN 輸出額÷中国の対 ASEAN 輸出額＝1」ということになる[8]。反対に中国が完全に輸入に特化している場合には，今度は，輸出額がゼロになるので，「−中国の対 ASEAN 輸入額÷中国の対 ASEAN 輸入額＝−1」というこ

とになる。これは，ASEAN 側からみれば逆のことを意味するので，「－1」の値は，ASEAN の「輸出特化」の品目を表すことになる。

　また，「0」近辺の値は，輸出入額が多い場合（分母の値が大きい（分子が一定と仮定）），もしくは輸出額と輸入額が同規模の場合（分子の値が小さい）を意味するので，輸出，輸入，どちらにも特化してない，つまり，輸出も輸入も行われる品目であることを表している。筆者らの研究では，この「0」に近い値の品目に注目し，そこでは「水平分業」が進んでいるものと議論してきた[9]。

　これらのことを念頭に，ここでは中国と ASEAN の全貿易品目をその貿易特化係数の値により，以下の5つのカテゴリに分類した。

① 　中国が輸出に特化した品目　（0.6 超）
② 　中国がやや輸出に特化した品目　（0.2 超 0.6 以下）
③ 　特化していない品目　（－0.2 以上 0.2 以下）
④ 　ASEAN がやや輸出に特化した品目　（－0.6 以上－0.2 未満）

第 3-5 図　中国と ASEAN の貿易構造の変化（5 分類）

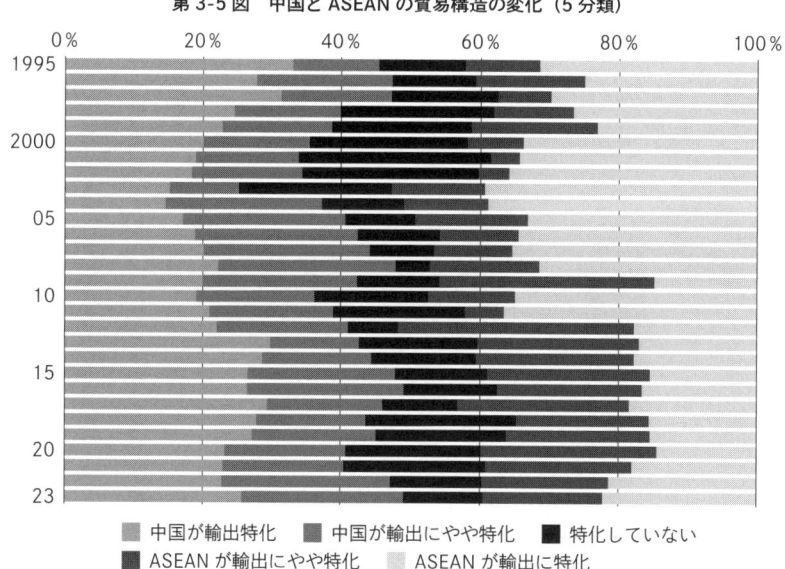

（資料）UNCTADstat より筆者作成。

⑤ ASEAN が輸出に特化した品目（-0.6 未満）

　この5つの分類ごとに貿易額を合算し，その貿易総額に占める割合を求めた結果が，第3-5図である。左右の色の薄い部分は，それぞれ「①中国が輸出に特化した品目（0.6 超）」（左）と「⑤ ASEAN が輸出に特化した品目（-0.6 未満）」（右）を表している。この両者は，上述した通り，中国と ASEAN のどちらかが輸出に特化した貿易品目と考えられるので，ここでは「垂直」型の貿易（垂直分業）と見なすこととする。その理由については，本節の第3項で改めて考察を行う。

　反対に，中央の色の濃い部分は，左からそれぞれ「②中国がやや輸出に特化した品目（0.2 超 0.6 以下）」，「③特化していない品目（-0.2 以上 0.2 以下）」，「④ ASEAN がやや輸出に特化した品目（-0.6 以上 -0.2 未満）」を示しており，相互に同じ分野の品目を輸出入しているということから，ここでは，「水平」型の貿易（水平分業）としてグループ化している。

2．貿易特化係数による5分類の割合の変化

　それでは，5つの分類ごとの割合の変化について，1995 年から 2023 年までのデータを第3-5図から確認していく。一瞥して，グラフの色の濃い部分（水平分業）の幅が 2000 年に入るころから拡大し，とくに 2015 年以降その幅が広がる傾向にあることがわかる。

　1995 年の時点で，水平型の貿易（水平分業）の割合は，「②中国がやや輸出に特化した品目（0.2 超 0.6 以下）」が 12.4%，「③特化していない品目（-0.2 以上 0.2 以下）」が 12.4%，「④ ASEAN がやや輸出に特化した品目（-0.6 以上 -0.2 未満）」が 10.7% で，合わせて 35.5% であった。その後，2005 年には，この3つのカテゴリの合計が 49.8%（② 23.6%，③ 10.0%，④ 16.2%）となり，貿易全体の約半分を占めるまでに拡大した。さらに 2010 年代に入って，その拡大傾向は継続し，2015 年には 58.0%（② 21.3%，③ 13.2%，④ 23.5%），2023 年には 52.0%（② 23.3，③ 11.3%，④ 17.3%）と過半を超える水準で推移した。

　他方，垂直型の貿易（垂直分業）は，水平型とは反対の動きとなる。

1995 年には,「①中国が輸出に特化した品目(0.6 超)」の割合が 33.0 %,「⑤ ASEAN が輸出に特化した品目(−0.6 未満)」の割合が 31.5 %で合わせて 64.5 %と,垂直分業が貿易全体の 3 分の 2 程度を占めていた。2000 年代に入りその割合は縮小傾向となり,2005 年には 2 つのカテゴリの合計が 50.2 %(① 17.0 %,⑤ 33.2)となった。その後は,2015 年に 42.0 %(① 26.6 %,⑤ 15.4 %),2023 年に 48.0 %(① 25.7 %,⑤ 22.3 %)と 40 %台で推移した。

ここで,水平型と垂直型の貿易額の推移についても確認しておこう。第 3-6 図を見ると,2000 年代以降,水平型と垂直型の貿易額は,ともに右肩上がりの増加を続けた。1995 年,水平型の貿易額は 73 億ドル,垂直型の貿易額は 132 億ドルであった。その後,両者ともに貿易額は増加し,2005 年には水平型が 686 億ドル,垂直型が 691 億ドルに,2015 年には水平型が 2,446 億ドル,垂直型が 1,772 億ドルに,そして,2023 年には水平型が 4,188 億ドル,垂直型が 3,873 億ドルとなった。1995 年と 2023 年を比較すると,水平型が 57.6 倍,垂直型が 29.2 倍の増加となった。とくに水平型の貿易額の増加が著しいことがわかる。

2000 年代以降の中国と ASEAN の貿易の特徴の 1 つが,この水平型の貿易(水平分業)の拡大であった。その拡大に寄与した具体的な貿易品目について

第 3-6 図　中国と ASEAN の水平貿易と垂直貿易の推移

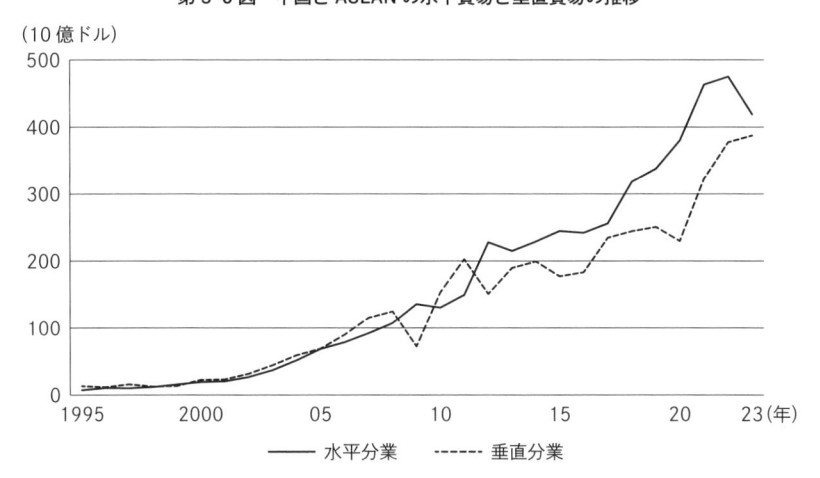

(資料)UNCTADstat より筆者作成。

は，すでに第1節で，2000年代以降，主要な貿易品目の上位が1次産品や天然資源などから，半導体などのIT関連製品に変化してきたことを述べた。次項ではさらに，貿易特化係数による5分類ごとの貿易上位品目を確認し，両者の貿易構造の変化について考察を行う。

3．貿易特化係数による5分類ごとの貿易品目の変化

　第3-5表は，貿易特化係数により分類した5つのカテゴリごとに，貿易金額が多い5品目を表にしたものである。1995年から10年間隔で2023年までのデータを示した。

　1995年の5つのカテゴリごとの第1位品目を確認すると，「①中国が輸出に特化した品目（0.6超）」の第1位は，「653 人造繊維の織物」で，貿易額（輸出額＋輸入額）は3.8億ドル，貿易全体に占める割合は1.9％であった。続いて「②中国がやや輸出に特化した品目（0.2超0.6以下）」では，「752 自動データ処理機械」が第1位で貿易額3億ドル，シェア1.5％，「③特化していない品目（−0.2以上0.2以下）」では，「764 通信機器」が第1位で貿易額6.7億ドル，シェア3.3％，「④ ASEANがやや輸出に特化した品目（−0.6以上−0.2未満）」では，「793 船舶・浮遊構造体」が第1位で貿易額5.4億ドル，シェア2.6％，最後の「⑤ ASEANが輸出に特化した品目（−0.6未満）」では，「334 石油製品」が第1位で貿易額13.5億ドル，シェア6.6％であった。

　ここまで議論してきたように，水平型の貿易に分類される3つのカテゴリでは，2000年代以降も，「764 通信機器」や「752 自動データ処理機械」，「776 熱電子管・半導体」などのIT関連製品が上位で推移していることが確認できる。とくに2010年代以降は，「764 通信機器」が「②中国がやや輸出に特化した品目（0.2超0.6以下）」に，「752 自動データ処理機械」が「③特化していない品目（−0.2以上0.2以下）」に，「776 熱電子管・半導体」が「④ ASEANがやや輸出に特化した品目（−0.6以上−0.2未満）」に分類される傾向となっている。2000年代以降の中国とASEANの水平分業が，IT関連製品の貿易によって深化してきたことが改めて確認された。

　他方，垂直型の貿易をみると，「①中国が輸出に特化した品目（0.6超）」では，「672 鉄鋼インゴット・半製品」や「676 鉄鋼の棒・形鋼」，「699 各種の卑

第 3-5 表　貿易特化係数による 5 分類ごとの貿易品目（カテゴリ別上位 5 品目）

中国が輸出特化（0.6 超）　　　　　　　　　　　　　　　　　　　　　　　　　　　（100 万ドル，%）

	1995 品目	貿易額	シェア	2005 品目	貿易額	シェア	2015 品目	貿易額	シェア	2023 品目	貿易額	シェア
1	653 人造繊維の織物	382	1.9	672 鉄鋼インゴット・半製品	1,331	1.0	676 鉄鋼の棒・形鋼	5,286	1.3	772 回路開閉機器印刷回路	18,877	2.3
2	673 鉄鋼圧延製品（無被覆）	376	1.8	653 人造繊維の織物	1,010	0.7	699 各種の卑金属製品	4,997	1.2	699 各種の卑金属製品	10,244	1.3
3	672 鉄鋼インゴット・半製品	296	1.4	652 綿織物	843	0.6	793 船舶・浮遊構造体	4,853	1.2	893 プラスチック製品	9,449	1.2
4	652 綿織物	249	1.2	699 各種の卑金属製品	755	0.5	653 人造繊維の織物	3,773	0.9	655 メリヤス・クロセ編物	6,885	0.9
5	716 回転式電気機械	230	1.1	676 鉄鋼の棒・形鋼	714	0.5	741 エアコン	3,740	0.9	653 人造繊維の織物	6,278	0.8

中国が輸出にやや特化（0.2 超 0.6 以下）

	1995 品目	貿易額	シェア	2005 品目	貿易額	シェア	2015 品目	貿易額	シェア	2023 品目	貿易額	シェア
1	752 自動データ処理機械	304	1.5	764 通信機器	9,121	6.6	764 通信機器	32,389	7.7	764 通信機器	37,197	4.6
2	054 野菜（生鮮・冷蔵・冷凍）	246	1.2	759 事務用機器の部分品	6,940	5.0	772 回路開閉機器印刷回路	8,919	2.1	759 事務用機器の部分品	29,573	3.7
3	772 回路開閉機器印刷回路	237	1.2	778 その他の電気機器	2,923	2.1	334 石油製品	8,854	2.1	334 石油製品	27,578	3.4
4	778 その他の電気機器	190	0.9	772 回路開閉機器印刷回路	2,875	2.1	728 その他の産業用機械	4,579	1.1	778 その他の電気機器	16,499	2.0
5	057 果実・ナッツ（生鮮・乾燥）	152	0.7	771 電力用機器	1,298	0.9	771 電力用機器	4,104	1.0	598 その他の化学工業生産品	8,994	1.1

特化していない（−0.2 以上 0.2 以下）

	1995 品目	貿易額	シェア	2005 品目	貿易額	シェア	2015 品目	貿易額	シェア	2023 品目	貿易額	シェア
1	764 通信機器	673	3.3	334 石油製品	5,671	4.1	752 自動データ処理機械	18,046	4.3	752 自動データ処理機械	28,069	3.5
2	759 事務用機器の部分品	362	1.8	741 エアコン	993	0.7	759 事務用機器の部分品	10,548	2.5	728 その他の産業用機械	15,679	1.9
3	651 紡織用繊維の糸	291	1.4	054 野菜（生鮮・冷蔵・冷凍）	819	0.6	778 その他の電気機器	8,996	2.1	851 はき物	6,918	0.9
4	682 銅	207	1.0	743 空気ポンプ・圧縮機	786	0.6	851 はき物	3,246	0.8	682 銅	6,792	0.8
5	728 その他の産業用機械	160	0.8	651 紡織用繊維の糸	675	0.6	682 銅	2,313	0.5	575 その他のプラスチック	5,649	0.7

ASEAN が輸出にやや特化（−0.6 以上 −0.2 未満）

	1995 品目	貿易額	シェア	2005 品目	貿易額	シェア	2015 品目	貿易額	シェア	2023 品目	貿易額	シェア
1	793 船舶・浮遊構造体	537	2.6	752 自動データ処理機械	11,503	8.3	776 熱電子管・半導体	65,911	15.6	776 熱電子管・半導体	97,764	12.1
2	776 熱電子管・半導体	375	1.8	333 原油	4,866	3.5	763 録音機器	4,044	1.0	057 果実・ナッツ（生鮮・乾燥）	13,806	1.7
3	641 紙・板紙	210	1.0	898 楽器・レコード	933	0.7	057 果実・ナッツ（生鮮・乾燥）	3,865	0.9	874 測定・分析・制御機器	8,980	1.1
4	513 カルボン酸・同誘導体	124	0.6	874 測定・分析・制御機器	806	0.6	575 その他のプラスチック	3,859	0.9	592 でん粉・小麦グルテン	3,397	0.4
5	723 土木建設用機械	119	0.6	682 銅	765	0.6	651 紡織用繊維の糸	3,712	0.9	081 飼料	2,332	0.3

ASEAN が輸出に特化（−0.6 未満）

	1995 品目	貿易額	シェア	2005 品目	貿易額	シェア	2015 品目	貿易額	シェア	2023 品目	貿易額	シェア
1	334 石油製品	1,350	6.6	776 熱電子管・半導体	30,261	22.0	335 石油残留物・同製品	7,710	1.8	333 原油	29,103	3.6
2	333 原油	1,094	5.3	422 植物性油脂（その他）	2,007	1.5	422 植物性油脂（その他）	4,461	1.1	871 光学機器	24,109	3.0
3	422 植物性油脂（その他）	834	4.1	231 天然ゴム	1,835	1.3	343 天然ガス	4,253	1.0	671 銑鉄・フェロアロイ	15,586	1.9
4	634 ベニヤ・合板	802	3.9	513 カルボン酸・同誘導体	1,473	1.1	231 天然ゴム	3,861	0.9	322 亜炭・泥炭	11,446	1.4
5	042 米	431	2.1	571 エチレン重合体（一次製品）	1,188	0.9	571 エチレン重合体（一次製品）	3,333	0.8	343 天然ガス	8,970	1.1

（資料）UNCTADstat より筆者作成。

金属製品」などの鉄鋼・金属製品，「653 人造繊維の織物」や「652 綿織物」などの繊維製品，「741 エアコン」や「772 回路開閉機器印刷回路」，「793 船舶・浮遊構造体」などの機械機器など，工業製品が上位にランクされている。また，「⑤ ASEAN が輸出に特化した品目（−0.6 未満）」では，「334 石油製品」や「333 原油」，「335 石油残留物・同製品」「343 天然ガス」「322 亜炭・泥炭」などの鉱物燃料，「422 植物性油脂（その他）」や「231 天然ゴム」などの農産品・農産加工品，「513 カルボン酸・同誘導体」や「571 エチレン重合体（一次製品）」などの原材料が上位に多くランクされている。

　ここからわかることは，中国が ASEAN に工業製品を輸出し，ASEAN が中国に対して1次産品や工業製品の原材料を輸出するという，典型的な垂直分業のパターンとなっていることである。ASEAN が中国の急速な工業化を原材料の供給地として支えるとともに，中国の工業製品の主要なマーケットとしての役割も担っているということがわかる。

　この垂直型の貿易の拡大も，中国と ASEAN の貿易が緊密化している背景として極めて重要である。前項で確認したように，その貿易額は水平型の貿易と同様，2000 年代以降に急増していたが，それだけではなく，近年，サプライチェーンの再編や経済安全保障の問題が，にわかに浮上してきているからである。これは，2010 年代後半から顕在化した，米中貿易摩擦によるものである[10]。ASEAN は米中貿易摩擦への態度として，あくまで中立を維持しており，アメリカとの「競争」という意味でも，中国にとって ASEAN との経済関係は，ますます重要性が高まる結果となっている（石川 2024：9）。

おわりに

　中国と ASEAN の貿易は，2000 年代以降，「質」と「量」ともに緊密化が着実に進んでいることがわかった。「量」的には，具体的に①貿易額の急増，②相互の貿易相手としてポジションアップ，そして③貿易結合度の上昇がみられた。また，「質」的には，④貿易品目の変化があげられる。そこでは，主要な輸出入品目が，1次産品や原材料から IT 関連製品に入れ替わっていた。それにより，⑤貿易構造もかなり大きく変化してきた。垂直型の貿易の割合が

減少する一方で，水平型の貿易の割合が増加してきた。ただし，⑥貿易額は水平型と垂直型ともに増大しており，国際的な情勢なども踏まえると，中国とASEANの貿易にとって垂直型の貿易もより一層，重要なものとなってきている。

　本章では，ASEANを1つのまとまり，1つの経済体として中国との貿易を分析してきた。ASEAN諸国と中国との個別の貿易には触れなかったが，最後に2010年代以降の動きについて若干紹介しておこう。この新しい動きが，今後の中国とASEANの貿易をさらに緊密化させるかもしれないからである。

　第3-7図は，中国のASEAN10カ国からの輸入額（ASEAN10カ国の輸出）の推移を，第3-8図は，ASEAN10カ国の中国からの輸入額の推移を示している。ここでは，2010年以降の変化が明確となるよう，2010年の輸入額を100としたグラフとなっている。

　2010年以降，中国との貿易で伸び率が高いのは，とくにCLMV（カンボジア，ラオス，ミャンマー，ベトナム）である。そのなかでも輸出入ともに，もっとも顕著な伸び率を示しているのが，カンボジアである。2010年から2023年の間に中国への輸出額は22.1倍，中国からの輸入額は9.1倍と，ほか

第3-7図　中国のASEANからの輸入額の変化（2010年＝100）（1995〜2023年）

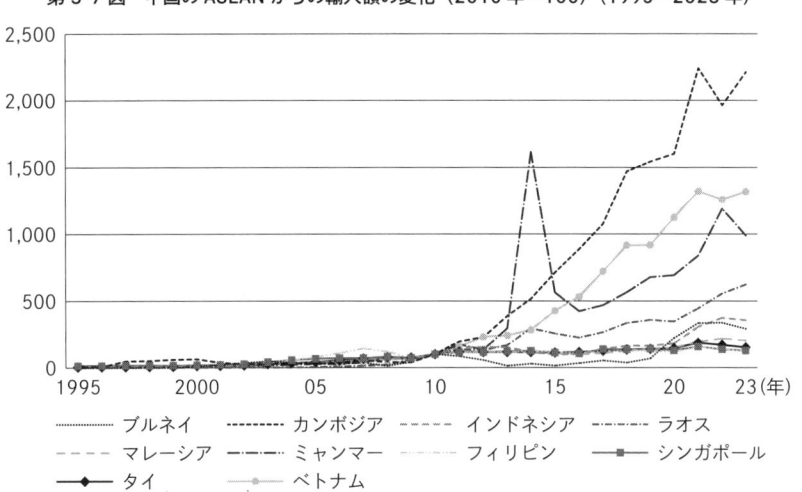

（資料）UNCTADstatより筆者作成。

第 3-8 図　ASEAN 諸国の中国からの輸入額の変化（2010 年＝100）（1995〜2023 年）

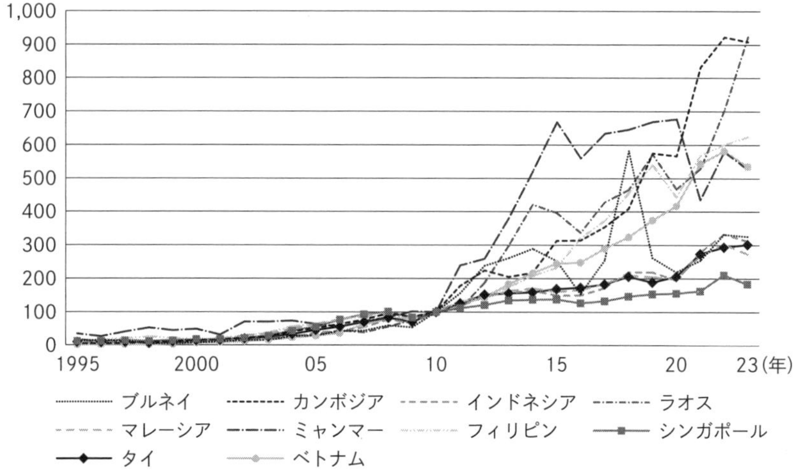

（資料）UNCTADstat より筆者作成。

の ASEAN 諸国を相当程度上回るスピードで貿易が拡大してきた。そのほか，輸出ではベトナムが 13.2 倍，ミャンマーが 9.9 倍の増加となっている。また，輸入では，ラオスの増加が著しく，9.2 倍の伸びとなった。

　中国の「一帯一路」政策の影響などもあると考えられるが，これらは，中国と ASEAN との貿易の新しい緊密化の動きである。これらの国々は，本章で議論してきた水平分業への関与はいまだ少ないと考えらえる。その意味で，中国 ASEAN 貿易の変化のダイナミズムは，2020 年代に入ってからも，そのエネルギーが衰えることはない。

（宮島良明）

【付記】
　本研究は，①科学研究費助成事業・基盤研究（C）（一般）「米中貿易摩擦とコロナショックが東アジア地域の生産ネットワークに与える影響」（21K12434，2021 年〜 2023 年，代表者：宮島良明），および②科学研究費助成事業・基盤研究（C）（一般）「米中貿易摩擦のベトナムおよびタイの貿易に対する影響に関する比較分析」（24K15462，2024 年〜 2026 年，代表者：宮島良明）の助成を受けて行われたものである。

【注】

1　世界銀行の『東アジアの奇跡』が刊行されたのは，1993 年であった。

2　1980 年代，ラテンアメリカ地域は，メキシコのペソ危機をきっかけとした累積債務危機に直面し，その後，「失われた 10 年」を経験した。

3　詳細については，宮島（2010），宮島（2016）を参照。

4　なお，本章における相互貿易に関する分析は，中国側の輸入データと ASEAN 側の輸入データを用いて行うこととする。本来であれば，貿易データ上，ある国の輸出額は，輸出相手国の輸入額と同額となるはずである。しかし，国・地域によっては，そこに小さくはない差異が生じる場合もあるからだ。相互貿易の分析を行う際には，まま生じる問題ではあるものの，相互の輸入データを用いて分析を行うことにより，より現実に即した貿易実態の解明につながるものと考えられる。また，どの国も，「関税をかける」「貿易をコントロールする」という意味では，輸出以上に輸入管理に力点を置くはずなので，「正確性」という観点からも輸入データの優位性が高いと思われる。

5　商品分類については，総務省統計局『世界の統計 2024』第 9 章「貿易」を参照。

6　ここでは，UNCTADstat の「東南アジア」の区分を「ASEAN」として議論を進める。ここでの「東南アジア」には，ASEAN10 カ国と東ティモールが含まれる。

7　本章では，日本と ASEAN の貿易については触れていないが，牛山（2010）では，日本とタイの貿易結合度が 2010 年の時点で 3 を超え，とくに高いことが指摘されている。

8　実際の計算時には，「中国の対 ASEAN 輸出額」の代わりに「ASEAN の対中国輸入額」のデータを用いている。その理由に関しては，注 4 を参照。

9　例えば，大泉・宮島（2022）を参照。

10　米中貿易摩擦の経緯などについては，宮島（2024）を参照。

【参考文献】

石川幸一（2024），「急拡大し緊密化する ASEAN と中国の経済関係と経済協力」『東亜』682 号。

牛山隆一（2010），「日タイ貿易，日中に勝る緊密度」『日本経済新聞』（アジア Biz 新潮流）（https://www.nikkei.com/article/DGXNASGM1102V_T11C10A2000000/）。

大泉啓一郎・宮島良明（2022），「中国の対 ASEAN 貿易の新局面：2015 年以降の変化を中心に」『アジア研究所紀要』（亜細亜大学アジア研究所）第 49 号。

末廣昭（2010），「東アジア経済をどうとらえるか？：開発途上国論から新興中進国群論へ」『環太平洋ビジネス情報 RIM』Vol. 10, No. 38。

総務省統計局『世界の統計 2024』（https://www.stat.go.jp/data/sekai/index.html）。

宮島良明（2010），「自立に向かう東アジア：域内貿易の拡大と分業体制の形成」『環太平洋ビジネス情報 RIM』Vol. 10, No. 38。

宮島良明（2016），「中国と ASEAN の貿易・分業構造の変化」池部亮・藤江秀樹編『分業するアジア：進化する ASEAN・中国の分業構造』ジェトロ。

宮島良明（2024），「米中貿易摩擦の背景と原因に関する一考察」亜細亜大学アジア研究所『インド太平洋時代の ASEAN』（2022 ～ 2023 年度研究プロジェクト報告書）。

宮島良明・大泉啓一郎（2008），『中国の台頭と東アジア域内貿易：World Trade Atlas（1996-2006）の分析から』東京大学社会科学研究所・現代中国研究拠点・研究シリーズ，No. 1。

宮島良明・大泉啓一郎（2018），「深化・分化する中国・ASEAN 貿易」末廣昭・田島俊雄・丸川知雄編『中国・新興国ネクサス―新たな世界経済循環』東京大学出版会。

第4章

中国企業の対 ASEAN 投資の現状

——ASEAN が「最大の投資先」に——

はじめに

　中国と東南アジア諸国連合（ASEAN）諸国の間ではかつて ASEAN 側の対中投資が目立ったが，現在は真逆の現象が進行している。中国側の対 ASEAN 投資が拡大し，中 ASEAN 間の投資の流れは逆転したのである。中国は貿易のみならず投資の主体としても ASEAN の重要パートナーとして存在感を高めるばかりだ。その背景には中国国内の需要減退やコスト上昇，米中対立の長期化など地政学上のリスク，中国政府の ASEAN 重視の姿勢など様々な要因から中国企業が ASEAN での事業を強化しているという事情がある。本章の目的は，中国企業の対 ASEAN 投資の現状を把握することであり，中国と ASEAN のそれぞれの側から見た統計を精査するほか，ASEAN 域内に展開する中国企業の具体的な事例も見ていく。これらの作業から浮かび上がるのは，対 ASEAN 投資の主体として中国の存在感が一段と高まる一方で，中国にとっては欧米などへの投資が伸び悩む中，ASEAN が最大の投資先に浮上してきたという事実だ。ASEAN 重視を掲げる日本企業は中国企業とどのように向き合うのか一段と問われよう。

第1節　ASEAN 側から見た中国の対 ASEAN 投資

　本節では ASEAN 側の統計から外国直接投資（FDI）の主体としての中国のポジションを見る。まず ASEAN 事務局の統計から ASEAN 全体，域内各国

にとって中国がそれぞれどのような存在か確認し，さらに各国公式統計から中国の動向をより詳しく捉える。

1．ASEAN 事務局の統計

(1)　対 ASEAN 投資全体で初の日中逆転

ASEAN は 2023 年，加盟 10 カ国を 1 つにまとめると，FDI 受入額（フロー）では米国に次いで 3 年連続で世界 2 位と，同 3 位の中国を上回った[1]。中国は 20 年に 1 位であったが，翌 21 年以降は 3 位に退き，ASEAN の後塵を拝す。この事実は，ASEAN が外国企業の投資先として国際的な注目度を高めている状況を映し出している。

ASEAN への FDI 主体別動向（23 年，フロー）を ASEAN 事務局の統計から確認すると，第 4-1 表に示す通りである。最大の投資国は米国でシェア 32％と突出している。中国は同 7.5％と 2 位で，4 位日本（6.3％）を上回る。中国の順位は同統計で遡れる 2010 年以降で最高位へ浮上し，金額も過去最高を記録した。日本はこれまで一貫して中国を上回っていたが，初めて日中逆転を許した（第 4-1 図）。

第 4-1 表　対 ASEAN 直接投資金額
（2023 年，主体別，フロー）

（100 万ドル，％）

順位	国・地域名	金額	シェア
1	米国	74,357	32.4
2	**中国**	**17,306**	**7.5**
3	香港	15,036	6.5
4	日本	14,541	6.3
5	シンガポール	14,489	6.3
6	韓国	10,977	4.8
7	オランダ	8,671	3.8
8	台湾	7,963	3.5
9	インド	5,631	2.5
10	スイス	5,218	2.3
	総額	229,838	100.0

（注）総額は 11 位以下の国・地域全てを含む金額。

（資料）ASEAN 事務局の統計より筆者作成。

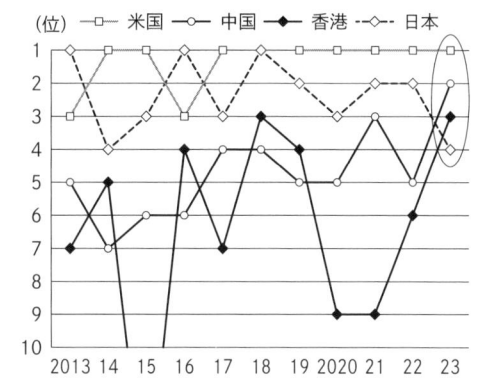

第 4-1 図　対 ASEAN 直接投資金額
各国・地域の順位の推移（フロー）

（注）2018 年の米国は金額がマイナス（流出超）だったため順位が記されていない。

（資料）ASEAN 事務局資料より筆者作成。

　中国の対 ASEAN・FDI はどの国へ多く流れているのか。ASEAN 事務局の統計に記載がないベトナム，ラオス，ブルネイ以外の 7 カ国への金額（フロー，23 年）を個別に見ると，最も多いのはシンガポール（71 億 5,200 万ドル）でシェア 41％，以下，2 位カンボジア（同 12％），3 位インドネシア（同 10％），4 位タイ（同 9％），5 位マレーシア（同 5％）と続く[2]。また，香港の対 ASEAN・FDI 額も参考に見ると，1 位シンガポール（同 35％），2 位インドネシア（同 26％），3 位マレーシア（同 25％）の順である。どちらもシンガポール向けが最大で，特に中国の方でシンガポール向けが突出している。

(2)　シンガポール，タイなど 4 カ国で中国が上回る

　ASEAN 各国にとって，投資国としての中国はどれほどの重みがあるのか。前述のベトナムなど 3 カ国を除く 7 カ国への，直近 5 年間の FDI の主体別ランキングの推移を第 4-2 表にまとめた。この表を「日中の位置関係」を軸に俯瞰すると，23 年実績で中国が日本を上回るのはシンガポール，タイ，カンボジア，ミャンマーの 4 カ国，逆に日本が中国を上回るのはマレーシア，フィリピン，インドネシアの 3 カ国ということになる。

　前者のグループを個別に見ると，シンガポールでは 2018−22 年に日本が中国を上回っていたが，23 年に中国が追い抜き，3 位に浮上した。タイでは 23 年に中国の金額が過去最高額に拡大，日本を初めて上回り，首位へ躍り出た。カンボジアでは中国が 12 年連続首位で，2 位以下を大きく引き離す[3]。ミャンマーは年毎に上位の顔触れが大きく変動するが，中国は 23 年に 17 年以来の 2 位へ浮上している。

　一方，後者のグループを見ると，マレーシアでは日本 3 位，中国 4 位（23 年）と順位が拮抗している。ただ，2010 年代半ば以降，中国は日本を 3 度（15，16，20 年）上回っており，日本の優位性は薄れている。インドネシアでは 23 年こそ日本（5 位）が中国（6 位）を上回ったが，21 年に初めて抜かれ，翌 22 年も後塵を拝した。これはマレーシアと同様の構図である。こうしたなかフィリピンでは日本の存在感が相対的に大きく，23 年は 1 位と中国（8 位）よりかなり上位だ。日本は過去 5 年間，1 位か 2 位を維持している。

　単年の動向を示すフローの数字から昨今の情勢を総括すると，対 ASEAN

第 4-2 表　ASEAN 各国への外国直接投資額（国・地域別ランキング，フロー，2019－23 年）

対シンガポール

	2019			2020			2021			2022			2023	
	米国	43.6%	1	米国	27.1%	1	米国	21.6%	1	米国	12.2%	1	米国	45.9%
	日本	6.6%	2	アイルランド	19.7%	2	日本	11.1%	2	日本	9.7%	2	オランダ	6.4%
	英国	5.5%	3	日本	10.9%	3	スイス	9.0%	3	英国	9.1%	3	中国	4.5%
	香港	4.9%	4	英国	6.9%	4	台湾	5.9%	4	オランダ	6.7%	4	日本	3.7%
	アイルランド	4.1%	5	カナダ	5.0%	5	中国	5.2%	5	韓国	5.9%	5	香港	3.3%
	カナダ	4.0%	6	台湾	4.0%	6	オランダ	5.0%	6	香港	5.7%	6	台湾	3.3%
	中国	3.3%	7	マレーシア	3.9%	7	韓国	4.2%	7	スイス	5.5%	7	韓国	3.2%
	スイス	2.7%	8	フランス	3.8%	8	ルクセンブルク	3.9%	8	台湾	5.5%	8	インド	3.1%
	韓国	2.3%	9	韓国	3.1%	9	カナダ	2.7%	9	フランス	5.1%	9	スイス	3.0%
	インド	1.7%	10	中国	2.2%	10	ドイツ	2.6%	10	中国	4.1%	10	ルクセンブルク	2.9%
	総額	100.0%		総額	100.0%		総額	100.0%		総額	100.0%		総額	100.0%

対マレーシア

	2019			2020			2021			2022			2023	
	日本	32.6%	1	シンガポール	41.6%	1	シンガポール	17.6%	1	米国	48.8%	1	シンガポール	55.6%
	香港	26.4%	2	タイ	24.3%	2	米国	16.4%	2	シンガポール	14.7%	2	香港	42.9%
	シンガポール	10.9%	3	中国	18.9%	3	スイス	9.9%	3	日本	12.7%	3	日本	13.7%
	オランダ	10.4%	4	日本	17.4%	4	オランダ	9.4%	4	香港	8.5%	4	中国	10.1%
	米国	8.0%	5	バージン諸島	14.4%	5	韓国	9.3%	5	ドイツ	5.8%	5	韓国	6.9%
	インドネシア	2.9%	6	米国	10.1%	6	英国	9.3%	6	中国	4.8%	6	台湾	6.4%
	韓国	2.8%	7	香港	9.1%	7	バージン諸島	8.3%	7	ケイマン諸島	3.3%	7	ケイマン諸島	5.1%
	フィリピン	2.4%	8	インドネシア	8.1%	8	香港	4.3%	8	韓国	2.6%	8	アイルランド	4.3%
	ベトナム	2.1%	9	アイルランド	5.2%	9	日本	4.2%	9	バージン諸島	2.5%	9	スイス	2.8%
	バージン諸島	2.0%	10	ベトナム	4.3%	10	中国	4.1%	10	タイ	2.2%	10	タイ	2.4%
	総額	100.0%		総額	100.0%		総額	100.0%		総額	100.0%		総額	100.0%

対タイ

	2019			2020			2021			2022			2023	
	シンガポール	132.3%	1	日本	36.3%	1	日本	20.9%	1	シンガポール	35.9%	1	中国	34.5%
	日本	51.4%	2	中国	21.1%	2	オランダ	15.7%	2	日本	16.9%	2	日本	23.3%
	中国	29.9%	3	シンガポール	19.6%	3	香港	9.5%	3	米国	12.9%	3	オランダ	14.5%
	香港	19.6%	4	米国	13.7%	4	中国	9.4%	4	中国	8.5%	4	台湾	14.1%
	韓国	12.3%	5	スイス	11.2%	5	米国	9.2%	5	オランダ	8.5%	5	ドイツ	7.6%
	台湾	8.0%	6	香港	8.8%	6	スイス	8.6%	6	香港	7.8%	6	英国	5.8%
	オーストラリア	3.4%	7	バージン諸島	7.5%	7	シンガポール	6.5%	7	ドイツ	4.6%	7	ケイマン諸島	4.9%
	バージン諸島	3.2%	8	台湾	6.4%	8	英国	3.2%	8	英国	3.6%	8	バミューダ	4.2%
	リベリア	2.6%	9	ルクセンブルク	3.6%	9	台湾	3.0%	9	台湾	3.3%	9	シンガポール	3.3%
	ロシア	2.0%	10	オーストリア	3.4%	10	バージン諸島	2.9%	10	ケイマン諸島	3.2%	10	ロシア	3.1%
	世界	100.0%		世界	100.0%		世界	100.0%		世界	100.0%		世界	100.0%

対インドネシア

	2019			2020			2021			2022			2023	
	日本	34.8%	1	シンガポール	22.5%	1	シンガポール	25.3%	1	シンガポール	38.5%	1	シンガポール	25.4%
	シンガポール	26.4%	2	タイ	17.3%	2	中国	24.0%	2	中国	13.8%	2	香港	18.0%
	英国	6.9%	3	香港	15.3%	3	香港	14.8%	3	香港	9.4%	3	ドイツ	9.8%
	米国	5.2%	4	日本	11.2%	4	タイ	9.8%	4	米国	8.1%	4	韓国	8.5%
	タイ	4.8%	5	韓国	8.4%	5	日本	9.3%	5	韓国	7.2%	5	日本	8.2%
	韓国	4.4%	6	台湾	5.1%	6	米国	8.0%	6	日本	7.1%	6	中国	7.7%
	カナダ	3.6%	7	中国	4.9%	7	韓国	3.6%	7	タイ	4.8%	7	米国	4.0%
	中国	3.4%	8	カタール	3.5%	8	英国	3.4%	8	マレーシア	3.9%	8	セーシェル	3.1%
	フランス	2.2%	9	米国	3.3%	9	オランダ	1.9%	9	台湾	3.1%	9	タイ	2.8%
	香港	1.9%	10	マレーシア	2.2%	10	インド	1.1%	10	インド	2.1%	10	オーストラリア	2.7%
	世界	100.0%		世界	100.0%		世界	100.0%		世界	100.0%		世界	100.0%

対フィリピン

2019		2020		2021		2022		2023	
シンガポール	6.3%	1 日本	10.6%	1 シンガポール	21.3%	1 日本	8.3%	1 日本	9.6%
日本	3.5%	2 オランダ	3.6%	2 日本	5.0%	2 シンガポール	5.7%	2 シンガポール	2.1%
米国	3.4%	3 シンガポール	3.5%	3 米国	1.3%	3 米国	2.6%	3 ドイツ	1.7%
中国	3.2%	4 米国	2.4%	4 香港	0.6%	4 マレーシア	1.1%	4 米国	1.3%
オランダ	3.1%	5 台湾	0.9%	5 台湾	0.4%	5 ドイツ	0.7%	5 台湾	0.4%
韓国	2.0%	6 中国	0.9%	6 ドイツ	0.3%	6 クウェート	0.4%	6 マレーシア	0.3%
タイ	0.8%	7 英国	0.6%	7 中国	0.2%	7 英国	0.3%	7 韓国	0.2%
台湾	0.7%	8 タイ	0.5%	8 マレーシア	0.1%	8 香港	0.3%	8 中国	0.2%
香港	0.6%	9 香港	0.4%	9 英国	0.1%	9 ロシア	0.3%	9 スウェーデン	0.1%
モーリシャス	0.6%	10 ケイマン諸島	0.3%	10 インドネシア	0.1%	10 台湾	0.2%	10 インドネシア	0.1%

対カンボジア

2019		2020		2021		2022		2023	
中国	30%	1 中国	33%	1 中国	34%	1 中国	42%	1 中国	50%
香港	11%	2 香港	8%	2 シンガポール	8%	2 韓国	11%	2 韓国	10%
シンガポール	7%	3 シンガポール	8%	3 カナダ	8%	3 日本	8%	3 カナダ	10%
韓国	7%	4 韓国	8%	4 韓国	8%	4 シンガポール	7%	4 日本	8%
台湾	6%	5 台湾	7%	5 香港	7%	5 カナダ	5%	5 シンガポール	7%
ベトナム	5%	6 カナダ	7%	6 台湾	7%	6 香港	5%	6 香港	5%
日本	5%	7 日本	6%	7 日本	6%	7 台湾	5%	7 マレーシア	2%
英国	5%	8 英国	4%	8 タイ	4%	8 マレーシア	3%	8 英国	2%
マレーシア	4%	9 マレーシア	4%	9 マレーシア	4%	9 英国	3%	9 タイ	1%
カナダ	4%	10 タイ	3%	10 英国	3%	10 タイ	2%	10 ベトナム	1%
世界	100%	世界	100%	世界	100%	世界	100%	世界	100%

対ミャンマー

2019		2020		2021		2022		2023	
シンガポール	37%	1 ベトナム	21%	1 ベトナム	33%	1 タイ	43%	1 韓国	35%
日本	23%	2 韓国	13%	2 タイ	21%	2 韓国	22%	2 中国	27%
タイ	11%	3 シンガポール	11%	3 韓国	19%	3 日本	14%	3 インド	21%
マレーシア	11%	4 タイ	10%	4 米国	9%	4 バージン諸島	7%	4 タイ	20%
台湾	7%	5 日本	8%	5 マレーシア	8%	5 香港	7%	5 日本	13%
ベトナム	6%	6 台湾	7%	6 香港	6%	6 シンガポール	7%	6 マレーシア	3%
米国	3%	7 香港	7%	7 インド	6%	7 台湾	6%	7 インドネシア	1%
香港	2%	8 中国	4%	8 フィリピン	4%	8 マレーシア	5%	8 バミューダ	1%
フランス	2%	9 インド	3%	9 ケイマン諸島	4%	9 バミューダ	1%	9 米国	1%
カンボジア	2%	10 オランダ	2%	10 オランダ	4%	10 スイス	1%	10 台湾	0%
世界	100%	世界	100%	世界	100%	世界	100%	世界	100%

(注) ％表示はシェア。タイの 2020 年の各国・地域のシェアは全体が大幅のマイナスだっためため,その最大要因であった英国の分（96 億 6,000 万ドルの赤字）を除いた額を総額として計算した。ベトナム，ラオス，ブルネイのデータは掲載されていない。

(資料) ASEAN 事務局の統計から筆者作成。

投資では中国の台頭が著しい。それ自体はよく聞く指摘であるが，ASEAN 全体および各国別の直近の統計から確認できるのは，日中間では中国優位の構図が一段と鮮明になっているという状況である。日本は 2013 年に前述の ASEAN7 カ国のうちカンボジア，ミャンマー以外の 5 カ国（シンガポール，マレーシア，タイ，インドネシア，フィリピン）で中国の順位を上回っていた

が，10 年後の 23 年にはシンガポール，タイで抜かれ，マレーシア，インドネシアではわずかに上回っているに過ぎない。

　ただし，ストックの面では対 ASEAN 投資で長年の蓄積がある日本がなお中国を圧倒している国が目立つ。カンボジアとミャンマーでは中国が 1 位（日本は前者で 5 位，後者で 4 位）であるが，シンガポール，マレーシア，タイ，インドネシア[4] の 4 カ国では日本が中国を上回っている。具体的には，日本はタイで 1 位（中国は 6 位），インドネシアで 2 位（同 6 位），シンガポールで 3 位（同 12 位），マレーシアで 4 位（同 6 位）である。

2．ASEAN 各国の政府統計

　次に ASEAN 各国の政府統計から，投資の主体としての中国の位置づけ，即ち中国企業がどれほど重みのある存在なのか，さらに探ることにする。前掲の ASEAN 事務局の統計ではベトナムの数字が欠落していた。本項では同国での情勢にも言及する。以下，シンガポール，マレーシア，タイ，インドネシア，フィリピン，ベトナムの順に見ていく。

⑴　シンガポール〜中国企業の高い寄与率

　シンガポールについては経済開発庁（EDB）の年次報告書に記載されている企業活動状況に関する統計が参考になる。具体的には企業国籍別の「年間総事業費（Total Business Expenditure：TBE）」と「付加価値（VA）創出額」の 2 つである。EDB が集計する TBE は企業が総事業に投入した費用（主に人件費や家賃），VA はシンガポールの国内総生産（GDP）に対する企業部門の直接的寄与額（主に賃金・利益で構成）をそれぞれ示すものである。前者では中国企業のシェアが上昇トレンドを示しており，22 年は米国企業，シンガポール企業を上回り 1 位へ躍進した（第 4-2 図）。翌 23 年は 3 位へ下がったものの，日欧企業より上位に位置する。また，後者でも中国の存在感は高まり，20 年にシェア 40％へ急伸し米企業とほぼ並び，22，23 年と 2 位であった（第 4-3 図）。これらの指標で中国企業が米企業や地元企業と比肩しうるところまで伸長してきたことは，同国経済に及ぼす中国企業の影響が増大していることを如実に物語る[5]。

第4-2図　「年間総事業費」国別内訳

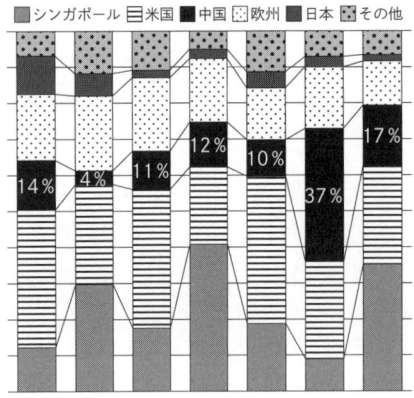

シンガポール ▤米国 ■中国 ▨欧州 ■日本 ▨その他

14%　4%　11%　12%　10%　37%　17%

2017 2018 2019 2020 2021 2022 2023

第4-3図　「付加価値 (VA) 創出額」（国別内訳）

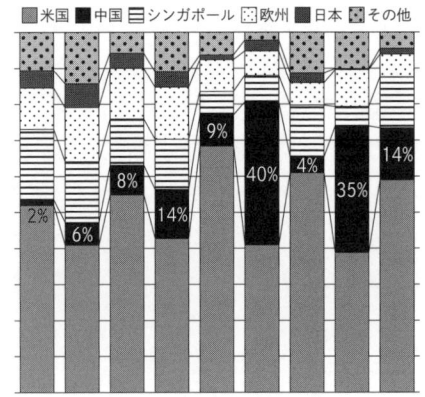

■米国 ■中国 ▤シンガポール ▨欧州 ■日本 ▨その他

2%　6%　8%　14%　9%　40%　4%　35%　14%

2015 2016 2017 2018 2019 2020 2021 2022 2023

（注）シンガポール経済開発庁（EDB）が定義する「年間総事業費（Total Business Expenditure：TBE）」の各国・地域別のシェア。TBE は主に人件費・家賃で構成される。

（資料）EDB 年次報告書各年版より筆者作成。

（注）シンガポールの GDP に対する企業部門の直接的な寄与額（主に賃金，利益で構成）について国・地域別のシェアを見たもの。

（資料）EDB 年次報告書各年版より筆者作成。

(2)　マレーシア～中国優位が続く

　マレーシアについては同国投資開発庁（MIDA）が集計している外国企業投資認可額（製造業）を確認すると，中国，日本，シンガポール，米国の主要4カ国の順位は第4-4図のように推移している。中国は1990−2000年代に10位台が目立ったが，2010年代から順位が上昇し，16年に初めて1位となり，20年まで5年連続トップを続けた。その後，4位，2位，5位と推移している。

　80年代後半に対マレーシア投資を本格化させた日本は2010年代前半までは1位の年が多く，米国などとともに存在感を誇示したが，16年以降は一貫して中国に劣後する。MIDA の統計は製造業のみを対象とした認可額であり，国際収支のフローベースである第4-2表とは異なるが，中国企業の積極的な姿勢を浮き彫りにしている。MIDA では各国企業がマレーシア国内でどれほどの雇用を生み出したかという統計も公表しており，中国企業は23年に約9,300人とシンガポール企業の約1万5,300人に次ぐ2番目の規模で，5位日本（約5,300人）を大きく上回っている。

⑶　タイ〜中国が初めて首位に浮上

　タイ投資庁（BOI）の外国企業投資認可額では，中国が 2023 年に初めて日本を抜き去り，首位に浮上した（第 4-5 図）。タイは日本の製造業が ASEAN 域内で最も集積している国であり，サービス業も含めれば日系企業約 6,000 社が進出していると言われる。2000 年から 23 年連続で認可額トップであった日本は 23 年，中国だけでなくシンガポール，米国にも抜かれ，一気に 4 位に転落した。1 位中国，2 位シンガポール，3 位米国の認可額がいずれも前年比約 3 倍に膨らんだのに対し，日本は同 30％増と伸び悩んだためである。また，投資申請額を見ても，中国は 2 年連続で 1 位であり，日本は 21 年の 1 位から 22 年 2 位，23 年 4 位と順位を下げている。

　投資の先行指標とも言える認可額，申請額の双方で，前掲第 4-2 表よりもさらに中国の勢いは鮮明であり，中国企業のタイ進出が一段と活発化する可能性を示唆している。中国企業の投資認可額を業種別にみると，23 年は「電気電子」（シェア 31％），「機械・自動車」（同 27％），「金属」（15％）の順に多い。「機械・自動車」のシェアが日本や韓国，台湾，欧州連合（EU）など他の主要投資国・地域に比べ高いという特徴も指摘できる[6]。

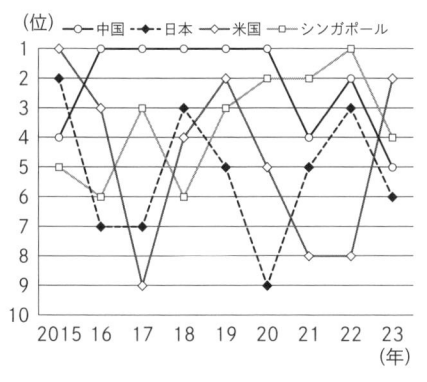

第 4-4 図　対マレーシア外国企業投資認可額
**　　（製造業）　主要国のランキングの推移**

（資料）マレーシア投資開発庁（MIDA）の統
　　　計より筆者作成。

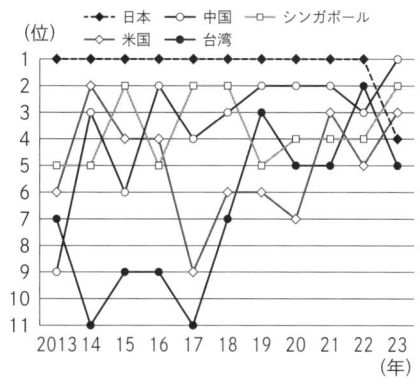

第 4-5 図　対タイ・外国直接投資認可額
**　　主要国・地域のランキングの推移**

（資料）BOI の統計より筆者作成。

⑷　インドネシア，フィリピン～前者で中国はトップ３の常連に

インドネシアについては同国投資調整庁（BKPM）の外国企業直接投資実行額を見ると，過去10年間の主要国・地域の順位は第4-6図の通りである。1位は一貫してシンガポールで，中国は16年以降，トップ３の常連となった。23年の中国の実行額は1位シンガポールに比べ半分弱（約74億4,000万ドル）であるが，香港も「中国分」に含めれば，シンガポール（約153億6,000万ドル）にほぼ匹敵する規模である。日本は18年まで中国より常に上位に位置していたが，19年に初めて抜かれ現在に至る。インドネシアでも前掲第4-2表よりも BKPM 統計の方で中国の躍進ぶりが際立つ。

一方，フィリピン統計局の外国直接投資認可額では上位陣の順位変動が激しいが，日本は23年まで3年間，3位以内にランクインしており，中国より順位はかなり高い（第4-7図）。これは前掲第4-2表で確認した日本優位の構図を裏付ける数字と言えよう。

第4-6図　対インドネシア・外国直接投資実行額　主要国・地域のランキングの推移

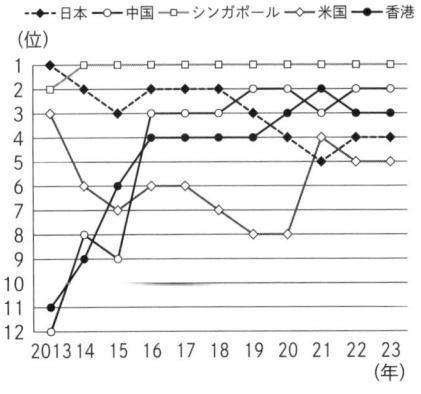

（資料）インドネシア投資調整庁（BKPM）の統計より筆者作成。

第4-7図　対フィリピン・外国直接投資認可額　主要国・地域のランキングの推移

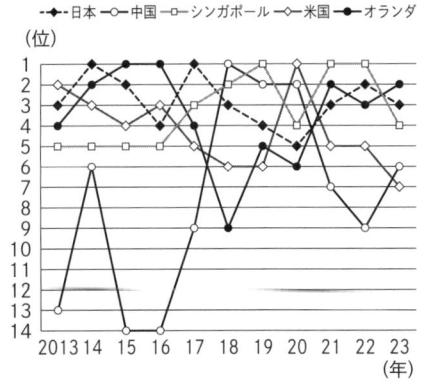

（資料）フィリピン統計局のデータより筆者作成。

⑸　ベトナム～中国の金額・件数が急増

ASEAN 事務局統計にデータが掲載されていないベトナムに関しては，同国外国投資庁（FIA）が公表している外国直接投資認可額を確認する。2013－23

年の主要国・地域のランキング推移（第 4-8 図）をみると，トップ 3 の顔ぶれ
はシンガポール，韓国，日本でほぼ固定されている。日本が最後に 1 位であっ
たのは 18 年であるが，主要投資国としての存在感は保持している。中国は 16
年からは毎年，トップ 5 に食い込むようになった。23 年は前年比 1.8 倍の約
45 億 9,000 万ドル，件数も 2.5 倍の 743 件といずれも過去最高を記録し，この
うち件数は国別順位で圧倒的 1 位（シェア 22％）であった。香港からの投資
認可額も 5 位以内に入ることが増えており，中国企業による香港経由の投資が
拡大している可能性もある。

　一方，23 年末時点の累計認可額を見ると，中国は 271 億 3,000 万ドルで 6 位
であった。3 位日本（738 億 9,000 万ドル）の半分以下であるが，過去 10 年間
の増加率は 4 倍超と日本（2.4 倍）を大きく上回り，トップ 10 の国・地域では
最大の伸びである。

　以上，本節第 1 項で見た ASEAN 事務局の統計を補う狙いから，各国政府
統計を手掛かりに中国の対 ASEAN 投資動向をさらに探った。その結果，主
要 5 カ国のうち，シンガポール，マレーシア，タイ，インドネシアの 4 カ国で
中国が日本を上回る存在感を示すことが分かった。フィリピンとベトナムでは
足元で日本が上位に位置するが，特に後者においては中国が投資を急増させて

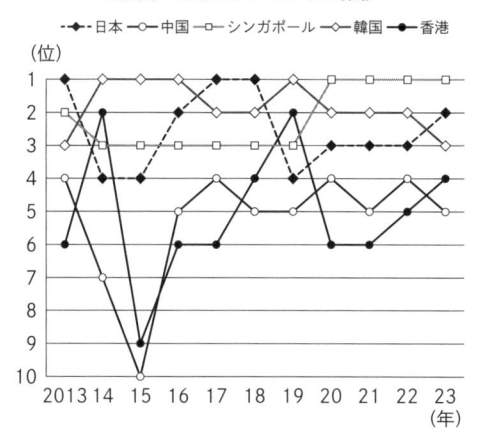

**第 4-8 図　対ベトナム・外国直接投資認可額
主要国・地域のランキングの推移**

（資料）ベトナム統計局のデータより筆者作成。

いる状況が確認された。AMRO（2018）によれば，中 ASEAN 間の FDI はかつて ASEAN 側の出超であったが，2014 年に中国側の出超に転じた。以後，出超幅は拡大傾向を辿り，現在に至る。本節で見てきたように ASEAN 諸国にとって最大の貿易相手国となった中国は投資の面でも ASEAN への影響力を強めるばかりである。

第2節　中国側から見た中国の対 ASEAN 投資

本節では中国側から対 ASEAN 投資の動向を見ていこう。まず，中国政府の公式統計から対 ASEAN 投資の金額，件数の推移，全体に占めるシェアなどを確認する。そのうえで米シンクタンクが作成している中国企業の対外投資に関する統計を用い，中国にとって ASEAN がどのような投資先なのか考察する。

1. 中国政府の公式統計〜拡大続く対 ASEAN 投資

(1) ASEAN のシェアは 11％超

中国商務部，国家統計局，国家外貨管理局がまとめている「中国対外直接投資統計公報」によると，中国の対 ASEAN 投資額はフロー，ストックともに拡大トレンドを歩んでいる（第 4-9 図，第 4-10 図）。前者の 2022 年の金額は約 186 億 5,000 万ドル，全体に占めるシェア（以下同）は 11％超であった。国別ではシンガポール向けがシェア 5.1％と突出し，以下，インドネシア（2.8％），ベトナム（1.0％），マレーシア（1.0％），タイ（0.8％），カンボジア（0.4％）が続く。ASEAN 諸国を 1 つにまとめると，そのシェア 11％超というのは首位香港（60％）に次いで 2 番目の投資先となる[7]。ASEAN のシェアは 5％を下回っていた 2000 年代半ばに比べ 2 倍以上に拡大しており，投資先としての存在感を増している。

中国の対香港投資には注意が必要である。中国の対外投資は海外からの資金調達拠点である香港を経由し第 3 国へ向かうものが多いとみられるからだ（玉井 2020：1）。これらの投資は統計上，経由地である「香港向け」とされるが，実際の行き先は異なる。中国の対香港投資には最終的に ASEAN へ向かうも

第 4-9 図　中国の対 ASEAN 直接投資額
（フロー）

（資料）中国対外直接投資統計公報各年版より
　　　筆者作成。

第 4-10 図　中国の対 ASEAN 直接投資額
（ストック）

（資料）中国対外直接投資統計公報各年版より
　　　筆者作成。

のも少なくないとみられ，対 ASEAN 投資の実態は数字以上に大きい可能性が高い。ストック面から中国の対 ASEAN 投資額を見る際も，この点を念頭に置かねばならない。22 年の対 ASEAN 投資額（ストック）は約 1,550 億ドル（シェア 5.6%）と 1 位香港（同 57.7%），2 位バージン諸島（同 13.3%），3 位ケイマン諸島（同 7.7%）に次ぐ 4 位であるが，実際の規模はもっと大きいとみられる。ストックの対 ASEAN 投資額（22 年）の国別シェアでは 1 位シンガポールが全体の 2.7% と突出し，2 位インドネシア（0.9%），3 位ベトナム（0.4%），4 位タイ（0.4%）の順である。業種別では「製造業」が約 32% と最大で，2 位「卸売り・小売り」（16.0%），3 位「リース・ビジネスサービス」[8]（14.5%）と上位 3 業種でシェア約 6 割を占める。

(2)　ASEAN 現地法人の急増

　中国の対 ASEAN 投資が拡大している様子を見てきたが，中国企業は ASEAN にどれほど進出しているのだろうか。「中国対外直接投資統計公報」から中国企業の海外現地法人数（出資比率 10% 以上[9]）と現地従業員数の推移を追ってみよう（第 4-11 図）。

　それによると中国企業の ASEAN 現地法人数は増加を続けており，22 年末

時点で約6,500社に達した。その10年前（12年）に比べ2.5倍に増え，この間，年平均11%増と2桁の伸びを続けてきた。一方，22年年末のASEAN域内の現地従業員数は合計66万人に上り，10年前のやはり2.5倍の規模である。これらの数字の国別内訳は不明であるが，中国企業の対ASEAN投資拡大の動きを裏付ける別のデータとみなしてよい。

　中国企業の現地法人数，現地従業員数を，日本企業と比べてみよう。日本企業のASEAN域内の現地法人数，従業員数は，22年度末時点で各約7,300社，約202万3,500人といずれも中国企業を上回る規模である（第4-12図）。特に後者では中国企業の約3倍と圧倒しており，日本企業がASEAN域内で多くの労働者を雇い，生産活動に力を注いできたことがうかがえる[10]。

　ただ，ここで着目すべきは，規模そのものよりも経年変化の様子であろう。中国企業の現地法人，現地従業員数がそろって右肩上がりを続けているのに対し，日本企業の方は伸び悩んでいる。日本企業の現地法人数は2018年（約7,400社）のピーク時からほとんど変わらず，現地従業員数は同年（約221万人）から10%近く減っている。中国企業の攻勢が強まる中，日本企業の存在感がASEAN域内で相対的に低下しているといわれる状況を，このような統

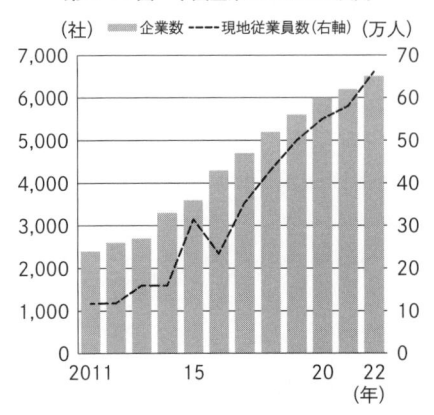

第 4-11 図　中国企業の ASEAN 展開

（注）企業数は中国企業の出資比率が10%以上などの基準を満たす外国法人。

（資料）中国対外直接投資統計公報各年版より筆者作成。

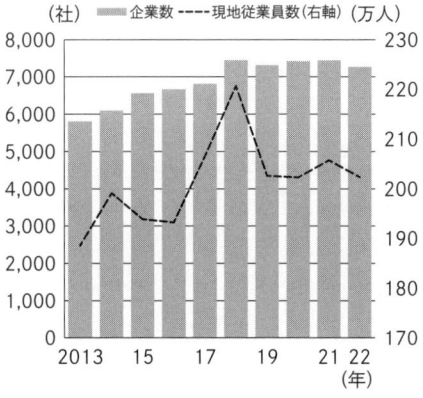

第 4-12 図　日本企業の ASEAN 展開

（注）各年度末。企業数は日本側出資比率合計が10%以上などの基準を満たす外国法人。

（資料）経済産業省「海外事業活動基本調査」より筆者作成。

計からもうかがい知ることが出来る。

2．米 AIE の統計〜 ASEAN が最大投資先に浮上

⑴　中国政府統計との違い

　次に米シンクタンクの American Enterprises Institute（AEI）が作成している中国企業の対外直接投資に関するデータベース，China Global Investment Tracker（CGIT）に着目する。CGIT は実際に投資を手掛ける中国企業などの公開情報から 9,500 万ドル以上の投資案件を収録したものだ。9,500 万ドルの閾値を下回る案件が除外されるなどの欠点はあるが，中国政府の公式統計につきまとう "不自然さ" を補正できる点が長所とされる。例えば，前掲の公式統計では投資先の大半が香港向けとなるが，CGIT では「それらの資金が最終的にどこに向かっているか突き止める」（Scissors 2024）としている。即ち香港やその他オフショア金融センター（バージン諸島やケイマン諸島など）を経由した資金の最終目的地が反映されるため，実態に即した統計になるという。以下，CGIT のデータに依拠し，中国の対 ASEAN 投資[11]の動向をさらに探ろう。

　CGIT によれば，中国企業の対 ASEAN 投資は近年，第 4-13 図のように推

第 4-13 図　中国企業の対 ASEAN 投資の推移

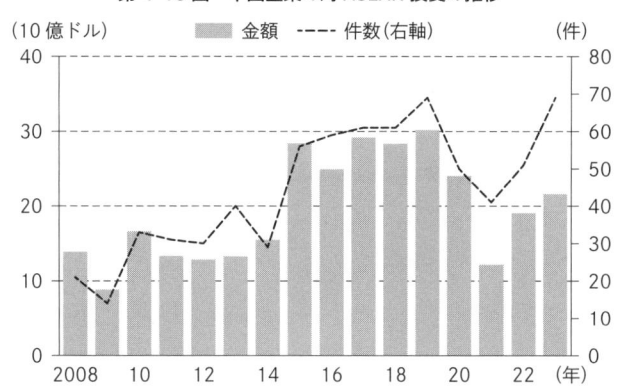

（注）投資額 9,500 万ドル以上の案件。「建設（construction）」案件を含む。
（資料）American Enterprise Institute のデータベース（CGIT）より筆者作成。

移している。コロナ禍が深刻化する前の19年までは金額，件数ともに拡大傾向を続けていたが，翌20年に減少，22年以降は再び増加に転じた。ただ，金額はコロナ前の水準を回復できていない。前掲の中国政府の統計（第4-9図）では中国の対ASEAN投資はコロナ禍で失速したものの大きな影響は見られず，既に金額・件数ともにコロナ前の規模を凌駕している。この点で双方のデータは食い違っている。これについてCGITを作成しているAEIでは中国政府が前年を大幅に下回る数字を公表しにくいことや，オフショア金融センター向けとされる投資が実際にはそこで滞留していることなどから，公式統計の数字は実際よりも大きい金額になっている可能性があるなどと指摘している（Scissors 2024）。

(2)　ASEANのシェアが20％前後へ上昇

　CGITの統計に基づき，海外投資先としてのASEANのシェアを調べたのが第4-14，4-15図だ。これらは過去10年間を前半（2014−18年）と後半（19−23年）に分け，金額および件数ベースの投資先別シェアの推移を見たものである。それによると前半のASEANは，金額で欧州（シェア27％），北米（同14％），西アジア（同13.4％）に次ぐ4位，件数で欧州（同18％），サブサハラ（同14.3％）に次ぐ3位であったが，後半は金額，件数ともに1位となっ

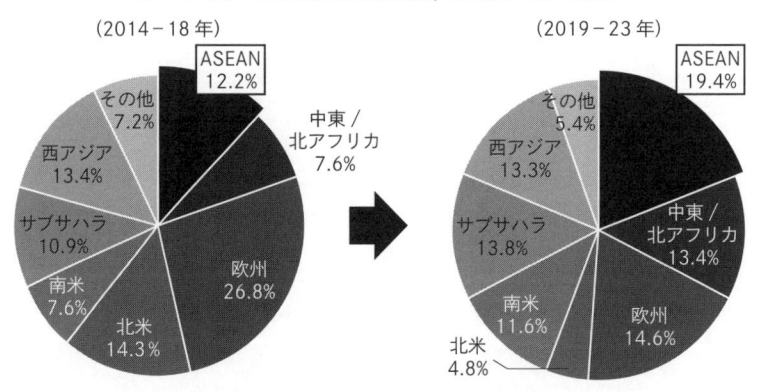

第4-14図　中国の対外直接投資額，地域別シェアの推移

（注）投資額9,500万以上の案件。「建設（construction）」案件を含む。
（資料）American Enterprise Institute のデータベース（CGIT）より筆者作成。

第 4-15 図　中国の対外直接投資件数，地域別シェアの推移

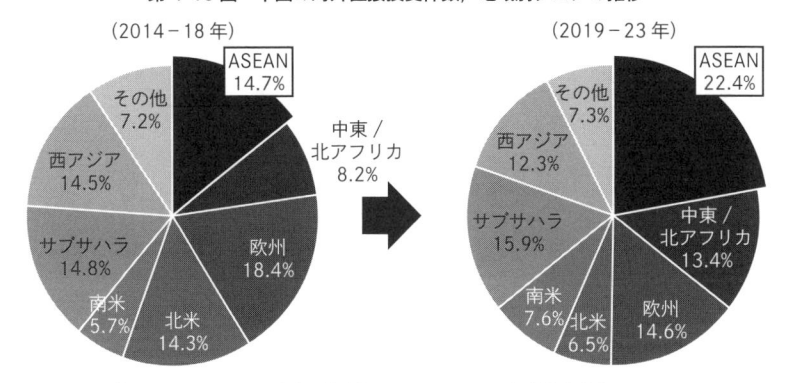

（2014−18 年）　　　　　　　　　　（2019−23 年）

（注）投資額 9,500 万以上の案件。「建設（construction）」案件を含む。
（資料）American Enterprise Institute のデータベース（CGIT）より筆者作成。

た。ASEAN 以外の投資先では北米が金額，件数ともに大きく減っている。

　このように実態により近いとされる CGIT の統計では ASEAN が中国の最大の投資先に浮上していることが注目される。その一方で欧米のシェアは低下しており，米中対立の激化などを背景に中国企業に対する警戒感が欧米諸国で高まる中，中国政府・企業が対 ASEAN 経済関係の強化を推進していることがうかがえる。

⑶　金額ではインドネシア，セクターでは輸送がトップ

　中国企業の対 ASEAN 投資を国別に見ると，2019−23 年の合計金額で 1 位インドネシア，2 位シンガポール，3 位マレーシア，4 位カンボジア，5 位ベトナムの順，合計件数で 1 位シンガポール，2 位インドネシア，3 位マレーシア，4 位ベトナム，5 位カンボジアの順となる（第 4-16 図）。

　2014−18 年と比べ，金額はインドネシア，カンボジア，ベトナム，フィリピンなどで増え，シンガポール，マレーシア，ラオスなどで減った。また，件数はシンガポール，インドネシア，ベトナム，カンボジア，タイで増え，マレーシア，フィリピンなどで減った。ともにラオスの落ち込みが目立つ。後述するように，対ラオス投資の減少は，中国企業が手掛ける水力発電を中心とするエネルギー案件が少なくなったためとみられる。

第 4-16 図　中国企業の対 ASEAN 投資の推移（国別）

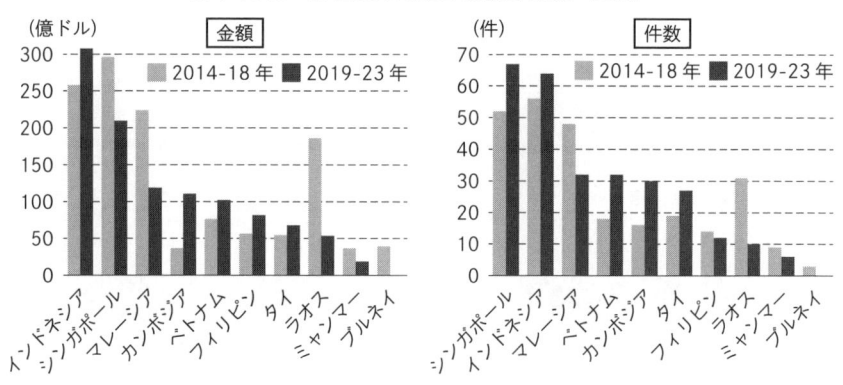

（注）投資額 9,500 万以上の案件。「建設（construction）」案件を含む。
（資料）American Enterprise Institute のデータベース（CGIT）より筆者作成。

　一方，中国企業の対 ASEAN 投資をセクター別に見ると，2019−23 年の金額，件数はともに 1 位輸送，2 位エネルギー，3 位金属がトップ 3 である（第4-17 図）。14−18 年と比べると，① 1 位と 2 位が入れ替わった，② 3 位の不動産が 5 位へ順位を下げた，③ 4 位の金属が 3 位へ浮上した，などが主な変化である。このうち，②の不動産は金額，件数ともにほぼ半減しており，失速感が

第 4-17 図　中国企業の対 ASEAN 投資の推移（セクター別）

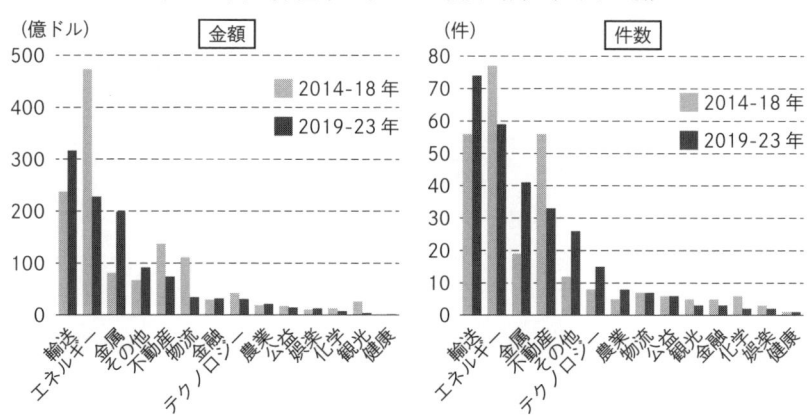

（注）投資額 9,500 万以上の案件。「建設（construction）」案件を含む。
（資料）American Enterprise Institute のデータベース（CGIT）より筆者作成。

著しい。不動産関連の投資は 17 年をピークに急減しており，コロナ禍に加え中国国内の不動産不況も相まって，対外投資の停滞が続いている様子が分かる。また，金属が 14－18 年に比べ金額，件数ともに 2 倍以上に増えたのは，主にインドネシア向け案件の増加が要因である。ニッケルやアルミニウムなど電気自動車（EV）関連の資源開発投資が活発したことが背景にあるとみられる [12]。

⑷　エネルギー分野の戦略変化を映す

　対 ASEAN 投資が最も多い輸送分野は 2019－23 年の投資金額が合計約 317 億ドル，投資件数が同 74 件と 14－18 年に比べ，ともに 3 割強増えた。19－23 年の投資先のトップ 3 は，金額で 1 位シンガポール，2 位カンボジア，3 位マレーシアである（第 4-3 表）。14－18 年の順位と比べ，カンボジアの上昇とラオスの下落が目立つ。前者は道路関連が増え，後者は鉄道と道路関連が減ったことが主因とみられる。4 位タイで投資件数が急増している背景には中国の自動車メーカーの投資拡大もあり，CGIT のデータベースには長城汽車や BYD などの案件が記されている [13]。これらは電気自動車（EV）関連の案件とみられる。中国の自動車業界の動向については次節で改めて取り上げる。

　対 ASEAN 投資が 2 番目に多いエネルギー分野については，2019－23 年の投資金額が合計約 228 億ドル，投資件数が同 59 件で，14－18 年に比べ前者が 52％減，後者が 24％減であった。19－23 年の投資先は金額で 1 位ベトナム，2 位ラオス，3 位インドネシアの順である（第 4-4 表）。14－18 年と比べインドネシア向けが約 3 分の 1 に急減し，同国の順位は 1 位から 3 位へ下がった。また，5 位となったベトナムは金額が 3 割強，件数が 2.3 倍ともに増え，首位に立った。

　これらの背後には中国企業の投資戦略の変化があるとみられる。CGIT ではエネルギーを「石炭」，「水力」，「代替エネルギー」，「ガス」，「石油」という 5 つのサブセクターにさらに分類している。インドネシアでは 14－18 年に約 85 億ドル（13 件）に上った石炭関連投資が 19－23 年はゼロになった。一方，ベトナムでは 14－18 年に約 11 億ドル（3 件）だった代替エネルギー関連の投資が 19－23 年には約 36 億ドル（11 件）へ急増している。中国企業がベトナム

第 4-3 表　中国企業の対 ASEAN 投資（輸送部門の国別内訳）

(2014−18 年)　　　　　　　　　　　　　　　　(2019−23 年)

順位	国名	件数	金額 （百万ドル）		順位	国名	件数	金額 （百万ドル）
1	ラオス	4	7,330		1	シンガポール	22	6,920
2	インドネシア	9	4,970		2	カンボジア	14	6,530
3	マレーシア	8	3,790		3	マレーシア	9	5,920
4	シンガポール	14	2,840		4	タイ	14	4,090
5	タイ	6	1,530		5	インドネシア	4	4,050
6	カンボジア	5	1,270		6	フィリピン	5	2,210
7	ベトナム	4	840		7	ミャンマー	2	1,120
8	ブルネイ	2	530		8	ベトナム	3	720
9	フィリピン	2	370		9	ラオス	1	140
10	ミャンマー	2	270		10	ブルネイ	0	0
	合計	56	23,740			合計	74	31,700

（注）投資額 9,500 万ドル以上の案件。「建設（construction）」案件を含む。
（資料）American Enterprise Institute のデータベース（CGIT）より筆者作成。

第 4-4 表　中国企業の対 ASEAN 投資（エネルギー部門の国別内訳）

(2014−18 年)　　　　　　　　　　　　　　　　(2019−23 年)

順位	国名	件数	金額 （百万ドル）		順位	国名	件数	金額 （百万ドル）
1	インドネシア	21	12,580		1	ベトナム	14	5,970
2	ラオス	17	9,080		2	ラオス	7	4,700
3	マレーシア	9	8,030		3	インドネシア	15	4,671
4	フィリピン	8	4,580		4	カンボジア	6	2,770
5	ベトナム	6	4,530		5	タイ	5	1,480
6	ブルネイ	1	3,440		6	マレーシア	6	1,360
7	ミャンマー	5	2,830		7	フィリピン	2	940
8	カンボジア	4	980		8	シンガポール	2	570
9	タイ	5	920		9	ミャンマー	2	320
10	シンガポール	1	370		10	ブルネイ	0	0
	合計	77	47,340			合計	59	22,781

（注）投資額 9,500 万ドル以上の案件。「建設（construction）」案件を含む。
（資料）American Enterprise Institute のデータベース（CGIT）より筆者作成。

で太陽光や風力発電などの投資案件を増やしているためと思われる。中国企業のエネルギー分野での対 ASEAN 投資戦略は,「インドネシア・石炭」から「ベトナム・再生可能エネルギー」へと重心がシフトしていることが分かる。

3．豪 Lowy Institute の調査結果

　中国政府および米 AIE の統計を見てきたが,以下ではオーストラリアの民間シンクタンク,Lowy Institute の報告書（2024 年 3 月）から,中国が主導した大型インフラ案件の現状を見てみよう。同報告書は ASEAN 域内で中国が関与した総額 10 億ドル以上の大型インフラ案件 24 件（2015－21 年に始動したか,契約されたもの）の進捗状況を調べたものである。24 件のセクター別内訳は,14 件がエネルギー（化石燃料 10,水力 4）,10 件が運輸（鉄道 7,空港 1,橋 1）関連で,双方で 100％を占める。両セクターは,中国企業が「一帯一路」構想の下で推進している物的インフラの連結性強化を狙った主要な投資セクターと位置づけられる（Dayant and Stanhope 2024：7）。

⑴　大型インフラ計画,520 億ドル分が未実行

　同報告書によれば,これら ASEAN 域内における大型インフラ案件の事業規模は総額 770 億ドルに上るが,このうち 520 億ドル程度が実行されておらず,全体の平均進捗率は 33％にとどまるという。具体的には 40 案件のうち 24 案件（合計 160 億ドル相当）は既に完了,8 案件（同 350 億ドル）は進行中（2 案件は大幅縮小）,5 案件（同 210 億ドル）は破棄され,3 案件（同 50 億ドル）は進展の見込みがない（第 4-18 図）。

　中国は ASEAN 域内の大型インフラ案件では日本やアジア開発銀行（ADB）を上回る最大の資金提供者であるが,約束と実行の間に大きな乖離があり,その背景には ASEAN 諸国の政治不安,地元との意思疎通欠如,世界的なエネルギー情勢の変化などがあると同報告書は指摘している。こうした状況は中国の対 ASEAN 投資の“陰の部分”と言えようが,問題が目立つとはいえ中国が ASEAN にとって多大な影響力を持つ投資,援助の主体であることに変わりはない。前述の投資未実行分の 520 億ドルの,例えば 20－30％が今後実行されるだけでも,その規模は 100－160 億ドルと巨額なのである。

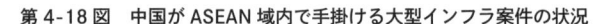

第4-18図　中国がASEAN域内で手掛ける大型インフラ案件の状況

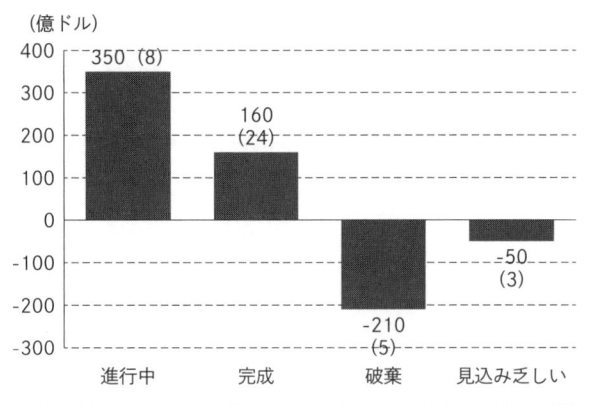

（注）総額10億以上のプロジェクト（2015−21年）が対象。括弧
　　　内は案件数。
（出所）Dayant and Stanhope（2024）を基に筆者作成。

第3節　中国企業のASEAN事業動向

　本節では中国企業の具体的な投資事例を取り上げる。前節で見た通り，中国
企業の対ASEAN投資は多岐に及ぶ。紙幅の制約から全て取り上げるのは難
しいため，日本企業が支配的な立場にあるASEAN自動車業界で電気自動車
（EV）を軸に攻勢をかける中国系自動車メーカー，米中対立の状況下でサプラ
イチェーン再編に力を注ぐ中国系電子部品メーカーの動向について論じる。前
者は中国勢の動きが最も激しいタイ，後者は中国勢の生産拠点の主要分散先で
あるタイ，ベトナムでの動きが中心となる。

1．中国系自動車メーカーの動き（タイ）

⑴　EV分野で攻勢続く

　タイはASEAN域内で最大の自動車産業を有し，23年の国内生産台数は約
184万台と2位インドネシア（約140万台）より約3割多かった。新車販売台
数は家計債務比率の高さや政策金利の高止まりから伸び悩んでおり，同年は約
78万台とインドネシア（約101万台），2位マレーシア（約80万台）に次ぐ3

位であった。そのタイ市場では 23 年，新車販売台数で日本車のシェアが初め
て 8 割を下回り，中国車が 1 割超へ拡大した。中国車のシェア伸長の背景に
は，中国メーカー各社が EV 販売に注力したことがある。タイ政府は 21 年，
自動車生産に占めるゼロ・エミッション車の割合を 30 年には 3 割へ引き上げ
るとの目標を打ち出した。その政策に呼応する形でタイ市場に一気に攻め込ん
できたのが中国勢であり，既に 10 社超が市場に参入していると言われる。

(2) 現地生産相次ぐ

　中国メーカーのタイ市場戦略は新段階に突入した。各社はタイ国内で相次い
で生産拠点を開設し，EV の現地生産に乗り出している。中国から輸入販売す
る EV は関税がゼロになるうえ，補助金の供与，物品税の減免など優遇策を活
用することができたが，補助金を活用した販売台数と同じ台数を 24 年にタイ
国内で生産するか，あるいは 25 年にその 1.5 倍を生産するという条件が付け
られていた。このため中国メーカー各社は生産拠点の整備を急ピッチで進めて
いる。第 1 節で見た BOI や第 2 節で見た AIE の統計からも，これらの動向は
うかがうことが出来た。

　以下では今年に入って相次いでいる中国メーカーの EV 現地生産の具体例を
追ってみよう（第 4-5 表）。先陣を切ったのは，大手民営メーカー，長城汽車
であった。同社は米ゼネラル・モーターズ（GM）のタイ工場（ラヨーン県）
を買収し，翌 21 年にエンジン車の現地生産を始めたが，同工場に生産ライン
を新設し，24 年 1 月から中国メーカーとして初めて EV（ブランド名「ORA」）
の現地生産を始めた。また，同年 3 月からは新興 EV メーカー，合衆新能源
汽車（合衆汽車）傘下の哪吒汽車（ネタ），大手国有メーカーの上海汽車集団
（SAIC）がともに追随し，前者はバンコク近郊で「NETA」，後者はチョンブ
リ県で「MG」ブランドの EV の本格生産にそれぞれ着手した。

　24 年 7 月には世界最大規模の EV メーカー，比亜迪（BYD）が ASEAN 域
内で初の工場（ラヨーン県）を稼働させた。年間生産能力は 15 万台で，「海豚
（ドルフィン）」や「ATTO3（アットスリー）」といったブランドの EV 生産
に乗り出した。BYD は同 8 月からタイでプラグインハイブリッド車（PHV）
を輸入販売しており，PHV も現地生産する見通しだ。一方，BYD とほぼ同時

第 4-5 表　主な中国系自動車メーカーの EV 現地生産の動き（タイ）

メーカー名	ブランド名	内容
長城汽車	「ORA」	2024 年 1 月，ラヨーン県の工場に EV の生産ライン新設，中国勢で初の EV 現地生産を始めた。傘下の蜂巣能源科技（S ボルト）は 23 年，タイでバッテリーのモジュールと電池パックの組立工場を稼働。
合衆新能源汽車（合衆汽車）	「NETA」	2024 年 3 月，傘下の哪吒汽車（ネタ）がバンコク近郊の工場を本格稼働。年産 2 万台規模。販売面ではタイ国営石油 PTT 傘下の企業と提携しており，バンコク中心に販売拠点を拡大中。
上海汽車	「MG」	2024 年 3 月，チョンブリ県の工場で EV の量産を開始。同年 8 月には同工場にハイブリッド車 (HV) の生産ラインも開設。
比亜迪（BYD）	「海豚」「ATTO3」	2024 年 7 月，ラヨーン県に東南アジア初の工場を完成，EV 生産を始めた。年間生産能力 15 万台。投資額 179 億バーツ。1 万人を雇用する予定。インドネシアなど周辺国への輸出拠点としても活用する計画。
広州汽車集団	「AION」	2024 年 7 月，ラヨーン県に年間生産能力 5 万台の工場完成。海外初の生産拠点。投資額 23 億バーツ。タイ国内に加え，ASEAN 域内，オーストラリア，南アフリカなどへの輸出めざす。

（資料）各種メディア報道，ジェトロ資料などより筆者作成。

期に国有大手の広州汽車集団も現地生産を開始した。具体的には同社傘下の広汽埃安新能源汽車（AION）がラヨーン県の工場で「AION」ブランドの EV 生産を始めた。生産能力は当初年間 2 万台で，将来は 7 万台へ拡大する計画だ。同社にとって初の海外生産拠点である。23 年 9 月に初の海外進出先としてタイに参入し，EV の輸入販売を始めたが，それから 1 年足らずで現地生産に踏み切った。

　さらに上汽通用五菱汽車（ウーリン）が 24 年中にレムチャバン（チョンブリ県）の工場で小型 EV を生産するほか，国有大手メーカーの長安汽車はラヨーン県の工場で 25 年に生産を始める見通しだ。国有中堅メーカーの奇瑞汽車（チェリー）も 24 年 4 月に BOI からラヨーン県での工場建設の認可を取得しており，25 年にも EV 生産に着手するとみられる。24 年 3 月にバンコク郊外で開かれた国際モーターショーでは，新興 EV メーカーの小鵬（シャオペン）や EV ブランド「ZEEKR（ジーカー）」を展開する民営大手メーカーの浙江吉利控股集団が新規参入を表明しており，これら後発勢力のタイ戦略も注目

写真　バンコク市内で見かけることが増えた中国メーカーの EV

（出所）写真は BYD 車，2024 年 2 月，牛山
撮影。

されよう。

⑶　中 ASEAN 企業の協業進む

　タイで急進展する中国メーカーの動向を巡っては，地元タイ企業との協業が加速している点も注目される。中国勢はタイ政府が振興を目指す有望な EV 市場の主要プレーヤーである。有望市場の中心的な存在である中国勢への接近を強めるタイ企業と，タイ企業が持つ人脈や事業ノウハウ，販路等の活用を目論む中国企業の思惑が一致し，協業の動きが活発化している。最も早くから中国メーカーと組んでいるのがタイ最大の財閥チャロン・ポカパン（CP）グループである。13 年に上海汽車と合弁会社を設立し，同社が 07 年に傘下に収めた英老舗自動車「MG」ブランドの乗用車を 14 年から生産してきた。その中で培ってきた協業関係が，24 年からの EV 現地生産へ発展した。

　また，有力財閥サイアム・モーターズ・グループの創業家メンバーがトップを務めるレベー・オートモーティブは，22 年 11 月にタイ市場に参入した BYD 車の独占販売権を獲得，24 年 7 月には BYD の出資（20％）を受け入れると発表し，資本提携に踏み切った。一方，国営石油 PTT は浙江吉利控股集団と小鵬の EV 販売を行うため，24 年 3 月に EV 販売子会社 2 社を設立した。PTT はこれに先立つ 23 年末，中国の車載電池大手，国軒高科（ゴーション・

ハイテク）との合弁工場をラヨーン県で稼働している。さらにタイ石炭最大手バンプーは 23 年 10 月，中国のバッテリーメーカー，蜂巣能源科技（S ボルト）のタイ現地法人の株式 40％を取得した。同社はチョンブリ県で EV 向け電池工場を運営し，中国メーカーの現地生産車へ主に供給している。バンプーが出資を決めたのは，EV 事業拡大への期待からだ。このような EV を軸とする自動車業界における中 ASEAN 企業連携は，タイのみならず，マレーシアやフィリピン，ベトナムなど他の ASEAN 諸国でも観察される。

2．タイ，ベトナムでの電子部品メーカーの動き

(1)　サプライチェーン再編の流れ

　次に中国系電子部品メーカーの間で進む ASEAN 域内での生産拠点増強の動きを取り上げる。ここ数年来顕著となったこの現象の背後にあるのは第 4-19 図のような構図である。これは地政学上の要因やパンデミックに起因するサプライチェーン途絶のリスク，さらに生産コスト上昇といった要因から，巨大グローバル企業が中国から ASEAN へ投資を分散させる動きを強め，それに主要サプライヤー，下位サプライヤーなどが追随しているという状況を説明している。本章が着目する中国企業の間でも，この流れの中で ASEAN 域内へ新規進出したり，既存の拠点を増強したりする事例が相次いでいる。以下，主要な展開先であるタイ，ベトナム両国を中心に中国企業の動向を述べる[14]。

　米アップルは 2019 年，鴻海（ホンハイ）精密工業傘下の富士康科技集団（フォックスコン），和碩聯合科技（ペガトロン），緯創資通（ウィストロン）など台湾の主要サプライヤーに対し，サプライチェーンの多様化を図るため，中国から ASEAN 諸国へ生産拠点を分散するよう促した。これを受け，例えば，ペガトロンが 20 年以降，パソコン，通信機器，電子部品などのベトナムでの生産を拡大し，フォックスコンもタブレット端末「iPad」の生産の一部を同国へ移転した。そして，これら台湾の主要サプライヤーに歩調を合わせるように，「iPad」の受託生産を行っている比亜迪（BYD），腕時計端末「Apple Watch」を手掛ける立訊精密工業（ラックスシェア），液晶パネル大手の京東方科技集団（BOE）といった中国勢も相次いで対ベトナム投資の拡大に動い

たのである。

例えばアップルや韓国サムスン電子のサプライヤーである BOE は 19 年，南部ドンナイ省に初の生産拠点を開き，24 年 3 月に同バリアブンタウ省でも新工場を着工した。ラックスシェアも 19 年から中部ゲアン省でアップル向けに電子部品の生産に着手し，24 年に新工場を増設した。さらに歌爾声楽（ゴアテック）も 23 年から中部ゲアン省でアップルのワイヤレスイアホン「エアポッズ」の生産を始めた。このようにサプライチェーン再編の大きなうねりの中で中国勢のベトナム進出は加速しており，同国内で現在操業しているアップルのサプライヤー 35 社のうち中国企業は約 4 割を占めるとされる[15]。

第 4-19 図　アジアにおけるサプライチェーン再編の構図

ビジネスの結び付き	促進要因 / プレーヤー
国際情勢の変化	地政学上の緊張，パンデミックに起因するサプライチェーンの途絶，あるいはコストの上昇
大規模主要企業（Lead firms）	ASEAN へ進出 / 分散 / 拡張（例：アップル，グーグル，マイクロソフト＝米国，LG エレクトロニクス，サムスン＝韓国，アディダス＝ドイツ，ナイキ＝米国）
主要サプライヤー（Anchor suppliers）	Lead firms からサプライチェーンを多様化，強靭化するよう促される（例：フォックスコン，ペガトロン，ウィストロン＝台湾，インフィニオン＝ドイツ，インテル，クアルコム＝米国，村田製作所＝日本）
下位サプライヤー（Lower-tier supplies）	Lead fimrs ないしは主要サプライヤーからサプライチェーンを ASEAN へ多様化するよう促される（例：歌爾声楽［ゴアテック］，立訊精密工業［ラックスシェア］＝中国，華通電脳［コンペック］，欣興電子［ユニマイクロン］＝台湾）
第 3 の，もしくは独立した存在のサプライヤー（Thrid-party or independent supplier）	競合相手，顧客に追随し，（ASEAN）地域内の活力のある立地に拠点を構築する（例：中強光電［ゴアトロニック］，ダイナミック・ホールディング，台虹科技［タイフレックス］，健鼎科技［トリポッド・テクノロジー］＝台湾）

（左側に「影響」の矢印）

（資料）ASEAN Secretariat and UNCTAD（2023）より筆者作成。

(2)　PCB メーカーの投資が加速

　一方，ASEAN 域内ではプリント基板（PCB）の生産拠点を移転する中国企業も増えている。PCB は絶縁体の基板上に導体の配線を配置し，その上に電子部品を取り付けたもので，様々な電子機器に使われる。この業界では奥土康科技（アオシーカン・テクノロジー），建滔集団（キングボード・ホールディングス），四会富仕電子（スーフイ・フジ・エレクトロニクス）などの中国勢が，台湾の同業である華通電脳（コンペック・マニュファクチャリング），欣興電子（ユニマイクロン），台燿科技（ユニオン・テクノロジー），健鼎科技（トリピッド・テクノロジー）などに対抗する形で ASEAN 域内に初の生産拠点を開設した。

　これらの企業は米中対立などを背景に域内に広がり出した IT・デジタル機器，半導体関連の「サプライチェーン・エコシステム」に食い込もうと，域内拠点を増強している。その中で中国企業の動きが目を引くのがタイで，22 年 6 月から翌 23 年 9 月の間に合計 11 件，総額約 2,700 億円に上る PCB 分野の投資計画が明らかになった（ジェトロ 2024）。また，23 年初めから翌 24 年 4 月の間に同国内で発表された PCB メーカー 55 社の投資計画のうち 33 社が中国企業によるものだったとの報道もある[16]。中国の電子回路関連の業界団体「中国電子電路行業協会」では，中国メーカーにとってタイは今後，中心的な生産拠点（ハブ）になるとの見通しを示す[17]。競合する台湾企業からは「中国のサプライヤーとの競争は中国本土にとどまっていたが，今では東南アジアで激しい競争に直面している」との声が伝えられる[18]。

(3)　工場団地入居企業の急速な変化

　本節の締めくくりとして，中国の PCB メーカー，さらに前述の EV メーカーの動きにも関連するタイにおいて観察される現象に触れる。それは工業団地入居企業の顔触れの急速な変化である。タイは日本企業が分厚い製造拠点を持つ国であるが，中国企業の進出ラッシュが続く中，日本企業の存在感は低下している。このことは第 1 節で見た ASEAN 事務局およびタイ政府の統計から既に確認したが，工業団地のデータからもこうした状況は見て取れる。

　例えば，工業団地の運営大手，WHA グループの入居企業に関する統計があ

第 4-20 図　WHA グループの工業団地の契約件数，国・地域別シェア

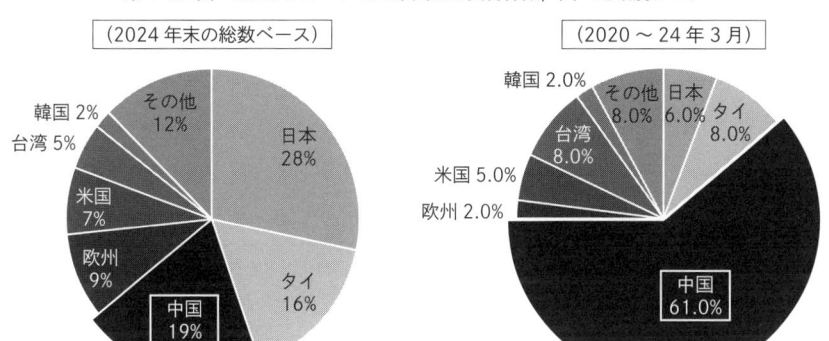

（資料）WHA グループの決算資料より筆者作成。

る（第 4-20 図）。同社はタイ政府が先端産業の集積を目指す経済特区「東部経済回廊（ECC）」が位置するタイ東部（チョンブリ，ラヨーン，チャチュンサオの 3 県）を中心に合計 13 の工業団地を運営している。それらの入居企業数の国籍別内訳を見ると，24 年 3 月末時点で 1 位日本，2 位中国，3 位タイの順であった。だが，20 年から 24 年 3 月末までの新規入居企業に限ると，1 位中国，2 位台湾，タイ，4 位日本と順位は激変し，中国のシェアは 61％と圧倒的である。EV を中心とする自動車関連，PCB を中心とする電子部品関連で入居が増えているためだ。国際的なサプライチェーン再編が進む中，中国企業の進出は今後も続きそうなため，経営にはさらなる追い風が吹くと WHA ではみている（WHA Corporation 2024：35）。

おわりに

　本章では中国と ASEAN の投資関係の現状を，中国の対 ASEAN 投資という側面から詳細に論じた。ASEAN 域内における中国の存在感の高まりは巷間伝えられるが，そうした状況が一段と強まっていることが ASEAN 側の統計から確認された。一方，中国にとって投資先としての ASEAN のシェアは上昇を続けており，米シンクタンクの統計によると ASEAN は事実上，最大の投資先となった。中国が主導する大型インフラ案件が頓挫するケースが指摘さ

れるものの，ASEAN にとって中国がインフラ分野で最大の投資，援助主体であるという事実は揺るがない。自動車や電子部品メーカーの事例が示すように，中国企業は自国の成長鈍化や地政学上のリスクの高まりから，市場と生産拠点の両面から ASEAN に熱視線を注いでおり，今後も対 ASEAN 投資を拡大させるのは間違いない。本章では触れなかったが，最近は製造業やエネルギー，IT・デジタルなどに加え，外食やホテル，物流などの分野でも中国企業の ASEAN 事業は加速しており，まさに全面攻勢の様相を呈している。ASEAN は日本企業が長年注力してきた地域であり，日本企業の間には今なお ASEAN を「ホームグラウンド」と見なす向きも少なくない。だが，中国企業が引きも切らず乗り込んできているうえ，日本企業と緊密な関係を続けてきた ASEAN 企業は中国企業との協業に力を入れ始めた。日本企業は今後の ASEAN 事業を進めるうえで「中国要因」を考慮する必要に益々迫られている。

（牛山隆一）

【注】

1　国連貿易開発会議（UNCTAD）の統計に基づく。ASEAN（10カ国合計）の FDI 受入額（フロー）は約2,260億ドルで中国の約1,663億ドルを約4割上回った。1位は米国（約3,019億ドル）で ASEAN よりも約4割多かった。

2　ASEAN 事務局の統計には ASEAN 全10カ国に対する中国の FDI 総額は掲載されている。以下に出てくる各国のシェアは全10カ国への FDI 総額を分母に計算している。

3　ASEAN 事務局のデータベースで遡及できる 2012 年を起点としている。

4　フィリピンのストックの数字は欠落している。

5　EDB では企業国籍別の「固定資産投資（FAI）」の統計も公表している。中国企業の 2023 年のシェアは約3％で米国（52％），欧州（25％），シンガポール（10％），日本（5％）に次ぐ5位であった。中国企業はシンガポール国内に生産拠点を有することが相対的に少なく，FAI の面ではシェアが低いと考えられる。

6　「機械・自動車」のシェアは，日本企業17％，韓国企業1％，台湾企業7％，EU 企業11％。中国企業の27％というのは日本企業を10ポイント上回る水準である。

7　ASEAN を2位とみなすと，3位バージン諸島（シェア5.6％），4位米国（同4.5％）である。

8　福地（2020）によると，この「リース・ビジネスサービス」の「ビジネスサービス」には「法律・会計サービスなどのビジネス関連サービスのみならず，企業買収に絡む投資が含まれている」。この点には注意が必要である。

9　具体的には「国内企業が直接所有しているか，10％以上の議決権か，それに相当する権利を有する外国企業」と定義されている。

10　経済省調査では，海外現地法人が「日本側出資比率合計が10％以上などの基準を満たす外国法人」と規定され，中国側の基準と似通っている。単純比較には注意が必要であるが，参考情報の1

つにはなる。

11　CGIT のデータベースの「投資（Investment）」と「建設（Construction）」のカテゴリーに含まれる案件を合わせて「投資案件」とみなしている。中国企業の海外事業動向を広く把握するため，建設案件も分析対象に含めた。中国企業の対 ASEAN 投資動向を分析した AMRO（2018）の手法に準じたものである。

12　2019−23 年の中国企業による金属部門の対インドネシア投資案件を見ると，「アルミニウム」と明示されているものが 4 件ある。ニッケルは見当たらないが，マスコミ報道などの情報から同部門の投資案件に含まれると思われる。

13　CGIT の「輸送」分野には，高速道路などのインフラ案件だけでなく，こうした中国自動車メーカーによる生産拠点の新増設や，テンセントなどによるインドネシアの配車アプリ，Gojek への出資といった案件等も含まれている。

14　以下の記述は，ASEAN Secretariat and UNCTAD（2023）に主に依拠している。

15　2024 年 5 月 31 日付の Nikkei Asia。

16　同上。

17　2023 年 6 月 29 日付の NNA。

18　注 16 と同じ。

【参考文献】

ジェトロ（2024），『ASEAN の変化を踏まえた日 ASEAN 経済共創の方向性』国際貿易投資研究所令和 6 年度第 1 回 ASEAN 研究会資料，日本貿易振興機構（ジェトロ）調査部アジア大洋州課，2024 年 8 月 7 日。

玉井芳野（2020），「変容する中国の対外直接投資」『みずほインサイト　グローバル』みずほ総合研究所，2020 年 3 月 4 日（https://www.mizuho-rt.co.jp/publication/mhri/research/pdf/insight/gl200304.pdf）。

福地亜希（2020），「拡大が続く中国企業による ASEAN への直接投資」『国際金融トピックス』公益財団法人国際通貨研究所，2020 年 10 月 22 日（https://www.iima.or.jp/docs/international/2020/if2020.17.pdf）。

ASEAN+3 Macroeconomic Research Office（AMRO）（2018）. *China's Reform and Opening-up: Experience, Prospects, and Implications for ASEAN*, Singapore: AMRO.（https://www.amro-asia.org/wp-content/uploads/2019/11/Chinas-Reform-and-Opening-Up_compressed.pdf）

ASEAN Secretariat and UNCTAD（2022）. *ASEAN investment report 2022: Pandemic Recovery and Investment Facilitation*, Jakarta: ASEAN Secretariat.（https://asean.org/wp-content/uploads/2022/10/AIR2022-Web-Online-Final-211022.pdf）

ASEAN Secretariat and UNCTAD（2023）, *ASEAN investment report 2023: International investment trends: Key issues and policy options*, Jakarta: ASEAN Secretariat.（https://asean.org/wp-content/uploads/2023/12/AIR-Special-2023.pdf）

Dayant, A., & Stanhope, G.（2024）. *Mind the gap: Ambition versus delivery in China's BRI megaprojects in Southeast Asia*. Lowy Institute.（https://interactives.lowyinstitute.org/features/mind-the-gap-chinas-bri-southeast-asia/DAYANT-STANHOPE-Mind-the-gap.pdf）

Scissors, D.（2024）. *China's Global Activity: Building Grabs the Spotlight from Owning*. The American Enterprise Institute.

WHA Corporation（2024）. *1Q/2024 Analyst Meeting*, May 2024.

第 5 章

ASEAN 金融統合の展望
——中国，そして日本とどう付き合うか——

はじめに

　本章は，2015 年 に 発 足 し た ASEAN 経 済 共 同 体（ASEAN Economic Community：AEC）における通貨・金融分野の内容を確認するとともに，「AEC2025 ブループリント」として 2025 年に向けて目指されている取組みにつき考えるものであり，当該分野に関する ASEAN－中国関係を考察する[1]。通貨・金融分野については ASEAN+3 の枠組みも歴史のあるものであり，対中国との関係もふまえた，日本との関係も考慮したうえで，今後の ASEAN における通貨・金融分野での協力の方向性を考察する。

　ここ数年の環境変化としては，米中対立やロシアのウクライナ侵攻以降，注目度の高くなっている「地政学リスク」は，ASEAN にも大きな影響を与えている。経済・金融面では，上記のロシア侵攻以降の世界的なインフレ進行もあり，米国の急激な金融引き締めも生じた。これは，ASEAN 各国の金融政策や為替レート動向にも大きな影響がある。さらに，中国の取り組む「デジタル人民元」をはじめとして，日米欧の先進国や ASEAN を含む新興国での中央銀行デジタル通貨（Central Bank Digital Currency：CBDC）の研究の進展は，グローバルな通貨・金融体制，あるいは決済システムにも影響を持つ。それは，当然，将来の ASEAN を含む東アジア地域での通貨・金融体制にも関わりを増すであろう。

　上記のような ASEAN を取り巻く環境変化をふまえて，ASEAN が通貨・金融分野でどのような方向に向かうのかを，取組み状況を確認したうえで考

察する。具体的には，AEC における「適格 ASEAN 銀行」の動きや ASEAN 域内通貨の利用を促進するための Local Currency Settlement Framework (LCSF)，ASEAN+3 におけるチェンマイイニシアティブでの米ドル代替としての域内通貨の利用などがあげられる。そのうえで，中国との金融協力とその影響力，日本の立ち位置も考えたうえで，ASEAN の金融統合につき展望したい。

第 1 節　AEC 金融統合への計画と取組み経緯

1．AEC2025 へのロードマップ

ASEAN は 2015 年に AEC の設立を宣言したが，同年に「ブループリント 2025」を発表している。石川（2021）によれば，それには，5 つの戦略目標（characteristics）と 30 の主要分野（core elements）などが提示されている。この「ブループリント 2025」は，AEC 設立はなされたものの，当初の計画に対して未達成のものや経済共同体としての完成度をより高める計画と整理できる。その中で金融分野は，戦略目標「高度に統合され結合した経済」に含まれ，主要分野として「金融統合・金融包摂・金融安定化」が掲げられている。

翌 2016 年には ASEAN 財務相・中央銀行総裁会議にて，金融統合に関する戦略行動計画が工程表とともに採択された。主要な項目を抜粋したのが，第 5-1 表である。特徴としては，10 年間の計画において，金融統合や金融包摂の目標で件数や国数などの具体的な数値目標を掲げている点であろう。

こうした行動計画を掲げた本件取組みであったが，2020 年以降の約 3 年間のコロナ禍の影響を大きく受けることとなった。その影響もあった中で，2021 年に ASEAN は「AEC2025」中間レビューを発表した（ASEAN 2021）。

ASEAN（2021）は，AEC2025 に向けた全体のレビューを行っているが，金融分野に関する具体的な評価としては下記の 6 点に整理できる。

① AFAS[2] の第 9 パッケージにおける金融サービスに関する重要な約束
② ASEAN 銀行枠組み（上記 ABIF）下での二国間協定により「適格 ASEAN 銀行」の市場アクセスと自由な活動を可能とした（ただし，実際の個別銀行の指定は未確認）

第 5-1 表　ASEAN 金融統合に向けた戦略行動計画（抜粋）

項目	最終目標	政策的なアクション	2016-2017	2018-2019	2020-2021	2022-2025
			主要な目標とマイルストーン			
金融統合	ASEAN 域内の貿易・投資の促進に関する適格 ASEAN 銀行の役割強化	ASEAN 銀行枠組（ABIF）下の契約書完成	ABIF 下の取組みの進捗のモニタリングと報告に関するガイドライン	最低 2 件 の ABIF の設定完了と最低 2 行の適格 ASEAN 銀行の認証	ABIF のガイドラインに沿って最低 2 件の追加的な協議開始	
	ASEAN 株式市場の相互接続	さらなるクロスボーダー取引支援に資する ASEAN 株式市場の接続強化	少なくとも 3 カ国の取引所接続（現状）	少なくとも 3 カ国の取引所接続継続	少なくとも他の 1 カ国が取引所接続に関する議論に参加中	少なくとも 4 カ国の取引所接続
	深みがあり流動性の高い資本市場	さらなるクロスボーダー取引支援に資する ASEAN 取引所の接続強化 ①基準期間ごとのベンチマーク設定 ②債券価格の取引後価格または終値の公示 ③債券に関わる ASEAN 情報開示基準の採用 ④中央銀行の流動性供給に適格な幅広い証券の品揃え	①6 カ国が設定 ②最低 2 カ国が公示 ③最低 3 カ国が採用 ④最低 3 カ国が整備	①最低 7 カ国が設定 ②最低 3 カ国が開示 ③最低 4 カ国が採用 ④最低 4 カ国が整備	①最低 7 カ国が設定 ②最低 5 カ国が開示 ③最低 6 カ国が採用 ④最低 6 カ国が整備	①最低 8 カ国が設定 ②最低 8 カ国が開示 ③最低 8 カ国が採用 ④最低 8 カ国が整備
	ASEAN 決済システムを安全に，革新的に，競争力のある，効率的で，より相互接続させる	ASEAN 内の二国間／多国間のリンクのために，国内決済システムへの国際基準（例 .ISO20022）の採用		二国間／多国間の接続を，国の準備とビジネス上のニーズにもとづき進める・ASEAN Large Value Payment Systems（LVPS）・ASEAN domestic Retail Payment Systems（RPS）		
	ASEAN 各国の資本取引に関する実体的な自由化	①モニタリング手段としての「資本取引自由化ヒートマップ」の強化 ②資本取引自由化への継続的な取組	「資本取引自由化ヒートマップ」手法の完成	「資本取引自由化ヒートマップ」手法の施行		
金融包摂	債券市場へのアクセス層拡大	①一般投資家の国債購入体制整備 ②一般投資家の社債購入体制整備	①最低 2 カ国が整備 ②条件つきで，社債取引単位の小口化への国際的な経験の共有	①最低 5 カ国が整備 ②社債取引単位の小口化への国際的な経験の共有	①最低 7 カ国が整備	①最低 2 カ国が整備 ②最低 5 カ国で整備（条件付き）
金融安定化	金融安定化協調の推進	継続的な金融セーフガード基準の公開	各国の金融サービスに関するセーフガード基準のリストの発刊 金融自由化と金融安定化の関係に関する研究を ASEAN Integration Monitoring Office（AIMO）ほか関係機関と協力して進める		
	金融安定の維持と債券市場の拡充	リスク管理メカニズムの共有	1 カ国でリスク管理メカニズム・手法を把握。	最低 3 カ国でリスク管理メカニズム・手法を共有。	最低 5 カ国でリスク管理メカニズム・手法を共有。	最低 8 カ国でリスク管理メカニズム・手法を共有。

（資料）赤羽（2016），188 頁（掲題資料を抜粋・要約）。

③ 金融安定化のための IMF との連携したチェンマイイニシアティブ（CMIM[3]）の強化

④ 金融包摂のインフラ強化のための継続的な努力と ASEAN 加盟各国の戦略

⑤ クロスボーダー即時小口決済政策枠組み推進と ASEAN としての LCSF（後述）ガイドライン承認

⑥ グリーンボンドや持続可能な資本市場へのロードマップの承認

①，②，④は当初計画の延長線上にあると考えられる。③は ASEAN+3 での活動との関係，⑥は当初計画の資本市場分野について，昨今の潮流でもあるグリーンファイナンスやサスティナブルファイナンスの要素を組み入れるものであろう。残る⑤の LCSF については次項で詳述する。

コロナ禍での対応に追われたこともあり，上記のような ASEAN 自身による評価を見る限り，着実な進展はあると思われるが，数値目標を掲げた ASEAN 銀行枠組みの契約書，証券取引所の接続，一般投資家の債券購入体制整備，リスク管理メカニズムの共有などにおける具体的な進捗はあまり確認できていない。

資本市場に関しては，ACMF（ASEAN Capital Markets Forum）という各国資本市場の監督当局のトップを構成メンバーとする機関が中心として施策を運営している。2025 年に向けてのアクションプランは，2016−2020 年と 2021−2025 年の 2 期間に分けて立案されている。現在の 2021−2025 年版の概要は第5-1 図の通り。

第5-1 表の戦略行動計画と比較すると概念的な要素が中心であるが，「AEC VISION 2025」の下部にあるビジョンとの位置づけであるため，やむを得ないであろう。戦略目標の手段がシンプルに「連結性」と記されている点は，AEC の方向性とは合致していると考えられ，それに沿った個別の施策を進めていくものと評価したい。一方で，前述の通りコロナ禍の影響はやむを得ないとしても，2025 年までの期限を勘案すると具体的な進捗には物足りなさがある。

第 5-1 図　ACMF Vision 2025

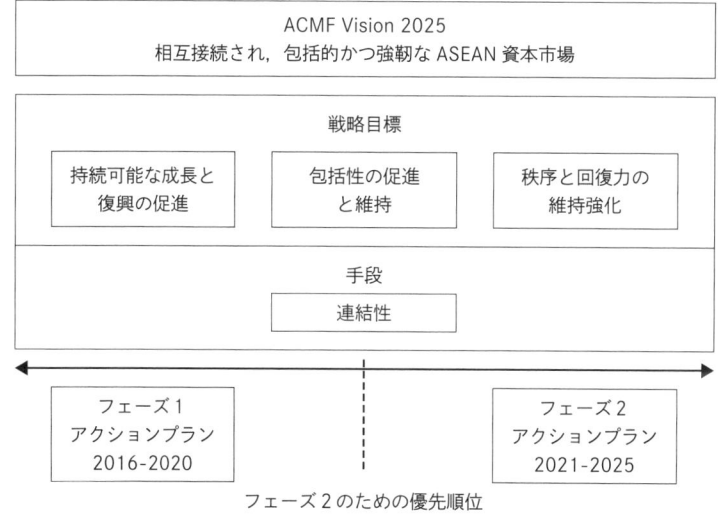

（資料）ACMF（web ページ）より筆者作成。

2．主要施策の現状と新たな取組み

本項では，クロスボーダー決済や銀行関連の主要施策の状況を確認する。

(1)　LCSF

前項にあった 2021 年の ASEAN のレビューの⑤ LCSF（Local Currency Settlement Framework）は，米ドルが利用される割合の高い ASEAN 域内の貿易・投資取引を域内通貨で行うことを企図したものである。当初は，2 国間契約が基本で開始され 2016 年 3 月のタイ―マレーシアの中央銀行間の合意から開始され，2017 年 12 月にインドネシアが加わった。2 カ国間相互で指定された銀行（Appointed Cross Currency Dealer（ACCD）Banks）が両国通貨建て取引や為替リスクヘッジも可能とするものである。インドネシアが加わった段階で，指定銀行の数は下記となっていた。さらに，2019 年 4 月にはこの枠組みにフィリピンも加わり，国どうしの覚書を交わすに至った（フィリピンに

関する指定銀行は未確認）。

- ・タイ（7行）－マレーシア（7行）
- ・インドネシア（6行）－マレーシア（5行）
- ・インドネシア（5行）－タイ（5行）

　その後の動きとしては，2023年8月にはタイ，インドネシア，マレーシアの3カ国の中央銀行間で，2国間取引での現地通貨使用の促進に向けた協力を強化する覚書を締結した。新たな取組みが表明されたわけではないが，3カ国，ひいてはASEANとしても，本取組みに引き続き注力する姿勢を示すものと考えられる。

　この枠組みの関連として，2022年11月には上記4カ国に加えて，シンガポールの中央銀行にあたるシンガポール金融管理局も加えた5中銀間で，「クロスボーダー決済連結性の協力に関する覚書」を締結した。5カ国の間で，「より迅速で透明性が高く，手数料も低いクロスボーダー決済の実現を目指す」取組みであり，協力・提携により，タクシー代金などの小口支払いを各国の指定されたアプリによるQR決済も可能となる。小口ながら，ASEAN域内のクロスボーダー決済に関する米ドル依存度を引き下げることにつながる。2023年8月には，ベトナムも覚書を締結し，本取組みに正式に参画した。この取組みは，AECの戦略行動計画にある決済システムの相互接続にも資するものであろう。

　さらに2023年5月には，ASEAN首脳会議において，「ASEAN域内決済の連結性の向上と現地通貨取引を促進に関する宣言」がなされた。概要として，JETRO（2023a）によれば，「各国の状況を考慮しながら，シームレスで安全な越境決済を促進するために，技術革新がもたらす新たな機会を活用し，域内の決済連結を促進することへのコミット」，「域内の越境取引での現地通貨使用を奨励し，ASEAN現地通貨取引枠組みの開発を検討するタスクフォース設立を支持」の2点が挙げられている。さらに上記の5中銀の覚書とあわせて，「2国間LCSFの推進を歓迎，他のASEAN加盟国も加入に関して関心を持っていることに留意」との表現で，LCSFの取組みにASEANとしてもコミットす

る姿勢を示した。あわせて，同宣言には域内通貨の利用促進とともに，為替リスクやレート変動の削減にも言及している。この背景には，1997 年のアジア通貨危機の震源地であるタイをはじめとして，ASEAN には引き続き，米ドルへの過度の依存からは脱却したいとの意向が強い国が多いことが考えられる。

(2)　適格 ASEAN 銀行

ASEAN Banking Integration Framework（ABIF：ASEAN 銀行統合枠組み）とは，一定の水準を満たした域内の適格 ASEAN 銀行（Qualified ASEAN Banks：QAB）を認証したうえで，市場アクセスやオペレーションの自由度を各国の国内銀行の活動と整合性を持たせるものである。これにより，ASEAN 域内の貿易や投資の進化に，QAB がさらなる役割を負うことを期待するとともに，域内の銀行セクターの成長を狙ったものである。

2015 年時点の戦略行動計画にも謳われていた ABIF ならびに QAB の取組みは，当初は順調と思われた。前述の LCSF と同様に，2 国間での契約が必要な仕組みであるが，2017 年の時点で，インドネシア，タイ，マレーシア，フィリピンの4カ国の中央銀行間でそれぞれ基本契約を交わし，マレーシア－インドネシア，マレーシア－フィリピンの間では最終合意にまで至った。また，タイは 2016 年時点で唯一，ミャンマーとの間で基本契約を交わした。

最終合意に至ったマレーシア－インドネシア，マレーシア－フィリピンの2件のうち，インドネシアの Bank Mandiri が 2017 年にマレーシアにおける初の QAB として認定されるとの報道が出たが，正式な発表はなされていない。2021 年にはタイ－マレーシア間での最終合意がなされ，同年 9 月には個別銀行の申請を受け付ける段階である旨が，両中銀共同でリリースされた。しかし，その後も個別の銀行の認定がなされたとの発表は確認できていない。現在 ASEAN 事務局の web ページを見るとインドネシアにおいてマレーシアの CIMB と Maybank の 2 行が QAB として認定された旨の記述があり，進捗が確認できる。しかし，当該指定がいつなされたのかなどの情報は見当たらず，また他国での広がりも確認できていない。

LCSF については，タイ，マレーシア，インドネシアの 3 カ国間で個別の銀行まで指定されているのに対して，QAB では中央銀行間で最終合意に至って

いても個別銀行の指定に至っていない，あるいは上記2行など限定的に留まっているのは，QABは当初よりASEANとしての取組みであることが背景にあると考えられる。LCSFのように，2カ国間での活動までであれば，当事国間での合意ですむであろうが，QABは最終的にはASEAN域内での活動まで展望している。そのためのASEANとしての認定基準の難しさが想定できる。本年，2カ国間でのLCSFでの取組みをASEANとして認め，推進する姿勢を示したことを考えれば，今後はQABについても，第一段階として2カ国間内での活動として認定するような選択肢も視野に入ってくるのではないだろうか。

　あわせて，留意すべき事項としては以下の点もある。QABの資格要件としては，当初，①自己資本基準，②統合された規制および統合された監督権限，③大規模なエクスポージャー，④会計および透明性の要件の4点が挙げられていた。この要件をふまえて，「ASEAN各国で合意された基準にもとづき認定。認定後は，各国で当該国の国内銀行と同様に参入が可能」という運営が計画されていた。しかし，経済規模の違いが大きいASEANで，上記4点の共通基準の設定は困難とも思われ，これまでこうした基準に関する合意に関する発表や報道は確認できていない。また，これに関する議論が各種会議でなされているのかどうかも不明である。

　QAB認定が進めば，ASEANの金融統合の象徴的なものになるとも考えられる。しかし，10カ国共通の基準設定が難しい場合は，LCSF対応銀行の各2カ国間での指定を進めて，相互に自国通貨の利用度を向上させて，「実」を取ることもASEANとしてはメリットがあると考えられる。並行して，あらためて，QABを指定することの目的や意義を議論して，必要であれば上記の「資格要件」の見直し，あるいは「決済連結性の覚書」を交わした5カ国での先行指定など，柔軟に考えることもできるのではないだろうか。その際には，唯一QABの基本契約には未参加であるシンガポールの動向が鍵となるかもしれない。ただ，外資系銀行のプレゼンスも高いASEANで，相対的には規模の小さい域内銀行の育成，プレゼンス向上の意義はあり，こうした点をふまえてシンガポールにも理解・協力を求めていくのが望ましいと考えられる。

⑶　決済システムの整備への取組み

　QAB に関する進捗が芳しくないなか，ASEAN 各国が積極的に取り組んでいるのが決済システムの整備である。これは，LCSF などによる域内通貨利用増加の基盤整備にもなる分野であり，また，世界的な中央銀行デジタル通貨（Central Bank Digital Currency：CBDC）の研究進行，一部は発行開始の環境変化への対応にも関わるため，優先順位があがっているようだ。前記の2023 年 5 月の ASEAN 首脳会議の宣言においても，「ブループリント 2025」の域内地域統合のゴールを意識して ASEAN LCSF の推進ほか域内取引における域内通貨の利用増加とともに，デジタル金融サービスと域内決済連結性の向上による金融包摂の加速が謳われている。あわせて，その推進にあたっては，ASEAN の域外のパートナー，国際機関ならびに民間セクターとの連携・協力も記されている。

　この分野に関して，清水（2023）はフィンテックの拡大と ASEAN6 カ国（前述の 5 カ国とベトナム）での金融当局主導のホールセール決済（銀行間決済，証券決済，為替決済など）とリテール決済（消費者・企業が行う決済）のデジタル化の進捗を詳述している。リテール決済では「即時決済」の進展とそれを支える QR コード決済がある。また，決済システムの整備はクロスボーダー決済にも広がっていることも指摘し，リテール決済では各国の即時決済システムの接続や QR コード決済の接続が挙げられている。ホールセール決済に関しては，SWIFT をインフラとする従来のコルレス銀行制度を利用した海外送金では所要時間が長いこと，コストの高いことを背景に，CBDC を活用しようとする世界的な動きに言及している。ASEAN では，シンガポール，マレーシア，タイがこれらの活動に参加しているようだ。

3．ASEAN+3 との関係

　1997 年のアジア通貨危機への対応の地域協力を契機に始まった ASEAN+3 財務大臣会合は，中央銀行総裁も交えた会議へと発展して，本年 2024 年で第27 回を迎えた。

　同会議を中心に，これまで域内国が経済危機・通貨危機に陥った場合に域内国で外貨（主に米ドル）を供与する通貨スワップ協定であるチェンマイイ

ニシアティブ（CMIM）の枠組み創設，域内通貨建て債券市場の育成・支援を図るアジア債券市場育成イニシアティブ（ABMI），CMIM の実行支援およびそれに関連して域内各国のマクロ経済のサーベイランスを行う国際機関である AMRO の設立など，域内通貨・金融協力は着実に成果をあげてきた。CMIM は，各国の資金拠出のシェアが規定されているが，基本的には日中韓が ASEAN10 カ国を支援する色彩が強い。

2024 年の同会議では，上記の主要な 3 つの施策や運営に関する進展や合意に関する発表がされている。とくに，CMIM に関して注目すべき点として，「緊急融資ファシリティの新たな創設とその制度設計」の承認が挙げられる。さらに，当該ファシリティにおける「適格な自由利用可能通貨」としては，米ドルに並んで日本円と人民元が明記された。2019 年以降，CMIM で進められてきた「現地通貨」の利用が，新ファシリティでも認められており，ASEANにおける取組みに加えて，ASEAN+3 でも域内通貨建て支援の必要性が認められている証左であろう。また，通貨として日本円と人民元が ASEAN 支援の枠組みともいえる CMIM で重視されていることは，ASEAN －中国，ASEAN －日本の通貨・金融面での関係を考察するうえでも注目できる。

また，2023 年の同会合の発表では，「AMRO の報告書『金融デジタル化の機会と課題：ASEAN+3 地域金融協力の新たな視座』を歓迎」との記述もある。この報告書，AMRO（2023）では，金融デジタル化がコロナ禍で加速され，クロスボーダー取引でのメリットや機会を提供していることを示している。例として，海外送金の期間短縮，コスト低減などとともに，金融包摂にも資するとしている。一方で，地域金融取極めにも，資本フローや国際収支への影響，金融危機が発生時の伝播のスピードなどを通して影響する可能性も指摘している。さらにマネーロンダリングやそれによるテロへの資金供与などのリスクも挙げて，民間の技術革新の支援とともに，ブロックチェーンなどのデジタル技術の公的部門での規制や運営ルールの明確化なども重要であるとしている。あわせて，CBDC についても言及しており，クロスボーダー決済に役立つ可能性とともに，他国の CBDC が自国通貨の代替となってしまうリスクにも注意すべきと述べている。

第 2 節　2025 年に向けた環境変化と見通し

　本節では，近年の経済・金融面における ASEAN にとっての環境変化を確認したうえで，米ドルと人民元の影響力の変化を考えたい。そのうえで，AEC 完成を目指す 2025 年およびそれ以降について検討する。

1．米国金融政策とインフレ

　コロナ禍で世界的に大規模な金融緩和がなされていた局面が，大きく変化したのは 2021 年後半以降である。具体的には，米国中央銀行である FRB は 2021 年 11 月に金融政策の変更を決定した。物価上昇傾向を受け，同月より量的緩和縮小を開始し，2022 年 3 月には FF 金利の引き上げに着手し，それ以降 2022 年は 1 年間で 7 回，その引き上げ幅は合計で 4.25％に達した。通常，FRB の金利引き上げ幅は 1 回あたり 0.25％が標準的であるが，昨年は 4 回連続の 0.75％引き上げを含め，急激な金利引き上げを行ったことがわかる。年が明け，2023 年になっても 6 月を除き，1 月・3 月・5 月・7 月の 4 回は 0.25％の引き上げを行っており，5.25〜5.50％の水準に達した。その後は，インフレ鎮静化を待って金利引き下げ局面が期待されていたが，いまだに引き下げには開始されず，2024 年 6 月現在でも同水準に留まっている。

　こうした米国の急激な金利引き上げをともなう金融政策の大きな変化の背景には，2021 年後半からの物価上昇傾向があった。それを加速させたのが，2022 年 2 月のロシアによるウクライナ侵攻である。これを契機に，世界的な石油等エネルギー価格や小麦等の食料価格の高騰が激しくなったといえる。あわせて，コロナ禍の影響軽減から需要拡大，それに反するサプライチェーンの分断などにより，米国内でのインフレが厳しさを増すこととなった。CPI は，金利引き上げの効果もあり，2023 年にかけて低下傾向にあり，2023 年 6 月には CPI コア（除くエネルギーと食料品ベース）で前年比 4.8％と 1 年 8 カ月ぶりの水準まで低下した。しかしながら，同年 8 月のジャクソンホールでの FRB パウエル議長の講演では，年内にさらなる利上げの用意がある旨に言及されていた。その後，徐々に物価は落ち着きを見せ，2024 年 6 月には CPI コ

第 5-2 図　ASEAN 5 通貨および米ドル・人民元の政策金利の推移（2021 年 4 月〜 2024 年 6 月）

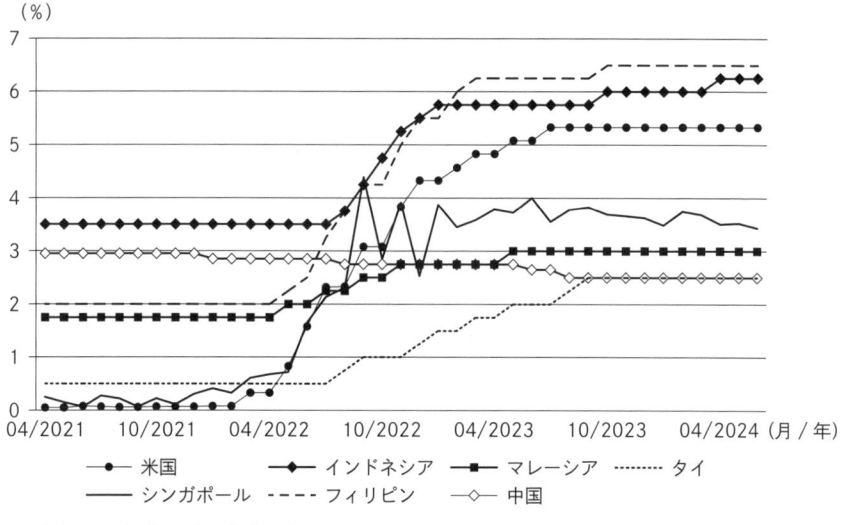

（資料）CEIC データより筆者作成。

アで前年比 3.3% まで低下し，2024 年 6 月に同パウエル議長は，インフレ圧力の低下を認めており，2024 年内の金利引き下げ開始も視野に入ってきている。

　こうした金利差による為替レートへの影響は，当然，ASEAN 諸国通貨と米ドルの間でも存在すると考えられ，各国の金融政策も注目される。そこで，米ドルと主要 ASEAN5 通貨および人民元の 2021 年 4 月以降の政策金利の推移をしめしたものが第 5-2 図である。金融政策を為替に拠っているシンガポールドルは「政策金利」ではなく，オーバーナイトレートの月次平均で示されているため，上下動が激しく異なる動きを示している。しかし，他の ASEAN4 通貨は米国が急激な金利引き上げを開始した 2022 年以降，引き上げの開始時期やその引き上げの傾き（急激さ）に違いはあるものの，各国とも金利の引き上げを行ったことが明らかである。また，米国金利が横這いとなった 2023 年 7 月以降は，ほほどの通貨も金利を安定させていることがわかる。

　次に，同期間の対米ドルの為替レートの推移について，2021 年 4 月を 1 として指数化して示したものが第 5-3 図である。為替レートを金融政策としているシンガポールドルは，安定感を示しているが，他の ASEAN 通貨はバラツ

第5-3図　ASEAN 5通貨および人民元の対米ドルレート（指数）（2021年4月〜2024年6月）

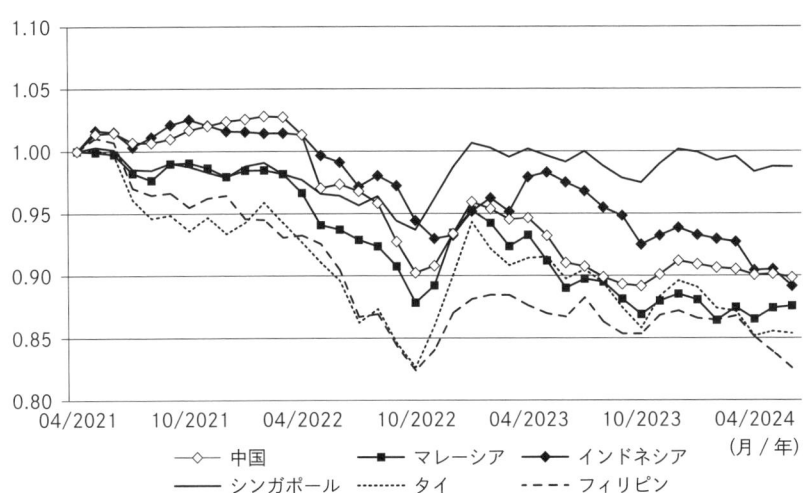

キがあるものの，総じて下落傾向にあることが確認できる。なお，人民元の動きについては，金利・為替とも次項で述べたい。

　金利・為替の動向をふまえて，各国の金融政策を確認したい。第5-2表はAMRO（2022）にまとめられたASEAN+3諸国の諸政策のうち，ASEAN10カ国の金融政策関連の記述を抜粋したものである。

　ASEAN10カ国のうち，カンボジア，インドネシア，ラオス，マレーシア，フィリピン，タイの6カ国は，米FRBの金利の急激な引き上げが自国からの資本流出や通貨安を招く可能性がある。通貨バスケットを金利政策手段としているシンガポールはその影響を管理可能，ベトナムは自国への資金流入が直接投資など長期的なものが多く，影響は限定的と評価されている。これは，同国がベトナムドンを対外決済に基本的に利用させていないことが背景にあると考えられる。残るミャンマーは為替の自由度が低いこと，ブルネイはシンガポールドルにペッグしていることから，FRBによる金利引き上げの影響に関する記載はない。第5-3図で示した5カ国の為替レート推移は，第5-2表のAMRO（2022）の整理と整合的である。

　多くの国が資金流出や自国通貨安のリスクを認識していることは，1997年

第 5-2 表　ASEAN 諸国の金融政策について

要素	各国経済				
	ブルネイ	カンボジア	インドネシア	ラオス	マレーシア
米ドルとの金利差		・カンボジアの高金利による資本フローの流入は，米国 FRB の金融引き締め政策により停止，または流出に転じ得る。	・米ドル金利の上昇はインドネシアとの金利差を縮小し，インドネシアルピア（IDR）建て資産の魅力を引き下げ，資本流出や IDR の減価の契機となり得る。	・ラオスのポートフォリオ投資の水準が非常に低いことを考えれば，金利差がラオスからの大幅な資本流出の引き金にはなりそうもない。	・金利差の縮小は資金流出とマレーシアリンギ（MYR）安の引き金になり得る。
金融政策のスタンス	・シンガポールとの間で通貨交換協定があり，ブルネイには金融政策を担う当局は存在しない	・高い米ドル化もあり，中央銀行（NBC）は為替レート管理を物価安定のアンカーとしている。流動性は十分であり，パンデミックのさ中でも与信の増加は堅調を維持。	・中央銀行は，金融システム内の余剰流動性を減少させるため，預金準備率を引き上げることにより，金融政策を，（パンデミック下の緩和的なものから）正常化した。中央銀行は，インフレ圧力に対処するため政策金利を 2022 年 8 月に引き上げた。	・中央銀行は預金準備率引き上げ，政策金利引き上げおよび国庫短期証券発行により金融政策の正常化を開始した。これはマクロ経済情勢ならびに為替レートの変動を安定させるためである。	・金融政策の予防的正常化。金利差の縮小は資金流出と MYR 安の引き金になり得る。中央銀行（BNM）は，2022 年 5 月に 25bp の金利引き上げで市場を驚かせた。それは，金融調節（緩和）のレベルを縮小するものであり，続けて 7 月にもさらに 25bp 引き下げた。
為替制度	・シンガポールドルとのペッグ制	・管理フロート制が採用されており，市場およびマクロ経済の発展に沿い，穏やかな為替変動を守るため為替介入がときどき行われる。 ・グローバルな金融引き締め時には，米ドル調達の圧力（困難さ）の下，高度米ドル化した経済が到来しかねない。	・変動為替相場制であり，過剰な為替変動には適切に為替介入を行う。	・管理フロート制。中央銀行は日次で参照レートを提示し，商業銀行と公認両替所は，参照レートから一定のバンド内で自社の両替レートを提示する。	・マレーシアは，変動為替相場制を維持している。 ・中央銀行は，為替変動を穏やかにするため為替介入をときどき行う。
外貨準備の豊富さ（十分性）	・外貨準備の十分性の評価指標には，ベースマネーを使用し，300％である。	・外貨準備は 2022 年 5 月時点で 199 億米ドルで，物品・サービスの輸入額の約 7.5 ヶ月，対外短期債務の約 4.6 倍の水準。	・外貨準備は，輸入額および対外短期債務を評価指標では十分である。（2022 年 6 月時点で 1364 億米ドルで，物品・サービスの輸入額の約 6.6 カ月，残存期間として対外短期債務の約 200％の水準。）	・外貨準備は薄い。2022 年 3 月時点の外貨準備は約 13 億米ドルで，輸入総額の約 2.2 カ月分である。経済としては，資本流出に対して非常に脆弱である。	・外貨準備高は，対外短期債務と比較すると十分である。さらに，IMF の ARA 指標と輸入カバー率に基づけば，さらに潤沢である。
自国通貨建て債券市場の海外の参加度	・海外参加者は無視できるレベル。政府債の Sukuk はほとんど国内投資家とブルネイ国内で営業している海外商業銀行により保有されている。	・社債市場には厚みはなく，発行体は 3 社のみ。目標として国債市場を本年（2022 年）開始することとしている。	・自国通貨建て国債の海外保有率は，急激に減少しており，2022 年 6 月時点で全残高の約 16％。パンデミック以前と比較すると約 40％の減少である。	・自国通貨建て債券市場への海外参加者はわずかである。	・他市場に比較すると高いが，過去の水準に比較すると低い。 ・典型的な長期のリアルマネー投資家
株式市場の海外の参加度	・ブルネイには証券取引所はない。	・株式市場は小さく，上場株式 9 件のみ。	・海外の保有比率は，ここ 2，3 年は株式時価総額の約 27％で安定している。2015 年の約 36％からは少し減少している。 ・投機的で短期的な資本のほとんどは，2016-2017 年に市場から逃避しており，残存している	・上場企業がわずか 11 社という小規模な株式市場であり，株式市場へいくらかの海外参加者もいる。	・15％。過去の水準に比較すると低い。

	カンボジア	インドネシア	ラオス	マレーシア
株式市場の海外市場の参加度				株式投資は安定的で長期的なものとみなされることが多い。
マクロ経済状況		・安定的な成長見通しは、内需の回復と堅調な商品輸出に支えられている。強い貿易状況と海外直接投資受入れの増加により、対外均衡を支えている。・エネルギーの補助金が世界的な石油価格上昇の影響を軽減することにより、インフレは緩やかである。・税制改革措置と思われる商品価格による収入が、2022年の財政赤字再建と2023年の財政ルールの復元を支える。	・コロナ後の再開を受けて、経済は回復途上である。・財政赤字は2020年のGDP比5.2%から2021年には1.3%に縮小した。・2022年第1四半期の国際収支は2,800万米ドルの黒字を示し、経常収支は引き続き穏やかなプラスを得る。・しかし高インフレとラオスキープ(LAK)安により、自国通貨利用の選好を低下させ得る。	・経済は力強く回復している。商品と電子製品の価格高騰など、商品の交易条件は2020年の好ましいシチュエーションの恩恵を受けている。・マレーシアは、欧米からの多くの海外直接投資受入れを行っている。
安全資産としての認知度	・なし	・歴史的にIDRはグローバルリスクを背景とした変化に非常に反応する。	・なし	・なし
緩和政策	・中央銀行(NBC)は、証券取引所流通型供給オペレーション(LPCO)と譲渡性預金証書(NCD)を調整しており、それらはカンボジアリエル(KHR)市場における主要な手段であり、加えてNBCの流動性を吸収する。米ドルの市場における流動性と米国の主要な貸出を抑制させ得る余剰キーな貸出を増加させ得る。NBCはKHRの流動性を吸収するために、ここ数カ月、米ドル売りを行い、KHRのレートを安定させ、為替レートの狭いバンドを市場に発信している。・他のリスクとしては、FRBの金融引締めが資本流出を招き得る。しかし、資本流出の結果として、KHRの大幅な減価は起きなくなるだろう。というのは、カンボジア経済のドル化は弱い。そのかわり為替受入れと譲許的な融資に依存しているからである。	・中央銀行は、個人による預入れを制限し、レートへのアクセスを制限し、預金準備率を今年に9%に引き上げるという積極的なステップを設定した。・中央銀行は、マクロ経済情勢(パンデミック前6.0~6.5%)と自国通貨の低下(パンデミック前40%ならびに2022年6月現在16%へ)ならびにインドネシアの対外的地位の強化はルピアスの影響を緩和するだろう。・高い水準の外貨準備の利用可能性は、中央銀行を外貨的なポジションに対してよりよいポジションにする。・長期的には、政府は資本市場を深化させ、投資家基盤を拡大する努力をショックに対する回復力を強化するだろう。		・中央銀行は金融政策の正常化に着手した。これにより、FRBの金利引き上げに対してマレーシアが乖離するという懸念を和らげた。・2020年3月以降の外貨準備の着実な改善もあり、中央銀行は為替変動を穏やかにする能力が高まった。・財政再建も近づいている。財政責任法が2022年下期に予定されており、また重点敵補助金制度に移行するための作業が進行中である。

各国経済

要素	ミャンマー	フィリピン	シンガポール	タイ	ベトナム
米ドルとの金利差		・2022年の前期以降は金利差は縮小し、フィリピン・ペソ(PHP)が米ドルに対し7%安くなった。ただ、資本流出の形態はわずかであるが、さらなる金利差縮小による資本流出リスクは無視できない。	・SIBORは、金融システムにおけるSGDの流動性が相対的に高いため、より緩やかになってくるいたが、これが米国金利と同様に上昇はあるが米国金利の引き上げをベースとした。しかし、シンガポール金融管理局のSGDの名目金利バスケットを引き締め気味にする金融政策スタンスが金利差を限定する可能性がある。	米国とタイの政策金利差が小(米国金利が相対的に高昇)により中央銀行やタイ国債からの資金流出に発生し、タイバーツ(THB)に下落圧力をかけている。	・金利差はベトナム金融市場からの資本流出の引き金となるなど、なぜなら海外からのポートフォリオ投資家がベトナムの株式や債券を売却した後は、海外に移る海外投資家がベトナム国内で発生したからだ。・ベトナムへの資本流入のほとんどは長期的な直接投資であり、短期的な売買を狙った短期的なポートフォリオの流入より小さい。資本流入が占める割合は2021年はポートフォリオ(負債)の1.7%に過ぎない。
金融政策のスタンス	・中央銀行はマネーサプライ目標を中間目標とし、準備金を運用している。これは、マクロ経済の一貫した物価の安定という究極の目的を達成するためである。また、財政赤字をファイナンスする必要性がマネタリーベースの伸びを押し上げた。	・中央銀行(BSP)は、金融緩和政策の解除を開始した。2022年5月と6月に政策金利を引き上げ、また、7月に異例の75bpの利上げが実施され、8月にも50bpの利上げを実施した。	・金融管理局は2021年第4四半期から金融政策の引き締めも引き始めた。現在のスタンスも引き締め気味である。	・中央銀行は緩やかな金融政策の正常化を示した。そして2022年8月に25bp金利を引き上げた。	・中央銀行は2022年は経済回復を支えるため緩和的な金融政策を継続している。
為替制度	・固定相場制が導入され、中央銀行の公定為替レートは現在1米ドル=1,850MMKで固定されている。	・変動為替相場制。中央銀行は為替レートの変動を抑制するために為替介入を行う。	・管理フロート制(通貨バスケット・バンド・クローリング)のバンド内。管理通貨局は、通貨バスケットに対する非円関係のバンド内で取引(変動)させている。	・管理フロート制。穏やかな為替変動にするために為替介入を行う。	・ベトナムの制度上の為替制度は、(中央銀行の2014年の政令No.70によれば)管理フロート。管理実際の為替制度は「スタビライズド・アレンジメント(stabilized arrangement)」に分類される。
外貨準備の豊富さ(十分性)	・実際の外貨準備高に関する情報は限定的	・外貨準備は厚いまま。外貨準備は2022年5月時点で約1,035億米ドル。これは、同国の短期対外債務をカバーするには十分すぎるほどである。(短期対外債務の4倍以上、輸入の9カ月以上。)	・外貨準備は3,701億米ドルで、輸入カバー率は8倍である。	・2021年末時点でIMFのARA指標では10倍。短期対外カバー率は2.7倍である。	・ベトナムの制度上は短期対外債務をカバーするのに十分である。現在の外貨準備はIMFのARA指標で約96%に相当する(2019年末時点)。また財・サービス輸入の3.6カ月分に相当する(2021年末時点)。
自国通貨建て債券市場での海外市場の参加程度	・外国人投資家は原則としてミャンマー債券市場や証券市場に参加できる。しかし、外国人投資は外貨規制による影響を、いずれもその活発ではなく、これまでにその活動内容や証券市場における国内の証券市場活動を	・2022年3月時点で自国通貨建て国債で国債の外わずか1.28%を外国人が保有する。しかし、自国通貨建て債券のうち80%以上は自国債。	・データなし	・2022年4月時点で非居住者の債券保有者は10%未満。	・2021年第3四半期時点で、非居住者の保有する自国通貨建て国債の比率は全残高の0.8%である。

項目	内容	
自国通貨建て債券市場の海外の参加度	行うことはできない。さらに外国人投資家は投資委員会（DICA）の投資委員会の承認を事前に得る必要がある。	・2021 年の海外投資家の証券売買高は 7,988,910 億ベトナムドン（VND）にのぼる。これは、全売買高の 7.39% である。
株式市場の海外の参加度	・株式市場は非常に小さい。海外資のない銘柄のみ。 ・なし（メモ）海外投資家の株式保有比率に関する公式なデータはない。	・タイ株式市場で総投資額は 27%
マクロ経済状況	・ここ数四半期では、経済活力強く回復している。消費者物価指数は原油価格と食品価格の急騰により上昇した。しかし、経済赤字は最近の世界的な商品価格の高騰により拡大する可能性がある。PHP の実質実効為替レートが高いため、その拡大幅は限定的である。 ・フィリピンは、送金による経常収支黒字を受けている。海外直接投資の流入を相殺できている。一方、対外債務は低水準であるため対外ポジションは依然として健全である。	・データなし
安全資産としての認知度	・なし ・あり	・パンデミック以前はある程度安全と認識されていたが、それ以降、THB は域内のエマージェンシー諸国と同水準に推移している。
緩和政策	・居住者の海外への送金は、2022 年 4 月 3 日の通達 № 12/2022（directors6）により、外為規制のため、そのため、委員会の許可が必要。そのため、下記に示すような点を含めて、いかなる送金も外為管理法および届け出が規則により許可を得る届け出が必要。 一輪以又代金の支払。（前払いも含む） ・サービス代金や手数料の支払。 ・海外投資に関わる投資収益の送金。 ・外国投資の送金。 ・海外からのローン返済や金利の支払。 ・外国為替管理規制 27 節にある特定支出の支払。	・中銀行は金融政策の引き締めを開始し、米国との金利差の金利を低くし、それにより資本流出のため、資本流出の影響が十分ある。中央銀行は余剰な米ドルの一ニュースに一時的に米ドルの流動性を注入できる。・国際金融センターとして資本フローを制限する政策はある。 ・外貨準備の増加を考えると中央銀行は、急激な低金利の過剰の正常化サイクルは開始された。需要がある場合には、米ドルと流動性を注入する用意がある。 ・なし

のアジア通貨危機時と異なる形ながら，引き続き米ドル依存リスクがASEAN諸国の課題として残っていることを認識させられる。

2. 米ドルと人民元のASEANへの影響力の変化

前項では，金利の変化を中心とする米国の金融政策がASEANの金融政策および為替レートにどのような影響を与えているかを確認した。そこで本項では，人民元とASEAN通貨の金利および為替レートの動向を確認する。そのうえで，米ドルと人民元の影響力について考察したい。

前述の第5-2図で確認できる人民元の政策金利の推移は，ASEAN5カ国の通貨と異なり，米ドルの急激な金利上昇時も安定的に推移した。これは，中国の経済規模や米中対立顕在化以降のデカップリング的な要素が背景にあると推察できる。それに加えて，人民元の為替制度の特性，すなわち管理変動相場制とも称される，毎営業日に中央銀行である中国人民銀行が基準値を公表し，為替レートの変動率を制限している制度に理由があると考えられる。さらにそれを可能とする豊富な外貨準備といった要因があるのであろう。それにより為替レートが安定しているため，金利水準を中心とする金融政策の自由度を保っているといえる。ASEANの5通貨について金利を見ると，為替レートに直結する要因でもあり，米ドル金利の影響力が人民元よりもかなり強いと評価できるであろう。

第5-3図で見る米ドル−人民元の為替レートは，シンガポールドルを除く他のASEAN4通貨と同様，米ドル金利上昇局面では弱含んでいる。ただし，ここで注意すべきは他の4通貨は，米ドル金利上昇局面で同様に金利引き上げを行っていたのに対して，人民元の金利は安定していた点である。人民元の対米ドルレートは，上記の為替制度の特性もあり，米ドル金利の影響をあまり受けずにいることがわかる。

続いて，ASEAN5通貨と人民元の為替レートを確認したい。第5-4図は，第5-3図の米ドル−ASEAN通貨と同様に，指数化した人民元−ASEAN通貨の推移を示したものである。

為替レートは，相互に関連するため，米ドル−ASEAN各通貨，米ドル−人民元の動きによって，自動的にASEAN各通貨−人民元のレートは決定さ

第5-4図　ASEAN5通貨対人民元レート（指数）（2021年4月〜2024年6月）

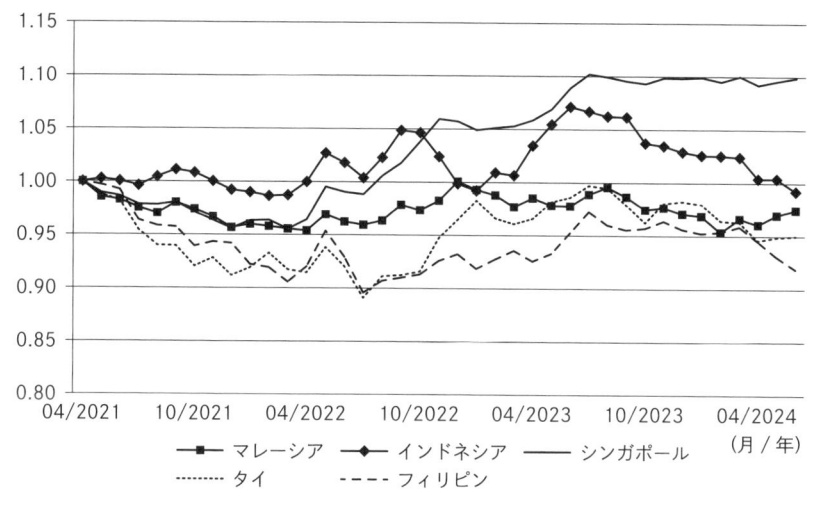

（資料）CEICデータより筆者作成。

れることとなる。したがって，対米ドルで人民元よりも指数ベースで自国通貨高の位置にあったシンガポールドルとインドネシアルピアが自国通貨高（1以上）に，他の3通貨が自国通貨安（＝1以下）に，ある期間が長いことが確認できる。

　自国通貨の変動幅で見ると，対米ドルではインドネシアルピアが最大5％程度通貨高，タイバーツとフィリピンペソが最大18％程度通貨安である。一方で，対人民元ではシンガポールドルが最大10％程度通貨高で，対米ドルと同じくタイバーツとフィリピンペソが最大で10％程度の通貨安に収まっている。上記とともに，グラフの推移を見ると，シンガポールドルを除くASEAN4通貨の対人民元の為替レートは，対米ドルと比較して安定していると評価できる。2国間の為替レートが安定していることは，両国間の貿易・投資取引を行う場合に，相手国通貨建てで行っても，自国および自国企業の為替変動の影響を小さくできることとなり，両国および両国企業にメリットがあると考えられる。この点は，金利に比べて為替においては，影響力とは表現しづらいものの，ASEANにとって米ドル建てではなく，人民元建て取引を選好する要因となるとは考えられる。ただし，人民元の資本規制等，使用するにあ

たっての自由度が米ドルに比して低い点も考慮されるであろう。

　実際の ASEAN の貿易・投資の国別シェアは，JETRO（2023）によれば，2022 年の結果は，貿易総額の構成比では ASEAN 域内（22.3％），中国（18.8％），米国（10.9％）の順で，日本（7.0％）は EU（7.7％）に続く 5 位であった。対内投資における投資元を国・地域別でみると，米国（構成比 16.3％），ASEAN（12.3％）で，日本（11.9％），EU（10.7％）に続き，中国（6.9％）は 5 番目であった。ASEAN 域内を除けば，貿易でトップ，投資元としても 5 位である中国との関係は大きく，経済面での影響力を大きい。この点もふまえて，ASEAN は米ドル・人民元の利用について，今後も考えていくことになるであろう。あわせて，注目すべきは貿易では域内貿易がシェアトップであり，また，投資でも米国に続き，域内投資が第 2 位であることである。こうした域内取引を今後，どの通貨で行うのかも重要な点と考えられえる。

3．2025 年以降の見通し

　前述の経済・金融面の変化と米ドル・人民元の影響力もふまえて，AEC 完成を目指す 2025 年およびそれ以降の ASEAN 金融統合への見通しを考える。まず，2023 年 9 月の ASEAN 首脳会議で採択された 2 つの文書を確認する。

　1 つ目は，ASEAN の今後の方向性に関する「第 4ASEAN 協和宣言」である。これまで，ASEAN は 1976 年，2003 年，2011 年の 3 回にわたって，こうした宣言を発してきたが，今回はそれに続くものである。同宣言は，ASEAN，インド－太平洋地域における ASEAN 中心性，ASEAN 域内各国間および域外パートナー国との協力，東ティモールの加盟に向けた動きなど幅広い分野におよぶなかで，「ASEAN 共同体ビジョン 2045」の重要性にも言及している。金融統合に関わる項目としては，同年 5 月の宣言でも触れられていた「ASEAN 域内決済の連結性の向上と現地通貨取引を促進」を進めていくことや ASEAN 域内の金融の安定性やさらなる金融統合のために，中小零細企業の金融アクセスを増やすためにデジタル金融サービスの活用への努力などが含まれている。さらに，関連して ASEAN のマクロ経済のポリシーミックスを強化し，ショックやマクロ経済リスクへの域内の対応耐性の改善も挙げられている。

　2 つ目が，上記のデジタル化の施策としての「ASEAN デジタル経済枠組み協定」に関して，交渉開始で合意されたことを文書化したものである。交渉範囲は，デジタル貿易，越境 EC，AI など技術分野や人材育成にいたるまで，幅広い。注目できるのは，シンガポールの ASEAN ビジネス諮問委員会のコメントが ANNEX に含まれており，シンガポール企業が，越境 EC やデジタル経済分野で ASEAN 企業をサポートする方向性を示した点である。2024 年 4 月には，同協定の交渉委員会議長国であるタイが 2 年以内の締結に向けた支援を表明している。

　上記のあらたな「ビジョン 2045」について，JETRO（2024）によれば，2026 年から 2045 年までの 20 年間のブループリントを策定予定である。当該ブループリントでは，下記の 6 つの戦略目標が構想されている。

① 　シームレスにつながった単一市場と生産拠点
② 　デジタル経済とイノベーション
③ 　グリーン経済とサステナビリティ
④ 　インクルーシブで公正な開発
⑤ 　強靭さを増す ASEAN
⑥ 　グローバル・コミュニティにおいて積極的な役割を果たす ASEAN

　金融関連としては，①に「金融統合の強化」が，⑤に「金融安定性の確保」が謳われている。他の項目でも直接的な表現はないものの，②は CBDC をはじめ関連は深く，③では「サスティナブル投資」が挙げられている。④は現在の AEC2025 の戦略行動計画にある「金融包摂」につながる。最後の⑥では，「域外パートナーとの協力の強化」を謳っており，ASEAN+3 をはじめとする，ASEAN 外の国・機関との金融面での連携も含まれるであろう。

　前述の 2 文書および 6 項目を勘案すると，ASEAN として，域内通貨建て取引の増加や金利・為替の急変などマクロ経済ショックへの対応やデジタル経済化の推進を，ビジョンを 2045 年として，長期的に進めていく姿勢を示したこととなり，いわゆる ASEAN Way で時間は要するであろうが，域内金融統合を進めていく方向性は揺らがないものと考えられる。

第5-1表で示した各種施策との関係では，域内通貨利用増加に重点が置かれていることを考えれば，当初アクションプランには含まれていなかった LCSF をさらに進めていくことが予想される。適格 ASEAN 銀行の枠組みについては，LCSF 指定銀行を重視し，やはり枠組みや対象銀行の条件の見直しなどを図るのが現実的なのではないだろうか。

第3節　金融分野における ASEAN・中国関係と日本の立ち位置

1．中国との金融協力と影響力への考慮

　本節では，本書のテーマともいえる ASEAN と中国の関係を金融分野に焦点を当てて，確認していきたい。富澤（2020）は，中国と ASEAN の金融面の協力を，①基本コンセプトは，現地通貨が主導し，金融が実体取引（貿易，投資等）を支える，②人民元の国際化，米ドルに過度に依存しない取引促進（金融制裁に対する懸念）の2点にまとめている。そのうえで，具体的な取組みとしては，「人民元の国際化」として中国がこれまで進めてきた「A．人民元と ASEAN 通貨建てスワップ」，「B．クリアリング銀行の設置」を挙げている。A は中国との貿易・投資取引で必要な人民元を相手国に供給する仕組みであり，B は人民元建て取引の決済を担う銀行を相手国に置き，利便性を高めるものである。富澤（2023）によれば，ASEAN10 カ国のうち，A はシンガポール，マレーシア，タイ，インドネシア，ラオスと，B はシンガポール，マレーシア，タイ，フィリピン，ラオスとそれぞれ実現している。さらに，「現地通貨建て決済推進」に関して，インドネシア，ベトナム，カンボジア，ラオスと合意に達している。うち，インドネシアとの合意は ASEAN 域内での LCSF に近いものと評価している。

　中国の金融面での優位性とも考えられるデジタル技術に関する研究に CHEN et al.（2023）がある。同書では，中国のデジタル経済の特徴として，5G（と 6G），クラウドコンピューティング，AI，ビッグデータ，ブロックチェーンおよび VR・AR の6つの技術の優位性を取り上げ，この分野での将来の ASEAN との協力の可能性を展望している。中でも，タイ，マレーシア，インドネシアの3カ国との様々な分野でのデジタル技術に関する協力の進展を

考察している。また，ASEAN の中でも当該分野で先行しているシンガポールとの間では，さらに高いレベルでの協力が臨まれるとしている。

　続いて，中国－ASEAN の金融協力の進展の経済的な影響を実証的に分析した Lihui and Dongyang（2024）を確認する。この研究は，多国間協力のCMIM や 2 国間での通貨スワップといった「通貨・金融協力」と金融規制当局間や金融機関同士の協力といった「金融市場協力」の 2 分野で，前者で 2 次指標を 5 項目，後者で 2 次指標を 3 項目規定し，後者についてはさらに細分化した 3 次指標を 9 項目規定したうえで，各指標のウェイト付けを行い，指数を定義している。実証結果としては，2000 年から 2015 年までは徐々に金融協力が伸長した時期で，2015 年をターニングポイントとして，その後 2020 年までは上下の変動を経て，2020 年はコロナ禍の影響で低下したが，それ以降は再び伸長していると評価している。同期間で指標に占める ASEAN の国別のシェアも算出されており，シンガポールが安定的に 30％程度を占め，トップに位置する。続いては，マレーシア，タイ，インドネシアの主要 3 カ国が徐々にシェアを増加させ，それぞれ 10％程度を占めている。さらに本指標と中国－ASEAN 間の貿易・直接投資の関係の回帰分析結果として，優位に好影響を与えていることを示している。上記は，中国－ASEAN 間の金融協力が実経済に好影響を与えており，その規模を増加させていることを示すといえる。

　なお，本分析でターニングポイントとされている 2015 年の事象を振り返ると，2005 年に米ドルペッグ制から管理変動相場制に移行し，その後，基本的には一貫して元高方向に推移していた対米ドルレートが，同年 8 月に人民元の基準値算出方法を変更して，大幅な元安を経験した年である。その年の 11 月には IMF の SDR[4] 構成通貨入りが決定し，「人民元の国際化」の動きの象徴の 1 つであろう。金融協力による中国の ASEAN への影響力は，貿易・投資等の実物取引において，人民元建て取引を増加させることで増してきていると考えられる。インドネシアとの，ASEAN 域内での LCSF に近い取極めにより，今後人民元あるいはインドネシアルピア建て取引が増加するのか，同様の取決めが他の ASEAN 諸国にも広がるのかが大きな鍵を握るであろう。

2．ASEAN から観た日本の立ち位置

　日本と ASEAN は，2023 年に日本 ASEAN 友好協力 50 周年を迎えた。それもあり，例年 5 月の GW の時期に開催される ASEAN+3 財務大臣・中央銀行総裁会議の際に，2023 年 5 月 2 日には，「日 ASEAN 特別財務大臣・中央銀行総裁会議」が開催された。そこで両者の協力・推進すべき課題として共有されたものの多くは，ASEAN+3，IMF，AMRO，ADB など別の枠組みや国際機関経由あるいは連携をするものであったそのなかで，対 ASEAN で直接的なものとして確認できたもののなかに下記の 2 件が含まれる。

① 「現地通貨の利用促進に係る協力枠組み」の拡大による円および現地通貨の利用推進（現状，日本－インドネシア間で設立済み）
② 金融監督等に係る当局間の連携・協力および JICA による技術支援

　上記のうち①は，前項で触れた中国－インドネシア間の取組みと同様，ASEAN 域内の LCSF に準じるものである。具体的には，これまでも存在した両国間の取り決めを 2021 年 8 月に強化し，円－ルピアの直接交換を推進するために，インドネシア側で 7 行，日本側で 5 行の具体的な銀行が指定されている。強化される前段階の 2 カ国間での金融協力の取決めは，マレーシア，フィリピン，シンガポール，タイの 4 カ国とも結んできており，対インドネシアと同様に具体的な銀行を指定することを進めれば，日本－ASEAN の金融協力を進めることになるであろう。

　上記の取組みは，ASEAN から観るとどうなるのか。実際に上記の枠組みで円－ルピアの取引が拡大するかどうか，あるいは貿易や直接投資で，インドネシアルピア建てや円建て取引が増加するかどうかは，日本・インドネシア間での貿易・投資取引を行っている両国企業ならびに取引銀行の使用通貨の選択に拠る。日本企業側では為替リスク管理手法やヘッジコスト，実際に当該通貨利用にあたってのルピアの流動性や調達コストを，米ドルと比較して行うこととなるであろう。インドネシア企業も，自国通貨であるルピア建てであればよいが，円建てと米ドル建てを比較・検討することとなろう。中国と ASEAN 企業間でも，同様であろう。

　中国は前項で触れたデジタル技術の優位性を持ち，その利用・活用の観点で ASEAN との関係深化を狙い，人民元建て取引の増加を狙うこととなろう。では，日本はどうであろうか。民間も含めた技術協力も進めるべきであろうが，金融協力の観点では中国にはない独自の強みがある。それは，リーマンショック以降，米国中央銀行 FRB と G7 中央銀行間で交わされた通貨スワップ取極めである。これにより，日本銀行は危機時の米ドル流動性供給が可能であり，邦銀を通じて ASEAN 諸国への供給も可能となる。また，主要 ASEAN 諸国との通貨スワップ協定も存在しており，資本規制の残る人民元と比較して，自由度の高いハードカレンシーである日本円でも資金供給が可能であることは中国との差別化となるのではないか。

　昨今の米中対立下で，ASEAN としては両国間における立ち位置を慎重にコントロールしていると考えられる。金融協力の面でも，脱米ドル依存の基本的なニーズはあるものの，人民元の利用を大幅に増加させることも考えづらい。上記のような円の存在も考慮し，日本と相談・連携・協力していくことも，選択肢としては考えられ，日本からもそうした働きかけを行うことが望ましいと考えられる。

3．ASEAN 金融統合 2025 年以降の展望

　本章の最後に，当面の AEC の完成年である 2025 年，さらに「ASEAN 共同体ビジョン 2045」までを見通して，ASEAN の金融統合を展望したい。

　当面は，ASEAN 域内で進めていくとした LCSF を中心とする域内通貨の実利用を増加させることを狙うのが現実的であろう。第2節でふれた通り，貿易では域内取引のシェアが最大であり，投資元のシェアでも米国に次ぎ域内間が第2位である。その際に，米ドルなど域外通貨を利用し，各国および各国企業が為替リスクを負うのは好ましくない。さらに，対中国，対日本とも同様の取決めを進めて，域内取引の米ドル依存の割合を下げる試みが必要であろう。

　その際には，インドネシア－日本間の事例で述べたように，ASEAN 域内国同士でも為替リスク管理手法やヘッジコスト，域内通貨利用にあたっての流動性や調達コストの検討が必要となる。こうしたクロスボーダー決済については，ホールセールでの CBDC，リテールでの QR コード決済の進展が手段とな

るであろう。

　CBDC の定義を確認すると，①デジタル化されていること，②円などの法定通貨建てであること，③中央銀行の債務として発行されること，の 3 点がある。その「種類」は「A. 一般利用型」と「B. ホールセール型」，「台帳管理」は「A. 中央管理型」と「B. 分散管理型」，「台帳記録方法」は「A. 口座型」と「B. トークン型」，「発行形態」は「A. 間接型（二層式）」と「B. 直接型（一層式）」とそれぞれ区分されている。「一般利用型」は，従来の現金を代替するものである。第 5-3 表に示す通り，多くの ASEAN 諸国が CBDC の研究を進めている。「ホールセール型」について，ASEAN のうちタイが，当初，香港との 2 者で進めていた研究に中国と UAE が参画し，さらに BIS（Bank for

第 5-3 表　ASEAN 各国の CBDC・暗号資産を巡る主な動き

国名	取組内容
シンガポール	カナダやフランス，マレーシア，中国などと CBDC による国際決済の共同研究（2018 年から）
	暗号資産の取引や決済事業を免許制に（2020 年）
	金融資産のトークン化調査に着手（2022 年）
タイ	香港金融管理局，アラブ首長国連邦中銀，中国，BIS と CBDC による国際決済について共同研究（香港とは 2019 年から）
	タイ証券取引委員会が暗号資産決済を禁止（2022 年
	近くリテール型 CBDC の試験運用を開始（2022 年）
マレーシア	シンガポール CBDC 共同研究に参加
インドネシア	CBDC の導入を計画（2021 年）
フィリピン	CBDC の試験運用を検討（2022 年）
ベトナム	首相が CBDC を指示（2021 年）
カンボジア	2020 年 CBDC「バコン」導入
ラオス	CBDC 発行を検討，JICA などが協力（2021 年），中央銀行がソラミツと CBDC 実証実験開始の覚書締結（2023 年 2 月）
	暗号資産取引所 2 カ所に事業認可（2022 年）
ミャンマー	民主派が暗号資産の国内流通を認めると発表（2021 年）
	国軍が独自デジタル通貨の導入を検討（2022 年）
ブルネイ	記事等見当たらず

（出所）赤羽（2024）（元資料は，日経ビジネス 2022 を中心とする各種記事・情報）。

International Settlement, 国際決済銀行）も加わった。時間を要するかもしれないが，CBDC によるクロスボーダーの決済システムが実現した場合，従来よりもコストの低下が期待される。これを ASEAN 域内で域内通貨利用につなげることは展望できる。CBDC で先行する中国が人民元の利用を勧める可能性はあるが，ASEAN の立場では，米ドル依存度を下げても，それが人民元にシフトするのは好ましくないと考えられ，少なくとも ASEAN 域内取引での域内通貨利用を進めることが望ましい。その際に，まだ為替・資本規制の残る通貨に関しては，貿易・直接投資など実需取引から開始をするのが現実的であろう。

　上記の BIS は，日米欧の 7 中銀とも CBDC の研究を進めているが，そちらはリテール（一般利用型）が中心と思われる。日米欧もクロスボーダー決済での CBDC を利用する新たな決済システムを BIS とも検討してもよいと考える。また，日本は CBDC を含めたクロスボーダー決済のデジタル化・高度化を着実に進めて，ASEAN 通貨の各種コストの低減や「使い勝手」改善を図ることへの官民共同での技術協力も求められるであろう。

　続いて，「ASEAN 共同体ビジョン 2045」まで見通した場合の，金融協力を考えたい。ASEAN 域内取引を域内通貨建てで行うことを進める場合，その将来には通貨間の相場の安定性，あるいは通貨統合も想定できる。現状の AEC2025 では，通貨統合は考えていない。しかし，現在の米ドル基軸通貨体制，人民元の国際化の進展，さらに将来のインドの経済成長・経済大国化までを見通した場合，ASEAN 域内での通貨面の協力，具体的には通貨間の為替レートの安定を企図した域内でのバスケット通貨の創出を検討する段階が来る可能性がある。

　乾・高橋・石田（2019）は，ASEAN+3 のアジア共通通貨化建てデジタル通貨（AMRO コイン）を提案している。これは，既存の各国通貨を残存させたままで各国通貨のバスケットである ACU（Asian Currency Unit）の発行をデジタル的に行うものである。これにより，域内のクロスボーダー決済を ACU 建てで行うことにより，米ドル依存リスクを低下させることが可能となる。また，域内通貨間の為替リスクも低下し得る。しかし，現状の日本円や人民元の特性や国際関係を考えると，ASEAN+3 でのバスケット通貨は難しい

と考えられる。一方で，デジタル化の推進を謳い「ビジョン2045」を掲げてこれからもAECを進化させるASEANのみでのバスケット通貨の可能性は，より高いと考えられる。各国異なる為替・資本規制の課題はあるが，かつての欧州のバスケット通貨ECU（ユーロの前身）導入時にあった，ECU建て取引を外為法上の規制対象外とするような育成策も検討は可能であろう。

　2025年までまだ時間のある2023年の時点で，ASEANが「ビジョン2045」とかなり長期的な方向性を打ち出した点は注目できる。グローバルな環境変化，ASEAN域内の諸課題の存在を勘案すると，AEC2025に向けてよりも，より長期的な方向性を示して，ASEANの一体性を維持・改善していくことが重要と考えているのであろう。金融協力分野に関しても，域内通貨の利用促進と決済を含めた金融のデジタル化を中心に，「米ドル依存リスク」の低減を図りながら，その統合をASEAN Wayで進めていくのであろう。一方で，東アジア域内の大国でもある中国とも，「人民元依存」リスクは取らない前提で，関係の深化は進んでいくと考えられる。米中双方を重要視する点で，ASEANと日本の立ち位置は，安全保障面での日米関係の存在から同じと言うことは困難ながら，地理的な位置や経済面ではかなり近しいとも考えられる。ASEAN域内の金融協力を，ハードカレンシーである日本円および米ドルを供給可能であることや技術面も含めて支援するとともに，日本－ASEAN間の金融協力もより深化させていくことを目指すことが必要と考えられる。

（赤羽　裕）

【注】

1　本章は，赤羽（2024）を元にしている。その分析もふまえ，加筆・修正，金融政策や市場データのアップデートを実施。さらに，本書テーマに沿い中国の当該分野に関するASEANへの影響力，日本の立ち位置をふまえて考察を行ったものである。

2　ASEAN Framework Agreement on Services（ASEANサービス枠組み協定）。

3　「ASEAN＋3」が最初に取り組んだ域内国間での外貨融通の仕組。アジア通貨危機の際に，域内各国の通貨が市場で売り込まれ暴落したことをふまえ，そうした際に各国通貨当局が自国通貨を市場介入により，買い支える（自国通貨『買い』，外貨（主に米ドル）『売り』）ための資金を供給するのが目的。そのための資金を，各国が通貨スワップの形式で米ドルを必要とする国に対して，当該国通貨とのスワップ契約で資金を提供する。2000年5月に，タイのチェンマイで合意したのが契機。2010年にはマルチ契約化され，2012年には金額も総額2,400億円へと増額されている。

4　Special Drawing Rights。IMFに加盟する国が保有する「特別引出権」で，複数国の通貨バス

ケット。構成通貨は，2016 年 10 月より人民元が加わり，米ドル・ユーロ・英ポンド・日本円と合わせ 5 通貨となった。

【参考文献】

赤羽裕（2016），「金融サービスと資本市場の統合」石川幸一・清水一史・助川成也編著『ASEAN 経済共同体の創設と日本』文眞堂，第 8 章。

赤羽裕（2024），「ASEAN 金融統合の一考察―進捗状況と 2025 年への展望―」『インド太平洋時代の ASEAN』アジア研究所・アジア研究シリーズ 113，亜細亜大学アジア研究所。

石川幸一（2021），「ASEAN 経済共同体ブループリント 2025 の中間評価」国際貿易投資研究所。

乾泰司・高橋亘・石田護（2019），「国際機関が発行する地域デジタル通貨（例えば AMRO コイン）について」『国際金融』1327 号（2019.12.1）。

清水聡（2023），「ASEAN 諸国の決済システム整備とフィンテック拡大の動向―中央銀行デジタル通貨の動きを含めて―」環太平洋ビジネス情報 RIM 2023 Vol. 23, No. 88，日本総合研究所。

富澤克行（2020），「中国と ASEAN の金融協力」財務総合政策研究所，2020 年 11 月 4 日。

富澤克行（2023），「アジアにおける現地通貨建て取引の展望と課題～現地通貨によるクロスボーダー取引・決済，直接交換市場と，資金・決済環境の変化が通貨選択に与える影響～」財務総研リサーチペーパー，財務総合研究所，2023 年 7 月 7 日。

日経ビジネス（2022），「ドル支配とデジタル人民元　カンボジアが挑む通貨独立」日本経済新聞電子版，2022 年 7 月 7 日。

福地亜希（2021），「アジアにおける現地通貨利用拡大に向けた動き」『IIMA の目』国際通貨研究所，2021 年 10 月 21 日。

AMRO（2022）. Is the US Fed Tightening a Seismic Shift for ASEAN+3 Markets? Appendix.

AMRO（2023）. Opportunities and Challenges of Financial Digitalization: A New Perspective on ASEAN+3 Regional Financial Cooperation.

ASEAN（2021）. MID-TERM REVIEW ASEAN ECONOMIC COMMUNITY BLUEPRINT 2025.

Bo CHEN, Hui CHEN, Qingjun CHENG, & Yao LI（2023）. The Development of China's Digital Economy and its Implications for China-ASEAN Cooperation. *East Asian Policy*, Vol. 15, No. 03, 49-81.

JETRO（2022），「ASEAN の貿易と投資（世界貿易投資動向シリーズ）」（https://www.jetro.go.jp/world/asia/asean/gtir.html#，2023 年 12 月 18 日更新）。

JETRO（2023a），「ASEAN，域内決済連結性の向上と自国通貨取引を推進へ」『ビジネス短信』2023 年 5 月 15 日（https://www.jetro.go.jp/biznews/2023/05/21710b1b865baf05.html）。

JETRO（2023b），「WTO 他協定加盟状況」（https://www.jetro.go.jp/world/asia/my/trade_01.html）。

JETRO（2024），「新たな ASEAN 経済共同体ブループリント，6 つの戦略目標を策定へ」『ビジネス短信』2024 年 4 月 4 日（https://www.jetro.go.jp/biznews/2024/04/012da1f73752c75f.html#）。

ACMF（web）. ACMF ACTION Plan 20212025.（https://www.theacmf.org/about/acmf-action-plan-2021-2025）

ASEAN. Major Committeess and Sectoral Bodies.（https://asean.org/our-communities/economic-community/finance-integration/sectoral-bodies/）

Lihui Tian Dongyang Yu（2024）. Measurement of China-ASEAN Financial Cooperation: Index Construction and Characteristic Analysis. SSRN.（https://papers.ssrn.com/sol3/papers.

cfm?abstract_id=4802621）

第 2 部

経済協力

第 6 章

「一帯一路」とメコン協力の実態[1]

はじめに：「一帯一路」の軌道修正

　2013 年に中国が広域経済圏構想「一帯一路」を正式表明して以降，その参加国はアジアや欧州だけでなく，アフリカや南米にも広がり，およそ 150 カ国が中国と投資協力などの覚書を交わした。中国の政策金融機関などによる海外インフラ投融資が急増し，開発資金の出し手として中国が G7 諸国を凌駕するようになった。しかし，コロナ禍というショックもあって，一帯一路の勢いは落ちている。

　2023 年 10 月，コロナ禍を経て中国政府は 4 年ぶりに「一帯一路」首脳会議（第 3 回）を北京で主催したが，同会議に首脳級を派遣した参加国は 2019 年同会議の 37 カ国から 24 カ国に減った。習近平国家主席は同会議において，従来の拡大路線を修正して「量から質へ」の転換を目指し，小規模で環境に配慮した案件を重視するという旨の発言をした[2]。

　中国の一帯一路参加国との貿易総額は 2013～23 年に 7 割増え，2 兆 7,200 億ドルとなり，中国全体の貿易総額の伸び（4 割増）を大きく上回った。そのシェアも同じく 38％から 46％へ上がった。その一方，インフラ建設などへの投融資は減速している。2020～22 年に融資条件の再交渉に応じた事実上の不良債権は 2017～19 年に 4.5 倍となった。問題債権の増加に伴い，外貨の融通など資金援助せざるを得ない状況である[3]。

　一帯一路支援をふんだんに受けてきたアフリカ諸国においては融資案件の多くが事実上不良債権化し，中国側が慎重姿勢に転じている。中国のアフリカ向け公的融資は 2020 年に 20 億ドルまで低下し，2004 年以来最低水準となった。

2016〜21 年に中国の政策金融機関は海外債務者に対し，計 1,850 億ドルの借り換え措置を実施したが，その際の借り換え金利は国際通貨基金（IMF）の救済融資の典型的な 2％に対し，平均 5％という厳しいものだ[4]。

Parks et al.（2023）は，"AidData" の更新版（2000〜2021 年，165 カ国，計 2 万 985 案件をカバー）を活用した分析から，「一帯一路」の軌道修正について以下の諸点を指摘している。

・1.1〜1.5 兆ドルの低・中所得国向け中国債権のうち 55％が元本返済期に入った。2030 年までにはこの割合が 75％に上昇する。債権全体の 8 割が返済困難に陥った借り手国向けとみられる。
・近年の一帯一路案件の主要な貸し手は中国輸出入銀行（Exim Bank）や国家開発銀行（CDB）といった政策金融機関から，中国工商銀行（ICBC）や中国銀行といった商業銀行へシフトしている。以前は前者が 75％を占めていたが，2021 年には 22％にまで低下している。
・近年，中国の貸し手はリスク管理の実務を国際金融公社（IFC），欧州復興開発銀行（EBRD），スタンダードチャータードなど西側金融機関にアウトソーシングし始め，また協調融資の割合を増やしてきた。
・中国の貸し手は返済が遅滞する借り手に対して罰則を課している。例えば遅滞者に対する「罰則金利」が 2014〜2017 年の期間は最大 3％だったが，2018〜2021 年は同 8.7％に上昇した。
・2000 年時点では中国による開発援助融資のうち何らかの担保措置をとっていたものが 19％だったのに対し，2021 年は同 72％にのぼる。その主要な形態として，「エスクロー口座（escrow account）」の設定がある。これは，中国の貸し手がコントロールできる口座に，借り手が 1〜1.5 年分の返済額相当を預託しておき，返済が滞ったときにこの預託金を一方的に回収する，といった仕組みである。

以下，本章では一帯一路の近年の動向について，ASEAN の状況を概観したうえで，大陸部のメコン地域に焦点をあてる。なかでも中国経済圏に取り込まれつつあるカンボジア，ラオス，ミャンマー（CLM）の 3 カ国について詳細

を報告する。

第1節　ASEAN では中国がインフラ開発資金トップを維持

　中国の対外投資は 2013 年以降に急増したが，2017 年を境に全体的に急減速し（第 6-1 図），ほぼ並行する形でアジア主要国に対する投資も減速した（第 6-1 表）。南アジアでは中国にとって地政学的に重要なパキスタンへの投資が落ちる一方，東南アジアではインドネシアが中国投資の受け皿として安定している。

　Dayant and Stanhope（2024）によれば，2015〜21 年に ASEAN 諸国（シンガポールとブルネイを除く 8 カ国）で署名された 34 件のインフラ・メガプロジェクト（10 億ドル規模以上）のうち 24 案件に中国資本が関与している。これら 24 案件への投融資コミット額は合計で 770 億ドルにのぼるが，平均実行率は 33％にとどまる。約 160 億ドル相当の 8 案件が完了，350 億ドル相当の 8 案件が進行中，210 億ドル相当の 5 案件がキャンセルされ，50 億ドル相当の 3 案件が実行見通しが立たないと分析する。コロナ禍がこの低い実行率の要因

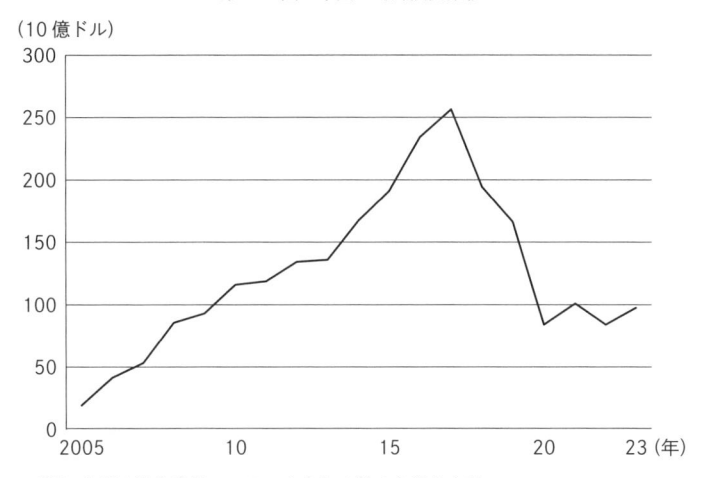

第 6-1 図　中国の対外投資推移

（注）　金額は投資案件データに含まれる数字を単純合計。
（資料）　AEI China Global Investment Tracker サイト情報より筆者作成。

第 6-1 表　中国のアジア向け投資トップ 10 カ国の推移

(100 万ドル)

	05-08	09-12	13-16	17-20	21-23	合計額
カンボジア	2,780	2,440	1,870	9,160	4,260	20,510
ラオス	630	6,220	11,230	11,730	2,140	31,950
ベトナム	2,280	13,040	5,140	9,480	4,090	34,030
インドネシア	6,110	8,510	18,380	23,680	17,910	74,590
マレーシア	1,830	9,020	19,220	10,680	6,870	47,620
フィリピン	1,580	1,640	2,680	10,350	1,400	17,650
シンガポール	5,370	5,230	12,330	27,160	12,290	62,380
インド	9,650	3,820	6,420	15,260	540	35,690
バングラデシュ	0	2,190	10,100	15,750	2,710	30,750
パキスタン	3,160	9,370	32,180	17,820	2,740	65,270

(資料) AEI China Global Investment Tracker サイト情報より筆者作成。

の1つではあるが，Dayant and Stanhope（2024）は他にも以下の4つの要因を指摘する。

　第1に，事業規模の大きさに伴う困難さがある。ASEAN における中国支援のインフラ案件は概して大規模で野心的であり，規制当局の承認，環境評価，土地取得などの問題で遅れが生じやすい。第2に，相手国内の政権交代が案件の遅れや停滞につながることが多い（とくに後述の鉄道インフラ）。第3に，相手国内のステークホルダーとの対話不足が挙げられる。とくに地元社会との協議不足が案件への抵抗や遅れにつながる（後述のインドネシア，カンボジアの事例など）。第4に，ASEAN 諸国の多くが脱炭素へとエネルギー政策の舵を切ったため，中国支援の火力発電所案件が棚上げになる（とくにベトナム）という側面がある。

　このような事情はあるものの，進行中の中国案件のうち 190 億ドル程度は実行される可能性があると Dayant and Stanhope（2024）は推計する。実行済みの約 300 億ドルと合わせると総額 500 億ドル近くに達する。同じ期間の日本のインフラ支援実行額 220 億ドル（実行率 64％）や ADB の同 110 億ドル（実行率 53％）を大きく引き離している。中国案件の外部環境が改善されないシナリオを想定しても，中国が ASEAN におけるインフラ開発資金の最大供給者であり続けるのは間違いない。

　一帯一路構想の表明当初から，中国にとって東南アジアは主要な焦点だっ

た。地理的近接性もあり，中国企業のサプライチェーンが ASEAN を経由することが多いからである。しかし，なかには費用対効果が怪しかったり，環境破壊の懸念があったりする案件も見られる。また，結果的に現地のエリート層の汚職を助長したり，中国の犯罪組織に機会を提供したりする案件も散見される。受け入れ国の指導者にとって，一帯一路資金の利点は，条件の緩さ，中国独自の金融ノウハウ，建設集団へのアクセスなどである。しかし，大規模案件に求められる綿密な管理とリスク分析には課題が多い。インドネシアの高速鉄道事業では，社会環境影響評価はほとんど行われず，工期が遅れ，予算が大幅に超過した。カンボジアとラオスでは水力発電ダムの建設で，社会環境影響評価が不十分だという批判が多い。債務管理については，ラオスを除けばASEAN で「債務のわな」という懸念は現在聞かれない。多くの国は，気に入らない取引にはノーを突きつけるようになっている。また，製造業の付加価値向上，再生可能エネルギーなど，新たな優先事項を反映した投資を求めている[5]。

第2節　鉄道連結性はまだら模様

　2021 年 12 月に開業した中国ラオス鉄道は，中国内陸部と大陸部 ASEAN を連結する「汎アジア鉄道」推進の端緒を開いた。インドネシアでは紆余曲折の末，2023 年 10 月にジャカルタ～バンドン間に ASEAN 初の高速鉄道が開業した。中国と ASEAN が鉄道でつながる時代が幕を開けた。

　四川省成都市から伸びる東西南北の鉄道 4 ルートのうち，南ルートは中国ラオス鉄道経由で，成都市からラオスのビエンチャンまで 3 日間での鉄道貨物輸送が実現している。重慶市では「西部陸海新通道」の利用が増加傾向にある。これは，重慶市・成都市を中心とする中国内陸各都市から，広西チワン族自治区各都市を経て北部湾の深水港へ陸路輸送し，そこから東南アジア各国へ海上輸送するルートである。輸送時間を従来の上海経由の 1 カ月から半月に短縮できる。このルートによる貨物輸送量（コンテナ単位）は 2023 年，前年比 14％増となった。また 2023 年 10 月，上海市から昆明市を経由してビエンチャンまでを 4～5 日で結ぶ「滬滇・瀾湄線」の運行が開始した[6]。

　しかしながら，ラオス以南との鉄道連結は ASEAN 各国の鉄道会社と制度面・技術面で多くの調整が必要であり，各国政府の財政事情や地政学上の警戒度にも温度差がある。本節では，鉄道インフラに関する現状での「まだら模様」を概観しておく。

　雲南省の省都昆明とラオスの首都ビエンチャンを結ぶ 1,035km の「中速」鉄道（設計速度は旅客列車が 160km/h，貨物列車が 120km/h）は，これまで道路で 2 日がかりだった移動時間を約 10 時間に短縮した。国際列車は開通当初 1 日に 2 本運行していたが，現在は 14 本運行している。2023 年の国際貨物輸送量は前年比約 2 倍増の 422 万トンに達し，開業前の目標値（年間 240 万トン以上）を大幅に上回った。ラオスへは自動車や機械，工業設備，通信機器など，ラオスからはタピオカや樹脂，鉱石などが輸送されている。2022 年の中国と東南アジアの鉄道を通じた貨物輸送のうち，中国ラオス鉄道を経た貨物の比率は 44.7％に上り，鉄道による対 ASEAN 貿易が約 3 倍増となった[7]。同鉄道で輸送される熱帯果物の輸送量は 2024 年 7 月中旬までの約 6 カ月間は前年同期比 120％増の 10 万トン超となった。タイ産ドリアンの輸送量が 1 日で 100 トンを超えることもある。同年 6 月にビエンチャン南駅に新たにコンテナ用 X 線スキャナなどの機材が設置され，税関担当官が常駐することになったおかげで，東南アジア産の熱帯果物が中国へ一貫輸送できるようになった。現在，同鉄道の越境通関時間は 5 時間以内に短縮され，果物，野菜，花など生鮮品の輸送を促進している[8]。

　タイからラオスへ向かう鉄道についても進展があった。コロナ前までは，タイ国鉄の在来線（メートル軌）はバンコクから北上し，第 1 メコン友好橋上を経由して国境町のタナレンを終点としていたが，タイに援助により 7.5km 北へ延伸し，2023 年 10 月，カムサワート駅が完成した。試験運行を経て 2024 年 7 月，バンコク郊外の「クルンテープ・アビワット中央駅」からカムサワート駅まで約 650km を，出入国手続きを含め 12 時間で結ぶ国際列車が開通した[9]。

　これによりビエンチャン北郊で，標準軌（1,435mm）の中国ラオス鉄道とメートル軌のタイ国鉄が双方乗り入れることになった。しかし，前者の起点であるビエンチャン駅と後者の起点であるカムサワート駅（2023 年 10 月，タ

イの援助で完成）は 10km ほど離れており，タイ・ラオス・中国の 3 カ国を鉄道で移動しようとする国際旅客にとっては不便さが残る（2023 年 9 月筆者視察）。中国ラオス鉄道が標準軌でタイへ乗り入れるためには，メコン川を渡す新鉄橋敷設を含め，タイ国内で建設中の標準軌の高速鉄道（設計速度 250km/h）につなげなければならない。タイ側の工事はバンコクからの全区間 873km のうち第 1 区間のバンスー中央駅〜ナコンラチャシマ間（251km）が 2017 年 12 月に起工したが，2023 年 8 月時点で 24％と遅々としたペースであり[10]，中国，ラオス，タイの 3 カ国で旅客一貫輸送が実現するのは 2028 年以降になりそうだ。また，タイ区間の新鉄道は当初中国ラオス鉄道と同じ「中速」鉄道を想定していたが，その後高速鉄道に変更され，旅客輸送のみを行う計画のようだ。つまり，中国からやってくる旅客は歓迎するが，貨物は歓迎しないというのがタイ側の本音かもしれない。

　2010 年にアビシット首相（当時）が発表したこの事業は，当初タイと中国の共同事業として構想されたが，2011 年の国会解散に伴い頓挫した。タイの地元メディアが中国からの融資を「債務のわな」と呼ぶなど，タイ国内で論争が起きたのち，タイ政府の自己資金で賄うことになった（第 1 区間の建設費は約 50 億ドル）。中国側はシステム導入のほか，列車の設計，調達を担当する。タイ区間完成後は，マレーシア北部まで延伸して首都クアラルンプールを結び，後述の通り，最終的には 350km 南下してシンガポールを終点とする計画だ[11]。

　ベトナムについては，中国側はベトナム北部と結ぶ「中越班列」を構想しているが，現状では実現していない。習近平国家主席が 2023 年 12 月にベトナムを訪問した際，「両廊一圏」の枠組みにおいて，国境をまたぐ鉄道の標準軌化をはじめとする物流協力強化を促した。「両廊」とは，雲南省の昆明からベトナムのラオカイを通るルートと，広西チワン族自治区の南寧からベトナムのランソンを通るルートを指す。「一圏」は，中国南部からハイフォンまでトンキン湾（北部湾）海域にまたがる地域を指す。ベトナム北部のレアアース埋蔵量は中国に次ぐ世界 2 位とされており，中国企業がこの枠組みに関心を寄せているという[12]。

　しかし，筆者が 2024 年 4 月初旬にハノイ，ランソン，ドンダン国境，ハロ

ンとベトナム北部の鉄道駅を視察した限りでは，ベトナム国鉄のメートル軌道と中国の標準軌道が並列する 3 本レール軌道が以前から整備されているにも関わらず，コロナ禍を機に，旅客・貨物とも国際列車は中断したままで，一方，トラックによる道路越境輸送は急回復している様子だった。

　マレーシアについては，2024 年 5 月下旬，貨物列車「ASEAN エクスプレス」が運行を始めた。首都クアラルンプールに近いセランゴール州からタイ・ラオスを経由し，重慶までつながる。同区間の輸送日数は 9 日程度と海路（2 ～3 週間程度）と比べ大幅に短縮された。これにより，マレーシア産ドリアンの対中輸出に期待がかかる[13]。

　クアラルンプール～シンガポール間（約 300km）の高速鉄道については 2013 年，ナジブ政権（当時）が一帯一路事業として構想し，2016 年にシンガポール政府との間で合意されたが，コスト高騰や計画変更により何度も延期された。2021 年に中止され，マレーシア政府はシンガポール政府に約 7,400 万ドルの補償金を支払った。ところがアンワル現政権下で民間資本による PPP 事業として再浮上し，2024 年 1 月期限の入札には中国鉄路（中鉄）系，韓国・現代系，地場系を含む 7 グループが応札した。これらからショートリストを絞り込み，入札審査を内閣に提出し，シンガポール政府に事業参加を打診する予定だとされる。実現すれば，両都市間の移動時間が車で 4 時間以上だったところ，約 90 分に短縮される。ただし，建設費用は最大 250 億ドルにものぼると見積もられており，民間資本のみで賄おうとする場合，採算性が障害となるだろう[14]。

　東海岸高速鉄道（ECRL）についても，2016 年にナジブ政権（当時）が中国輸出入銀行のソフトローンを得る想定で事業計画を発表したが，同政権は汚職スキャンダルに巻き込まれ，2018 年にマハティール首相（当時）によって事業が中断された。その後，イスマイルサブリ前政権下で復活し，アンワル現政権下では，大幅なコスト削減を条件に事業継続に同意した。それでも 2022 年時点の見積もりで総建設費用は約 160 億ドルにのぼる。2023 年 12 月時点で工事進捗率は 56％で，2027 年前半に稼働予定だとされる（Dayant and Stanhope 2024）。

　インドネシアについては，ジャカルタ～バンドン間高速鉄道（142km，設計

最高時速 350km/h，建設工事は中車青島四方機車車両「中車四方」が担当）
は，地元当局との協議不足や土地取得費の増加，資材価格の上昇などが建設
の大幅な遅れにつながり，総工費は 71 億ドルと当初計画から 3 割ほど膨張し
た。鉄道運営会社幹部は，今後 20 年間かけても総建設費の回収や事業黒字化
が困難ではないかと明かしている（Dayant and Stanhope 2024）。開業までの
混乱が地元で反中感情が高まる一因にもなった。ISEAS ユソフ・イシャク研
究所（シンガポール）の意識調査では，中国が国際平和や繁栄などに貢献す
るかどうかという質問に対して，インドネシアでは否定的な回答が過半を占め
る。高速鉄道の建設時には「中国人労働者が流入している」などとして，抗議
デモも起きた[15]。

　フィリピンについては，マルコス政権は 2023 年 10 月，ドゥテルテ前政権下
で「建設，建設，建設（build, build, build）」プログラムの一環として中国と
合意していた鉄道事業について中国融資を打ち切る決定を発表した。バウティ
スタ運輸長官は，中国政府による資金支出が遅れているのが原因で，南シナ
海の領土問題とは関係ないと述べた。白紙になったのは総工費計 2,760 億ペソ
（約 48 億ドル）にのぼる 3 案件（マニラの南に位置するカランバからルソン島
南端のビコールまで 380km；ルソン島北部のスービックおよびクラーク経済
特区を結ぶ 71km；南部ミンダナオ島・ダバオの 100km の通勤鉄道）である。
同運輸長官によると，日本，韓国，インドがこれら案件への融資を申し出てお
り，ADB とも協議中だという[16]。

第 3 節　メコン地域では CLM 諸国の対中依存が目立つ

　メコン地域においては，1990 年代に中国が開始した「走出去」戦略に加え，
多国間枠組みでアジア開発銀行（ADB）が主導する大メコン圏（GMS）協力
プログラムと，2000 年に中国が国内経済格差是正を図るために打ち出した「西
部大開発」政策が相まって，中国官民のプレゼンスは以前から高まっていた。
さらに 2016 年に創設された Lancang Mekong Cooperation（LMC，中国語で
は「瀾滄江－湄公河合作」）という地域協力枠組みを通じ，中国はメコン諸国
に対して 2 国間経済外交を活発化させてきた。

　ラオス北部では 2021 年に中国ラオス鉄道が開通し，カンボジア南部では 2022 年に中国支援の高速道路が開通した。上述の通り，「一帯一路」が量から質へ転換し，資金供給が縮小方向に向かう一方，中国にとって地政学・経済安全保障や鉱物資源調達の面から，東南アジアの重要性は変わらないだろう。2023 年 8 月に外相に復帰した王毅氏が選んだ最初の外遊先がシンガポール，マレーシア，カンボジアだったことからも中国の東南アジア重視が見て取れる。なかでも，中国の裏庭に位置するメコン地域は ASEAN 全体だけでなく南アジア地域やその西側へのゲートウェーとして，地政学上の重要性はとくに高い。

　中国による対外投資を ASEAN10 カ国に南アジア主要国を含めた 14 カ国で比較すると（第 6-2 表），総投資額はインドネシア，パキスタン，シンガポール，マレーシア，インド，ベトナム，ラオス，バングラデシュなどの順に大きい。一方，経済規模（2022 年の名目 GDP）に対する比率でみると，ラオスと

第 6-2 表　東南・南アジア諸国における中国投資比較（2005〜2023 年）

（100 万ドル，%）

	総投資額	シェア	対 GDP 比
カンボジア	20,510	4.4	67.2
ラオス	31,950	6.9	202.6
ミャンマー	10,030	2.2	17.2
ベトナム	34,030	7.3	7.7
タイ	14,030	3.0	2.6
インドネシア	74,590	16.1	5.4
マレーシア	47,620	10.3	11.8
フィリピン	17,650	3.8	4.4
シンガポール	62,380	13.5	12.7
ブルネイ	4,110	0.9	24.6
インド	35,690	7.7	1.1
バングラデシュ	30,750	6.6	6.6
パキスタン	65,270	14.1	17.3
スリランカ	14,410	3.1	19.1
14 カ国計	463,020	100.0	—

　（注）総投資額は投資案件データを単純合計。GDP は 2022 年のデータを使用。
　（資料）AEI China Global Investment Tracker サイト情報より筆者作成。

第 6-3 表　CLM 諸国の債務状況推移

(100 万ドル)

	カンボジア				ラオス				ミャンマー			
	2013	2016	2019	2021	2013	2016	2019	2021	2013	2016	2019	2021
対外債務残高	7,619	10,060	15,342	20,020	8,191	13,535	16,572	17,188	9,917	10,112	11,178	13,927
対外長期公的債務	6,527	8,220	11,814	15,231	7,310	12,745	15,917	16,068	9,507	9,690	10,772	12,135
中国	1,920	2,798	3,609	4,053	2,157	3,380	4,781	5,227	3,427	4,153	3,390	3,029
日本	163	206	407	871	113	140	229	229	1,943	1,993	3,109	4,096
ADB	1,063	1,123	1,404	1,907	1,014	806	883	903	607	525	581	857
世界銀行	593	518	585	727	611	493	659	740	851	914	1,468	1,769
対外長期民間債務	1,713	2,388	4,252	5,779	2,186	5,433	5,717	5,797	..	47	28	313
短期対外債務	963	1,727	3,413	4,437	802	722	585	907	31	91	66	32
公的債務返済	605	726	1,402	2,118	338	550	807	710	2,459	740	692	2,308
中国	29	88	182	239	50	116	221	40	2,161	36	0	0
日本	3	6	10	11	25	25	30	35	32	30	34	54
ADB	45	50	63	86	55	52	54	63	182	383	477	426
世界銀行	15	18	22	27	6	6	6	6	33	25	16	44
民間債務返済	485	540	1,092	1,722	157	176	35	45	..	20	62	81
外国直接投資 (FDI) 流入	2,069	2,476	3,663	3,484	681	935	756	1,072	2,255	3,319	1,979	817
対外債務残高の GNI 比 (%)	52.3	53.5	60.1	78.4	72.2	88.9	93.9	97.2	17.0	17.3	16.8	22.0
国民総所得 (GNI)	14,575	18,788	25,526	25,533	11,339	15,228	17,656	17,690	58,467	58,378	66,389	63,338

(出所) World Bank International Debt Statistics データより筆者作成。

カンボジアの中国依存度が突出して高い。ミャンマーの同数値は 14 カ国中 6
番目だが，クーデターによる内戦がなかったとしたら，昆明からマンダレーを
経由してインド洋沿岸へつながる「中国・ミャンマー経済回廊」関連のインフ
ラ投資計画が進捗し，このリストのトップ 3 に入っていたかもしれない。

　カンボジア，ラオス，ミャンマー（CLM 諸国）の債務状況推移をみると
（第 6-3 表），ラオスとカンボジアの対中債務度が大きい。ラオスとミャンマー
は対外債務のほとんどが公的債務であるのに対し，カンボジアは民間債務が対
外債務の 4 分の 1 を占めるが，その大半が中国だと推測される。また対カンボ
ジア外国直接投資（FDI）の過半が中国である。ミャンマーは対日債務も大き
いが，これはクーデター前の ODA ラッシュによるものである。

　技術力と資金力に乏しい CLM 諸国は，インフラ建設，工業団地開発，さら
には農業開発などの分野で中国資本への依存度がとくに大きい。第 6-4 表，
第 6-5 表および第 6-1 図の通り，カンボジアについては道路建設，火力・水力
発電，観光，不動産などが大きい。ラオスは 2021 年末に開業した中国ラオス
鉄道，水力発電，農業開発が大きい。ミャンマーについては水力発電，鉱山開

第 6-4 表　中国の対 CLM 分野別投資（2005～2023 年累計）

(100 万ドル，％)

	カンボジア		ラオス		ミャンマー	
	金額	シェア	金額	シェア	金額	シェア
エネルギー	6,280	30.6	19,420	60.8	4,730	47.2
輸送	8,270	40.3	7,120	22.3	1,700	17.0
金属	500	2.4	280	0.9	2,390	23.8
不動産	1,460	7.1	950	3.0	830	8.3
農業	680	3.3	2,010	6.3	—	—
観光	2,110	10.3	100	0.3	—	—
木材	—	—	1,270	4.0	—	—
技術	370	1.8	—	—	380	3.8
娯楽	560	2.7	—	—	—	—
ガス・水道	—	—	340	1.1	—	—
金融	289	1.4	—	—	—	—
医療	—	—	110	0.3	—	—
合計	20,510	100.0	31,950	100.0	10,030	100.0

　（資料）AEI China Global Investment Tracker サイト情報より筆者
　　　作成。

第6-5表 中国の対CLM投資（2005～23年）金額上位10件

年	投資企業	金額 （100万ドル）	分野
カンボジア			
2018	China Communications Construction	2,080	道路
2008	Union Development	1,550	観光
2019	China Communications Construction	1,310	道路
2020	China Huadian Corporation	1,190	石炭火力発電
2020	Sinosteel	670	石炭火力発電
2020	China State Construction Engineering	600	空港
2008	China Huadian Corporation	580	水力発電
2017	Sino Great Wall	560	石油
2010	China National Machinery Industry (Sinomach)	540	水力発電
2018	Kunming Iron	500	空港
ラオス			
2018	China Railway Corp., China Railway Engineering	4,170	鉄道
2020	Southern Power Grid	2,400	電力
2016	China National Machinery Industry (Sinomach)	2,100	電力
2016	Power Construction Corp. (Power China)	2,030	水力発電
2010	China National Machinery Industry (Sinomach)	1,680	石炭火力発電
2016	China Railway Engineering	1,580	鉄道
2010	China North Industries (Norinco)	1,500	農業
2018	Yunnan Construction Engineering	1,230	道路
2015	Power Construction Corp. (Power China)	1,190	水力発電
2010	Sinohydro	1,030	水力発電
ミャンマー			
2016	Zhuhai Zhenrong	2,100	石油
2010	China North Industries (Norinco)	1,480	銅山
2009	China National Petroleum Corp. (CNPC)	1,020	パイプライン
2018	China International Trust and Investment(CITIC) - led consortium	910	海運
2008	China Nonferrous Metal Mining	810	非鉄金属
2009	Huaneng Power	430	水力発電
2018	China National Machinery Industry (Sinomach), Shanghai Electric	380	通信
2014	China National Offshore Oil (CNOOC)	370	石油
2020	China Energy Engineering	280	不動産
2011	China Communications Construction	210	海運

（資料）AEI China Global Investment Trackerサイト情報より筆者作成。

第6-2図 CLM諸国における中国支援の主要インフラ案件

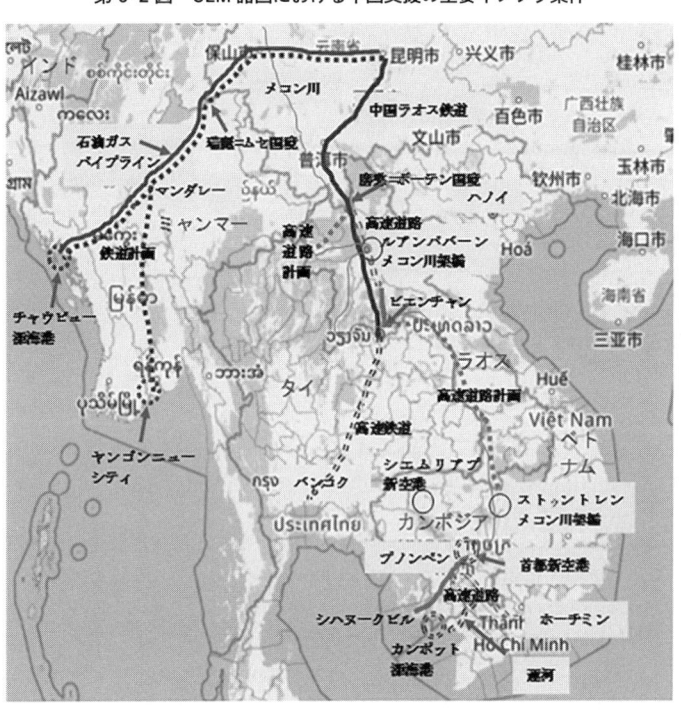

(注) ───稼働済み ＝＝＝建設中 ────計画（2024年8月現在）
(資料) OpenStreetMap上に筆者作成。

発，道路建設などが大きい。

第4節　カンボジアのインフラ整備は中国資本依存が加速

1．カンボジア経済概況

　カンボジア経済はコロナ禍に見舞われた2020年に成長率がマイナス3.1％と落ち込んだが，21年にはプラス3.0％，22年は5.2％，23年は5.4％と回復した。しかし，コロナ禍前の平均7％程度への回復には至らない。カンボジアの公的債務はその対GDP比が2019年末時点の28.2％から，2023年末時点で35.5％に上昇し，112億ドルに達した。そのうち99.5％と，ほぼ全てが対外

債務である。2010年以来中国が最大の援助資金供与国であり，対外公的債務の約4割を中国が占め，ADB（シェア21％），世界銀行（同12％），日本（同11％）などを大きくしのぐ。中国の援助資金の過半は運輸とエネルギー分野への譲許的金融や輸出信用である（World Bank 2024a）。

　世界銀行・IMF による2023年の債務維持可能性分析では，カンボジアの債務リスクは"low"評価となっている。経常収支は構造的に赤字だが，外国直接投資など資本流入が安定しており，マクロ経済は危機的状況にはない。また，インフラ整備において公的債務を負うこと避け，官民連携（PPP）による民間資本の活用を重視しているため，カンボジア政府のマクロ経済運営は，ラオスと比べてしたたかに見える。一方，後述するような中国資本による PPP 事業が破綻したときに公的救済の必要が出てくる場合，「偶発債務」に変わる可能性がある。

　中国は最大の対カンボジア投資国でもある。適格投資案件（QIP）としてカンボジア開発評議会（CDC）が認可した外国直接投資のうち，中国のシェアは2014年の55％から2023年の90％に上昇した。2024年1〜6月の QIP 認可額は前年同期比2.9倍の32億米ドルで，そのうち中国が43％で最大だった[17]。

2．中国資本による BOT 方式で高速道路網整備へ

　カンボジアにおける最初の高速道路としてシハヌークビル〜プノンペン間（190km）が総工費約20億ドルで，2019年3月に起工し，22年11月に開業した。2都市間の移動に既存の国道4号線で5時間前後かかっていたところ，約2時間に短縮した。カンボジア政府は当初，中国政府に「元借款」を申請していたが，予定建設費が膨らんだことで BOT（build, operate, transfer）方式（50年間）に切り替えた。中国銀行の部分融資を受け，建設は中国路橋工程（CRBC）が担った。同事業について経済収益率などの情報が公表されておらず，確固たる評価はできないが，4号線を補修および拡幅することのほうが経済性が優れていたのではないかといった疑問が残る。

　2023年6月，国内2番目の高速道路としてプノンペンとベトナム国境町のバベットを結ぶ区間（135.1km）が着工した。2027年の開業を目指す。既存の1号線で4時間以上かかるところ，完工後は約1時間半で走行可能となる

見込みだ。これも 50 年間の BOT 方式で，総工費 13.5 億ドルのうち 20％を CRBC，残り 80％を中国とカンボジアの合弁企業が拠出する。さらに同月，カンボジアの公共事業運輸省はプノンペン〜シエムリアプ〜ポイペト区間について第 3 の高速道路建設に向け，CRBC と枠組み協定を締結した[18]。

プノンペン首都圏では渋滞緩和のために総延長 54km の環状 3 号線が建設中である。総工費 2.7 億ドルでその大部分は中国政府の借款で賄われる。2024 年 7 月，環状 3 号線を「習近平大道」と命名する式典が開かれた[19]。

3．空港整備も中国資本による BOT 方式

2023 年 11 月，アンコール遺跡群の玄関口であるシエムリアプ市街の中心から東方向約 20km の地点に，シエムリアプ・アンコール国際空港（SAI）が開港した。空港と国道 6 号線につながるバイパス道路は，55 年間の BOT 方式で，中国の金融機関が資金を提供し，中国雲南省の国有企業グループが約 3 年半をかけて建設した。総工費 10 億ドル，総敷地面積は約 700ha で新千歳空港とほぼ同じ，滑走路は 3,600m と現在はカンボジア最長である。年間旅客処理能力は旧シエムリアプ空港の 200 万人に対し，24 年に 700 万人，40 年に 1,200 万人を見込む[20]。

プノンペン首都圏でも市街の南方約 30km の 2,600ha の敷地に総工費 15 億ドルで「タクマウ・テチョ国際空港」を建設中である。カンボジアの複合企業 Overseas Cambodia Investment Corp（OCIC）が 90％，カンボジア民間航空局（SSCA）が 10％を出資する Cambodia Airport Investment Co., Ltd.（CAIC）が事業を担う。OCIC は中国開発銀行から 11 億ドルの融資を受けている。土地所有者らに十分な相談や情報提供がなされなかったため，建設段階では暴力的な抗議行動，逮捕，司法紛争などが発生したが，コロナ禍の影響下でも工事を止めず，2025 年に開業の見込みとされる。滑走路は 4,000m で，完成すればこちらがカンボジア最長となる（Dayant and Stanhope 2024）。

プノンペン，シエムリアプ，シハヌークビルの既存 3 国際空港は仏バンシ・エアポートグループが独占運営権を持っている。シエムリアプ新空港開業で既存空港が利用休止となったことにより，カンボジア航空当局はバンシ・グループに 6,300 億ドルの補償金支払いを提示した。既存空港の新たな利用方法は中

国グループが検討するという[21]。プノンペンの新空港が完成したのち，シエム
リアプと同様の措置が取られると予想される。

4．新港湾や運河建設も中国資本依存

　シハヌークビル州の東隣のカンポット州で，中国民間資本が主体となる
BOT 方式により，カンポット経済特区（SEZ）・深水港の建設が進行中であ
る。2022 年 5 月に起工式が行われた。総工費は 15 億ドル，3 期に分けて開発
される予定で，2030 年までに水深 15m の大型コンテナ船が入港可能なヤード
の供用開始を目指す。開発事業者は中国のほか，カナダやマレーシアなど外
資と地場の合弁の Kampot Logistics and Port 社で，上述の高速道路と同じ
CRBC が工事を担当する。2024 年 6 月，同港の第 1 期開発区域の供用が開始
された。第 1 期開発の事業費は 1.4 億ドルで，207ha の敷地に港湾，コンテナ
保管区，倉庫などの施設を建設している。メコン川に面するプノンペン自治港
（PPAP）と現在唯一の浸水港をもつシハヌークビル自治港（PAS）を補完する
役割を果たすとされている[22]。

　2024 年 8 月，メコン川沿いのプノンペン自治港近くから南方向へ流れるト
ンレバサック川を経由し，タケオ，カンポット，ケップの計 4 州を通過する全
長 180km の「フナン・テチョ運河」が，着工した。同運河の原型は扶南王国
（1〜7 世紀ごろ）時代に建設されたものとされ，現在も利用されているこの運
河を，幅 80〜100m，深さ 5.4m に拡張し，3,000 トン級の船舶が通航できるよ
うにする計画である。建設工事は第 1 区間（21km）と第 2 区間（159km）に
分かれ，第 1 区間は全額をカンボジア資本が拠出し，第 2 区間は 51％をカン
ボジア資本，49％を CRBC が拠出する。隣国のベトナムはメコン川の水位低
下によるコメ生産地帯へ影響を表明するが，カンボジア側は「運河に流れ込む
のはメコン川の水量の 1％に過ぎない」「貨物船の燃料消費を減らすためグリー
ンな事業だ」「排水路の少ないこの地域が洪水に襲われた際に役立つ」といっ
た主張で応答している[23]。

5．中国資本に翻弄されるシハヌークビル

　港湾都市のシハヌークビルは 2010 年代半ばからオンラインカジノ施設を含

むホテルやアパートを営業する中国系資本が次々と進出した。建設労働者のほか，飲食店経営や不動産開発などを目当てに中国人がシハヌークビルに集まった。カンボジア政府は当初，これらの流れを歓迎していたが，じきに犯罪の多発や家賃の高騰で地元住民が街を追われるなど社会問題が深刻になった。そこで 19 年後半から政府は規制・取り締まりに転じ，さらにコロナ禍が重なり，カジノ「バブル」が崩壊した。シハヌークビルを中国の深圳市のような「多目的経済特区」として発展させようとした構想を描き，街全体が中国資本の受け皿になったため，その悪影響が甚大となった。

カンボジア政府の試算によると，2024 年初旬で未完成のまま放置されたビルは約 360 棟，完成後も未使用のビルが約 170 棟あるという。23 年のカンボジアの中国人観光客は 19 年比で 77% 減の約 55 万人にとどまり，シハヌークビル国際空港に到着した旅客数は約 1.6 万人と 98% 減だった。政府は未完成ビルの開発完了に 11 億ドル（約 1,700 億円）の追加投資が必要と試算した[24]。

シハヌークビル市の南東郊外に位置するリアム湾では，不動産開発の太子地産集団がシンガポール企業と提携して「リアム・シティ」の開発に着手した。同社のインターネット広告によると，推定総額 160 億ドルを投じ，海岸線 6km 超，面積 834ha におよぶ浅瀬を埋め立て，人口 13 万人規模の新都市を，20 年以上の年月をかけて開発するという計画である。2022 年 8 月の視察時は，コロナ禍の影響が明らかで，湾岸に派手な広告看板だけが目立っていた。

リアム湾からリアム海軍基地をはさんで東側に広がるリアム国立公園では，中国中信集団（CITIC）系の金融会社，中信国通投資管理（中信国通）と提携した中国系不動産デベロッパーが「金銀湾国際旅游開発区」というリゾートを開発中である。2010 年に 33km^2 の開発について 99 年間のコンセッションを得て，総事業費は 50 億ドル規模，計画人口は 6.5 万人となっている。2022 年の視察時，アクセス道路は完成していたが，リゾートとして稼働していたのは，欧州系所有者から既存施設を買収した「王子島」というバンガロー風ホテルなど，一部だけだった。アクセス道路沿いに建設を中断したホテルも散見した。シハヌークビルの市街だけでなく郊外も中国発のバブル崩壊に翻弄されていた。

第 5 節　ラオスの公的債務負担は深刻さを増す

1．ラオス経済概況

　ラオスの経済成長率は 2000 年のマイナス 0.5％から 2021 年の 2.5％，2022 年の 2.7％，2023 年の 3.7％（推定）へと緩やかに回復している。一方で，生活必需品の多くを輸入に頼る内陸国の同国は，ウクライナ戦争勃発以降，燃料や食料の価格が急騰し，急激なインフレに見舞われている。消費者物価指数（CPI）上昇率は 22 年に 22.7％，23 年に 31.2％と上昇し，24 年も 20％超と予測されている。インフレと同時に通貨キープ安が進行し，2018 年 1 月時点で 1 ドル＝約 800 キープだった為替レートが，2024 年 1 月時点で同約 2,400 キープと，自国通貨がほぼ 3 分の 1 に減価した（World Bank 2024b）。

　ラオス財務省が 24 年 6 月に公表した公的・公的保証（PPG）債務報告書によると，キープ安の影響を大きく受け，PPG 債務残高の対 GDP 比は 19 年末の 69％，20 年末の 76％，21 年末の 92％から，23 年末には 108％にまで高まっている。PPG 債務残高 139 億ドルのうち，対外公的債務残高は 105 億ドルで，全体の 76％を占めた[25]。2021 年末時点で中国向け債務が対外公的債務残高の 43％と単独で最大を占め，その比率はさらに上昇していると見込まれる。2020 〜23 年に中国がラオス政府に与えた約 20 億ドル（23 年の GDP の 16％に相当）の債務支払い猶予でラオス財政はひと息ついたものの，2024〜27 年の対外債務返済額は年平均 13 億ドルを超える見込みで，これは 2023 年の GDP の約 1 割，国家歳入の 3 分の 2 超，23 年末の外貨準備高の約 8 割に相当する。中国融資による大型インフラ案件が近年に集中しているため，24〜27 年の対外債務返済の約半分は中国向けとなる見込みだ（World Bank 2024b）。

2．電力分野で見られる「債務のわな」の兆候

　「東南アジアのバッテリー」を目指すラオスは，メコン川本流・支流のあちこちに水力発電ダム・発電所を建設してきた。同国の輸出総額の 3 割を売電が占め，年間発電総量の約 8 割をタイやベトナムなどに輸出してきた。さらに 22 年にはシンガポールに送電を始め，23 年にはカンボジアにも送電線を敷

設した。発電所の建設資金は中国・タイ・ベトナムの近隣3カ国に依存してきたが，近年は中国案件が多い。2023年1〜9月の期間に外国直接投資（FDI）認可額は鉱業・電力部門を中心に13億ドルを記録し，その8割が中国によるものだった。一方，ラオスのPPG債務残高の49%は国営企業に対する間接融資・保証から成り（2022年末時点），その約9割がラオス国営電力公社（EDL）に関わるものである（World Bank 2024b）。

　2021年，ラオス政府はEDLの送電部門を分離し，国内外への送電を担うラオス送電会社（EDL-T）を設立した。同社には中国南方電網が9割出資しており，国内の大部分の送電線運営について中国が主導権を握ることになった。EDL-Tは今後20億ドルを投じ国際送電網の増強などを計画する。EDLは送電網の維持費や通貨安などで赤字が続いていた。送電網は老朽化し，国際送電に必要な新たな設備の準備に資金が回らない状況だったところ，EDLTの設立により中国南方電網が救済した格好だ[26]（ラオスの電力インフラ事情詳細は第7章に譲る）。

　Dayant and Stanhope（2024）は一帯一路の大型発電案件として以下を挙げている。

- ・ナムグム3水力発電事業：2023年末で工事進捗率は84.3%と報道された。当初は2020年完成予定とする情報もあったが，2026年完成予定とする情報もある。中国輸出入銀行が資金を提供し，中国水利水力発電（中国水電，Sinohydro）が建設する。完成後はタイ発電公社（EGAT）に直接電力を輸出する。
- ・ナムオウ水力発電事業：第1フェーズは2016年10月に稼働した29年間のBOT契約に基づき中国電力建設（中国電建，Power China）が開発・運営し，送電網は350km以上に及ぶ。多民族の地域住民に大きな住民移転を伴った。1つの発電施設だけで8村から2,500人が移転させられたという。ラオスにおける中国企業による初のBOTベースの海外投資だとされる。当初契約は2013年の一帯一路宣言以前のものだが，事後的に一帯一路事業とラベル付けされた。第2フェーズは2021年9月に稼働した。建設費は中国輸出保険公司（Sinosure）が保証した中国開銀からの融資で

賄われた。

・パクレイ水力発電事業：ラオス国内でメコン川本流に建設される3番目の水力発電ダムであり，サヤブリ・ダムの下流に位置する。国際機関であるメコン川委員会（MRC）の規定に従い，2018年6月，ラオス政府は中国輸出入銀行からの融資を受けて工事開始する意向を同委員会に通知した。2023年3月にタイ向けの売買契約が締結された。環境影響や地元住民の移転が懸念されているが，建設工事が推し進められる見込みで，2029年に発電所が稼働する予定となっている。

3．経済特区開発の多くも中国資本に依存

ビエンチャン市街中心部から東方向約5kmに立地するタートルアン（That Luang）経済特区は，住宅中心の特区として上海万峰企業集団がラオス政府から365haのコンセッションを得て開発してきた。2009年にラオスがホスト国となった東南アジア競技大会（SEA Games）のメインスタジアムを中国が援助で建設・寄付した見返りとして，この湿地帯の開発権利を中国企業に与えたとするエピソードが過去の報道では定着している。

同区の中央を走る大通りは「塔鑾大道」という中国名がついており，その沿線には2023年9月視察の際，天井の高いショールームが完成して間もなかった。その向かいにはコロナ禍前の2019年に視察したとき比べ，新たに2棟がほぼ完成していた。2019年には整備中だった「Q Mall」というショッピングモールが開業していたが，人の気配はなかった。人工湖を囲む道路が整備され，生活感はまったくないものの，朝夕のジョギングには適していそうだ。

特区内に林立するコンドミニアム群は主に中国人の需要を当て込んでいるようだが，売れ行きは悪そうだった（2023年視察時）。計画9棟のうち，入居可能なのが5棟という状況は2019年と変わっていない。40m^{2}ほどのスタジオ部屋を除くタイプは100〜220m^{2}と，日本の核家族が暮らす標準と比べて数倍の広さだ。対応してくれた営業スタッフは販売価格の相場を教えてくれない。まだ需要が少なく，値崩れを警戒しているのだろう。

ビエンチャン市街中心部から北東方向に約15km（直線距離）に立地するサイセタ（Saysettha）経済特区はその敷地が1,149haと広大で，雲南省海外投

資有限公司が75％，ビエンチャン特別市政府が25％出資するラオ中国総合投資有限会社（老中联合投资有限公司）が開発している。2012〜15年に基礎インフラを整備した。

　2019年8月時点で入居企業の国籍別内訳は中国51社，ラオス6社，タイ4社，日本3社，マレーシア3社，香港3社，アメリカ1社となっていた[27]。2023年9月視察時点では131社が進出し，計15億ドルを投資し，6,000人の雇用を創出したとされる。また同区内には通関手続きのできる拠点が設けられており，同区で生産された製品は中国向けに輸出することができるという[28]。

　同特区に立地する日系企業としては，HOYAが300億円規模を投資し，2019年から西松建設が工場を建設し，2020年前後，IT大手が運営するデータセンターなど向けにハードディスクドライブ（HDD）用ガラス基板を生産開始した。HOYAの奥に，中国国営企業による石油精製所（社名はLaos Petrochemical Co. Ltd.）が完成し，多数の石油タンクが並んでいた。28haの敷地に，約15億ドルを投じ年間200万トンのガソリンとディーゼル油の生産を見込む。

　このほか，中国資本の進出で目立ったのは老中鉄路有限公司（LCRC）の本社ビル，中潤光能科技（老挝）独資有限公司（本社は江蘇省徐州市。500億円規模を投資して太陽電池および太陽光パネルを生産），Best Garment（2021年に進出，本社は江蘇省。従業員約2,000人）などだった。

　ラオス南端のメコン川周辺の1万ha近くに及ぶ広大な地域が2018年，「シーパンドーン経済特区」に指定され，香港拠点の企業が99年のコンセッションを得て開発している。特区指定に先立つ2011〜14年，中国湖南省の企業がメコン川中洲最大のコーン（Kong）島への架橋を整備した。同島内の43kmの周縁道路の整備は別の中国企業が実施した。カンボジアとの国境の手間約5km地点にコーンパペンの滝への入り口がある。同滝はラオス南部の最大の観光スポットで，その運営は地場資本から経済特区に移管されている。

　同特区には含まれないと思うが，カンボジアとの国境手前のメコン川が国境を成すドンサホン島の南端にドンサホン・ダムがある。マレーシア企業とEDLの合弁企業によって2019年に完成し，カンボジア北部へも送電している。現地で見た看板からは，ダム建設と送電線敷設を担ったのは中国電建と

中国水電だと思われる。同ダムはメコン川本流に位置する2つ目のダムである。計画時，北部で稼働したサヤブリ・ダムとともに，生態系破壊を懸念するNGOなどが建設計画に反対を表明していたが，ドンサホン・ダムは枝分かれした支流の一部を利用した「流れ込み式（run-of-river）」であり，サヤブリほどの環境影響はないとの見方もあるようだ。

　2023年9月の視察時，既存の経済特区とは別に，ラオス中南部に新規開発中の大規模な中国系工業団地を確認した。タケーク市街から南方向へ13S号線の西側に並行するローカル道路を約20km走ると新しい工業団地が現れる。敷地1,000ha超に対して2022年前後にコンセッションを得たもようだ。「亜［金甲］国際投資（広州）股份有限公司甘蒙省智慧型循環工業園区」と記す赤い門構えを見た。コンクリート舗装のメインストリート沿線には中華料理店，散髪屋，カラオケ，スロットマシン屋など，中国人労働者向けの様々な生活サービス店舗が並ぶ。詳細は不明だが，同行した通訳氏の推測では，2,000〜3,000人規模の中国人作業員がこの辺りの地下を掘って鉱物資源を採集しており，採掘物を堆積した醜いボタ山が連なる。その手前のため池の色がよどんでいる。付近で聞き取りしたところでは，池の水を飲んだ牛が死んだことがあるという。事前に社会環境影響評価などを行っていないものと推測する。

第6節　ミャンマー軍政はインフラ整備で中国に依存せざるを得ない状況に

1．ミャンマー経済概況

　2021年2月の国軍によるクーデターは，2011年以来の民政化・開放路線に期待を寄せた日本を含む西側諸国との関係改善と「アジア最後のフロンティア」への援助・投資ラッシュに沸いた10年から，ミャンマーの経済社会を再び暗いトンネルへ引き戻した。国連推計によると，2023年10月に内戦が激化して以来，100万人以上が避難を余儀なくされており，2024年6月時点で国内避難民の総数は310万人にのぼる[29]。軍政は同年8月，6回目の非常事態宣言延長を行い，25年中に総選挙を実施することを目論んでいるようだが，全国的な選挙が透明性をもって実施できるとは考えにくい。

ミャンマー経済はコロナ禍とクーデターのダブルショックで 2021 年に最悪のマイナス 18％と落ち込んだ後にリバウンドしたが，IMF の見通しでは 2023 年推定，24 年予測とも 2.6％成長としており，それ以前の高度成長に戻る気配はない。消費者物価上昇率は 23 年の 14.2％から 24 年以降は低下するものの，引き続き 7.8％と高い水準で推移すると予測している。2023 年の 1 人当たり GDP は 1,381 ドルとし，過去ピークの 2020 年の 1,527 ドルから低下した[30]。

ミャンマーの財政赤字は，2023/24 年度（日本と同様 4 月から翌年 3 月）には GDP の 5.7％に拡大し，2024/25 年度には GDP の 6.1％にさらに拡大すると予想されている。公的債務は，2024/25 年度に GDP の 63％に達すると予測されている。ミャンマーの公的債務構造は 2020 年以降大きく変化しており，国内借入の増加を反映して，国内債務が GDP の 2023/24 年度には 42％に増加している。対外借入へのアクセスが制限されているため，当局は財政赤字を国内財源（主に中央銀行からの借入）から調達せざるを得なくなっている（World Bank 2024c）。

クーデター以降，西側諸国や国際機関からの援助停止，外国企業による新規投資の低迷により，ミャンマーでは外貨不足が深刻化している。これに対応するために，軍政は輸入ライセンス制度を（再）導入したり，輸出で得た外貨収入の現地通貨への交換を義務化したり（2022 年 4 月）した。これにより，製造企業は原材料などの輸入調達ができず，ミャンマーでの生産活動に支障が生じるケースが相次いだ。外貨不足は当然現地通貨チャットの下落につながった。さらには強引な徴兵制運用も相まって，国民の間での混乱を反映し，地元通貨チャットの信用不安が加速した。2024 年 8 月時点で為替相場は実勢で 1 ドル =7,000 チャット台と政変前の 5 分の 1 を割り込む水準まで落ち込み，輸入物価の上昇圧力が一段と強まっている[31]。

内戦によって主要な陸路国境ゲートの多くが少数民族武装勢力の支配下に置かれていることで，タイ，中国，インドとの陸路国境貿易が縮小している。2024 年 3 月までの半年間，陸路国境を介した中国とタイへの輸出（天然ガス輸出を除く）は，前年同期比でそれぞれ 47％と 24％減少し，同輸入もそれぞれ 29％と 57％減少した。同期間に陸路貿易がミャンマーの総貿易額に占めるシェアは前年同期の 29％から 18％に縮小した。天然ガスの生産と輸出も前年

同期比で減少した。長期的な展望に立てば，既存ガス田の埋蔵量は急速に減少しており，中期的な見通しでは，新規ガス田開発のための探鉱投資が行われない限り，生産量は顕著に減少すると見込まれる。加えてミャンマーの石油・ガス企業に対する国際的な制裁措置によって既存投資家の撤退を早め，新規の外国投資が抑えられている（World Bank 2024c）。

　こうした状況下，ミャンマー国民一般の反中感情にもかかわらず，軍政がインフラ開発資金を中国に依存せざるを得ない状況に進むことが懸念される。2024年6〜7月，ミャンマーの主要4政党の代表が中国共産党の招待で訪中した。軍政はこの出来事を内外にアピールし，25年に実施しようともくろむ選挙の正当性を演出したい考えのようだ。中国に治安協力を呼びかける狙いもありそうだ。同年7月下旬には，国軍が副首相兼外相に指名したタンスエ氏が率いる代表団が中国雲南省昆明を訪れ，国家電力投資集団（SPIC）傘下の雲南国際電力投資の関係者と会談した。同社はカチン州ミッソンダムの開発業者である。同ダムの開発事業は旧軍政時代に始まったが，住民が強く反対したことで，2011年に当時のテイン・セイン政権が開発中断を決定した経緯がある。国軍はミッソンダムの開発再開を目指しており，2024年4月，調査を担当する組織を新たに設置したという[32]。

2．中国ミャンマー経済回廊（CMEC）開発に再開の兆しか

　ミャンマーにおける一帯一路の目玉は，中国ミャンマー経済回廊（CMEC）である。第6-2図の通り，同回廊は雲南省昆明からミャンマーのシャン州国境ムセ，中部のマンダレーを経てラカイン州のインド洋に面する都市チャウピューへ向かう西方向と，ヤンゴン・ティラワへ向かう南方向のルートを併せて逆Y字型を成している。

　一帯一路構想の表明以前にCMEC開発の先陣を切ったのは，昆明〜チャウピュー間（全長2,380km）に敷設された石油・ガスパイプラインである。2009年に中国石油天然気集団（CNPC）がテイン・セイン政権と同事業で合意した。ガスについては2013年7月，シュウェ海底ガス田で採取される天然ガスの輸送が開始された。石油については2017年6月，中東アフリカ方面から海路で届く原油の輸送が開始された。同パイプラインで運ばれる原油の量は中

国の需要全体の約 4％と大きくない（2019 年時点）が，マラッカ海峡をバイパスするルートとして中国にとって地政学的な意義は大きいとされる（Kyaw 2020）。

　2019 年の一帯一路フォーラムで CMEC 開発について 2 国間協力の覚書が署名され，中国から提案された案件のなかでミャンマー側が優先実施を決めたのは (1) チャウピュー深海港と経済特区，(2) ムセ〜マンダレー〜チャウピュー鉄道，(3) 中国・ミャンマー国境経済協力区，(4) ヤンゴンニュータウン開発計画の 4 案件である（Kyaw 2021）。これらのうち (1) および (2) の現状について，Dayant and Stanhope（2024）による情報を加味すると以下の通りに整理される。

- チャウピュー経済特区・深水港：ミャンマー西部のラカイン州沿岸に位置するこの事業は，中国からインド洋への戦略的に重要な陸路での直接アクセスを可能にするものだ。事業提案は一帯一路宣言よりかなり前になされ，事後的にラベル付けされたものである。2016 年に最終的に両政府間で契約が結ばれた。アウンサンスーチー政権下の 2018 年，過剰な債務負担への懸念から予算は 70 億ドル超から 13 億ドルへと大幅に縮小された。港湾開発によって地元住民の生業が脅かされるなど，地元経済への影響について深刻な懸念があったが，軍政は現在，同地での建設再開を進めている。新たな工程表は公表されていない。
- ムセ〜マンダレー〜チャウピュー鉄道：本事業は 2011 年に覚書が交わされたが，2 度の事業化調査の末，2014 年に失効した。アウンサンスーチー氏率いる国民民主連盟（NLD）政権が 2018 年 9 月に別の覚書に調印し，最新の覚書は 2021 年 1 月，クーデターの数日前に調印された。その後の内戦突入で事業は停滞したが，2023 年に入り，反抗勢力による攻撃のリスクを抱えながらも，軍政は再開を図ろうとしているもようだ。ムセ〜マンダレー区間（431km）だけでも工費見積もりは 80 億ドル超とされ，距離と設計速度がほぼ同等の上述中国ラオス鉄道の工費を 3 割超上回る。軍政は中国から資金調達する考えを示している。

おわりに

　近年，一帯一路による中国資本のインフラ投融資が後退しているものの，メコン地域においては重要な役割を果たし続ける可能性が高いと思われる。筆者はコロナ禍前の 2019 年にタイ北部からラオス北部にかけて，コロナ禍明けの 22〜23 年はラオス・カンボジアを縦断するルートを調査したが，中国資本の浸透を目の当たりにした。

　ここ 10 年ほど，CLM 諸国に対する中国経済の浸透ぶりは加速してきた。コロナ禍によって貿易や物流の停滞が起きたり，中国資本が開発した経済特区などで人流が一時途絶えたりしたものの，中国とその「裏庭」経済との統合は今後も進むだろう。

　カンボジアのフン・マネット首相は父親の路線を引き継ぎ，「一帯一路」を積極的に推進する姿勢を表明している。2022 年 11 月に開業したプノンペン〜シハヌークビル間の高速道路，23 年 11 月に開業したシエムリアプ新空港，そして現在建設中のプノンペン新空港や南部のカンポット港など，中国資本を動員した PPP によるインフラ整備が目白押しである。これらに共通するのが，事業の採算性・経済性に関する情報の非公表・不透明さである。中国資本への過度の依存は，中国起源のマクロ経済ショックへの脆弱性を増すと思われる。

　ラオスではコロナ禍にもかかわらず，中国ラオス鉄道の建設が予定通り進んで開業した。ほかにも全国各地で中国資本が関与するインフラ整備や工業団地・経済特区開発が進行している。しかしウクライナ戦争を機に，ラオスのマクロ経済の脆弱性があらわになった。中国の投融資による大規模なインフラ開発案件が財務的困難に陥る場合，事後的に「債務のわな」と解釈されうるようなシナリオもあり得る。

　ミャンマーでは内戦が泥沼化している。西側諸国から孤立する軍政が，紛争調停役でもありインフラ整備資金の出し手でもある中国に依存せざるを得ない状況に向かっている。日本の官民は同国の行方を見守りつつ，建設的な影響力行使の機会をうかがう立場にある。

（藤村　学）

【注】

1　本章は藤村（2024a, 2024b）および藤村・春日（2023）をベースに，2024年8月時点までの情報を加味して執筆した。

2　「一帯一路10年，軌道修正。習氏演説「量から質へ」。融資焦げ付き，コロナで急増。参加国，薄れる期待」『日本経済新聞』2023年10月19日。

3　「一帯一路関連貿易46％。新規投資は抑え気味」『日本経済新聞』2024年7月9日。

4　"The path ahead for China's Belt and Road Initiative," *The Economist*, 9 September 2023.

5　"Southeast Asia learns how to deal with China," *The Economist*, 13 Jan 2024.

6　「中国西南地域発着の中欧班列と西部陸海新通道の動向」『ジェトロ地域・分析レポート』2024年3月8日。

7　「中国ラオス鉄道の現状と発展の見通し」『ジェトロ地域・分析レポート』2024年3月8日。

8　"China-Laos Railway facilitates fruit transport," *Vientiane Times*, 15 Jul 2024；「ビエンチャン南駅に通関機能を設置」『ジェトロビジネス短信』2024年7月4日。

9　「東南アー中国，鉄道整備。対中輸出拡大見込む」『日本経済新聞』2024年7月23日。

10　"First phase of Thai-China railway to be complete in 2027," *Global Construction Review*, 30 August 2023.

11　「中国，東南アジアを結ぶ高速鉄道を計画 現状と今後の見通しは」『CNN』2024年5月5日。

12　「習近平国家主席のベトナム訪問，2国間関係を深化へ」『ジェトロビジネス短信』2024年1月4日。

13　「東南アー中国，鉄道整備。対中輸出拡大見込む」『日本経済新聞』2024年7月23日。

14　"Malaysia revives 'ambitious' high-speed rail plan amid hurdles," *Nikkei Asia*, 6 Mar 2024.

15　「インドネシア高速鉄道，出足好調，中国観変わるか」『日本経済新聞』2023年12月14日。

16　"Philippines drops funding deal with China for 3 railway projects," *Benar News*, 26 Oct 2023.

17　「1〜6月の投資額，2.9倍の32億米ドル」NNA Asia, 2024年7月10日。

18　「カンボジア第2の高速道路が着工，プノンペン〜バベット間」『ジェトロビジネス短信』2023年6月22日。

19　「新中国大使，カンボジアとの関係強化へ」『NNA Asia』2024年7月22日。

20　「シェムリアップ・アンコール国際空港が試験運用開始」『ジェトロビジネス短信』2023年10月25日。

21　"Billion-dollar airport whets Cambodia appetite for Chinese investment," *Nikkei Asia*, 24 October 2023.

22　「カンポット国際港の1期，6月に供用開始」『NNA Asia』2024年5月30日。

23　「カンボジア副首相が東京で講演，フナン・テチョ運河建設の利点強調」『ジェトロビジネス短信』2024年5月28日；「フン・セン運河，中国の影。カンボジア着工　資金・技術で依存。軍艦通航なら周辺国の脅威」『日本経済新聞』2024年8月6日。

24　「中国勢消え，残る幽霊ビル。一帯一路の傷痕500棟。カンボジア・リゾート地ルポ」『日本経済新聞』2024年4月11日。

25　「2023年公共・公的保証債務報告書を発表」『ジェトロビジネス短信』2024年7月5日。

26　"Laos' debt at a critical level with China payments still opaque," *Nikkei Asia*, 22 Sep 2024；「ラオス電力事業，中国が投資増加。水力発電や送電，5年で4800億円。東南アへの売電に影響力」『日本経済新聞』2024年3月12日。

27　「サイセタ総合開発区」ジェトロサイト（https://www.jetro.go.jp/world/asia/la/sezinfo/

saysettha.html）。

28 "China-Laos cooperation bears fruit in Vientiane Saysettha Development Zone," *The Korea Post*, 18 September 2023.

29 「ミャンマー，非常事態延長。政変 3 年半，抵抗勢力攻勢。国軍，市民徴兵で死者」『日本経済新聞』2024 年 8 月 1 日。

30 「IMF のミャンマー経済見通し，相変わらず低調」『ジェトロビジネス短信』2023 年 10 月 13 日。

31 「通貨暴落，軍政経済に黄信号」『NNA Asia』2024 年 8 月 15 日。

32 「ミャンマー軍政，要人の「中国詣で」相次ぐ。治安や経済で支援促す」『日本経済新聞』2024 年 7 月 30 日；「国軍外相，巨大ダム開発の中国企業と会談」『NNA Asia』2024 年 7 月 31 日。

【参考文献】

藤村学（2024a），「第 3 章 メコン地域における中国資本の浸透～ラオス・カンボジアに焦点を当てて～」『インド太平洋地域のサプライチェーンの地政学的変動と経済機会』国際貿易投資研究所（ITI）調査研究シリーズ，No. 154，42-73 頁。

藤村学（2024b），「第 6 章 中国「一帯一路」の裏庭 ～中央経済回廊のケース～」『インド太平洋時代の ASEAN』亜細亜大学アジア研究所・アジア研究シリーズ，No. 113，44-53 頁。

藤村学・春日尚雄（2023），「第 5 章 メコン地域における「一帯一路」の現状と展望：コロナ禍を経たカンボジアに焦点を当てて」『コロナ禍の ASEAN 経済・貿易・投資』国際貿易投資研究所（ITI）調査研究シリーズ，No. 140，123-167 頁。

Dayant, A., & Stanhope, G. (2024). *Mind the gap: Ambition versus delivery in China's BRI megaprojects in Southeast Asia – Data snapshot*, Lowy Institute, Sydney.

International Monetary Fund (IMF) (2023). *Lao People's Democratic Republic 2023 Article IV Consultation Staff Report*, Washington DC.

Kyaw, A. (2020). Chapter 4 China's Rising Influence in Myanmar: Implications, Responses, and Future Strategy. in in Chirathivat et al. (eds.). *China's Rise in Mainland ASEAN: Regional Evidence and Local Responses*. World Scientific: Chulalongkorn University, Bangkok, pp. 77-102.

Kyaw, A. (2021).「ミャンマーにおける一帯一路（その 1）～中国・ミャンマー経済回廊の背景～」『国際貿易と投資』No. 124, 17-37.

Parks, B. C., Malik, A. A., Escobar, B., Zhang, S., Fedorochko, R., Solomon, K., Wang, F., Vlasto, L., Walsh, K., & Goodman, S. (2023). *Belt and Road Reboot: Beijing's Bid to De-Risk Its Global Infrastructure Initiative*. Williamsburg. VA: AidData at William & Mary.

World Bank (2024a). *Cambodia Economic Update: Cambodia's Export Revival and Trade Shifts*. Washington DC.

World Bank (2024b). *Lao PDR Economic Monitor: Accelerating Reforms for Growth*. Washington DC.

World Bank (2024c). *Myanmar Economic Monitor: Livelihoods under Threats*. Washington DC.

AidData: Global Chinese Development Finance. (https://china.aiddata.org/)

American Enterprise Institute (AEI): China Global Investment Tracker. (https://www.aei.org/china-global-investment-tracker/)

Open Street Map. (https://www.openstreetmap.org/)

World Bank International Debt Statistics. (https://www.worldbank.org/en/programs/debtstatistics/ids）

第 7 章

ASEAN のエネルギーとラオスにおける電力事情
——ASEAN 各国の多様性と環境・経済発展のジレンマ——

はしがき

　コロナ・パンデミックにより，一時的に停滞した ASEAN 各国のエネルギー需要は回復基調であり，中長期的に増大することが見込まれている。特に二次エネルギーである電力需要の伸びは著しく経済発展にともなう産業向けの電力に加えて，先進国型の生活習慣などライフスタイルの変化による需要増が大きい。それにともない発電用の燃料がより必要とされるが，ASEAN は石炭を除き域内生産ではまかなえず石油，ガスの純輸入地域になりつつある。また地球温暖化対策の観点から，発電用燃料として化石燃料を使うことに国際的な批判が高まっており，安価で豊富な石炭が安易に使われることは減ると見られる。ただ ASEAN 各国の電源構成を見ると各国で大きく異なるが電力不足で逼迫する地域もあり，石炭に比べてクリーンであるとされる天然ガス・LNG，あるいは再生可能エネルギーを拡大することでカーボンニュートラルを実現できるかは，ASEAN の経済成長とのトレードオフの関係にあるともいえ IEA による環境配慮と持続発展の両立を前提としたシナリオも実現させるには厳しい道のりが待っているようである。

　ASEAN 経済共同体（AEC）の枠組みでは，「高度化した連結性と分野別協力」にエネルギー協力が含まれ，将来さらに逼迫するエネルギー情勢を背景として ASEAN の「エネルギー連結性」の重要性が増していると言える。エネルギー協力の具体的なプロジェクトとしては，ASEAN 電力網連系，ASEAN 横断ガスパイプラインを含めたエネルギーの相互供給，補完を中心とした分野

が柱となっている。

　またGMS（拡大メコン圏）などサブリージョナルな枠組みによるエネルギー協力としては，メコン地域の電力融通のプロジェクトがありその核となっているのは，メコン川水系を利用した水力発電に優位性をもつラオスである。ラオスは周辺国との電力輸出入があり，その中でもタイへの電力輸出が多いがタイなど外国資本によるラオスへの水力発電開発への投資のケースが多い。また近年中国は「一帯一路」構想の一環として電力インフラ開発をラオスで大規模に行っている。但し中国による電力開発は他の一帯一路関連の投資と同様，ラオスにおいても公的債務問題の原因になる可能性が高い。

第1節　ASEANにおけるエネルギーの状況

1．ASEANにおけるエネルギー需要の拡大

　国際エネルギー機関（IEA）による，「世界エネルギー見通し」（2023年版）（World Energy Outlook：WEO2023）によれば，既に各国政府によって公表や実施がされている政策に限定して推計したSTEPSシナリオ（Stated Policies Scenario）で，石炭，石油，天然ガスのそれぞれの世界需要が2030年までにピークを迎えるとの分析をしている。前年のWEO2022の見通しとの違いとして，電気自動車（EV）販売台数の急成長と，再生可能エネルギー普及の勢いが継続しているとし，2030年にはクリーンエネルギー技術がより重要な役割を果たすことを指摘している。具体的には，2030年にはEVが新車販売台数の半分を占めることや，世界の電力構成に占める再生可能エネルギーの割合が現在の30％から50％に上昇すること，洋上風力発電への投資額が新規の石炭火力発電所やガス火力発電所への投資額の3倍となることなどを挙げている。これらによって，エネルギー関連の二酸化炭素（CO_2）排出量は，2025年までにピークに達するという見通しを示しており，この10年間で世界のエネルギーシステムは大きく変容すると予測している。

　一方，ASEANにおける状況としては，IEAの『東南アジアエネルギー見通し』（2022年版）（Southeast Asia Energy Outlook：SAEO2022）によれば，東南アジアのエネルギー需要は過去20年間で平均して年間約3％増加

しており，この傾向は STEPS の現在の政策設定の下では 2030 年まで続くと WEO2023 同様に見ている。また ASEAN の経済成長は，GDP が 2030 年まで平均で年間 5％拡大し，その後 2030 年から 2050 年の間に平均 3％に減速すると予測している。

2050 年に向けた今後の ASEAN のエネルギー需要の見通しは，STEPS ベースでは，東南アジアの最終消費⊠全体は 2030 年までに 40％増加し，2050 年には 80％増加するとしている。部門別には輸送部門のエネルギーが，モビリティ需要の増加により 2050 年までに 2 倍以上となり，最終用途部門としては最も伸びが高くなる。バイオ燃料は 2050 年には STEPS よりも約 20％増加し，水素利用が大きく浸透し 2050 年には同部門の需要の 4％を占めると予想している。産業部門においては，工業，鉄鋼，化学の生産増による需要増加の大部分は天然ガスと電気によって賄われ，住宅は世帯収入の増加により電化製品の所有率と冷房需要が増加し，エネルギー需要は 2030 年には 15％，2050 年には 60％増加するとしている。この増加のほぼ全ては電力で賄われ，一方で従来の伝統的な調理におけるバイオエネルギー（バイオマス）の使用は，生活習慣の変化とエネルギー効率の向上により 2050 年までに半減すると見ている。

IEA の見通しで問題となるのは，特に産業分野において石炭・石油からガスへの転換，および再生可能エネルギーの拡大が順調に進むか，また効率基準の厳格化により，エネルギー集約度の低い工業への経済構造の変化が可能であるかという点にある。ASEAN の人口は 2024 年の 6 億 7,000 万人から 2050 年は 7 億 9,000 万人に増加する見込みであるが，後述するように電源構成における石炭火力の比率は近年むしろ高まってきた傾向もあり，IEA が想定するようなシナリオが可能であるか実績を評価し検討する必要があるだろう。

IEA の SAEO2019 における，2040 年までの ASEAN の一次エネルギー需要の長期見通しを見ると，ASEAN 各国の旺盛な需要をまかなうためには石炭・石油が依然第一選択肢となるであろうと見ていることがわかるが，一次エネルギーベースで石炭および石油が 2040 年においても 55％を超えると予測している[1]。資源別の需給ギャップについては，利用の増える石炭や天然ガスは ASEAN 域内ではインドネシアを中心に生産が多いが，原油については輸入に頼らざるを得ず，原油はより輸入依存度が高まることからエネルギー安全保障

上から問題となる。石炭・天然ガスについて，ASEAN は 2021 年に世界から 198 億ドルの天然ガスを輸入し，255 億ドルを輸出しており 57 億ドルの輸出超過である。一方，石炭はエネルギー需要の拡大に伴い，2005 年から 2020 年にかけ，ASEAN の石炭の輸入量は 3 倍に拡大したが，2021 年は輸入（140 億ドル）の約 1.6 倍の石炭を輸出し，やはり輸出超過となっている[2]。このように現在純輸出となっているが，2040 年には ASEAN はトータルでエネルギーの純輸入地域になる見込みである。

2．ASEAN における電源構成の状況

　国際世論による脱炭素，カーボンニュートラルの動きが急激に強まっているが，ASEAN 各国の経済成長にともなう旺盛な電力需要をまかなうために，ここまで石炭火力発電を大幅に拡大することでまかなってきたのが実態である。実際，2014 年から 2021 年における ASEAN 全体の電源構成の変化を見た場合に，石炭火力の比率が高まりしかもその増加率は IEA の予想を超えている。

　第 7-1 図は ASEAN 全体の 2014 年から 2021 年の電源構成の変化であるが，その間 ASEAN の総発電量は 33.8％増加し，これは年平均にして 4.2％増加したことになる。ちなみにこの間に ASEAN の総 GDP は 24.0％増加しており発電量の増加率が大きく上回っている。総発電に占める石炭火力の比率は，第

第 7-1 図　ASEAN の電源構成の変化

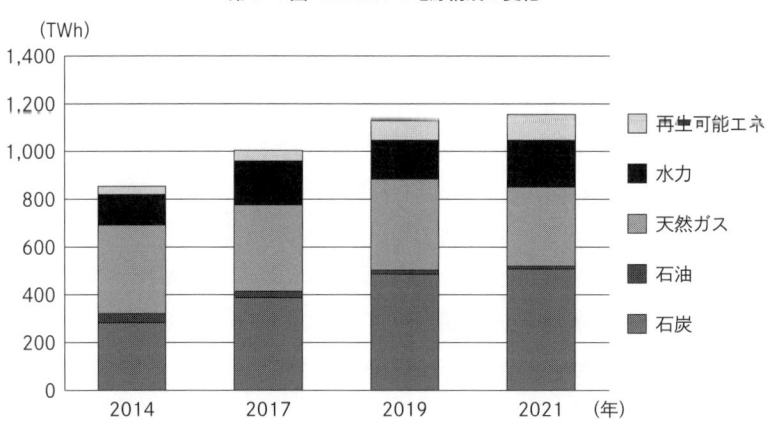

（資料）IEA Statistics より筆者作成。

第 7-1 表　ASEAN における電源構成

(%)

	2014	2017	2019	2021
石炭	32.8	38.3	43.0	43.9
石油	4.4	2.6	1.6	1.2
天然ガス	43.0	35.8	33.7	28.6
水力	14.8	18.2	14.4	17.0
再生可能エネ	4.0	4.4	7.3	9.4

(出所) IEA Statitics.

7-1 表にあるように 2014 年の 32.8％から 2017 年は 38.2％，2019 年は 43.0％，2021 年の 43.9％と，石炭火力による燃料別比率と発電量は対象の期間で一貫して増加していることが分かる。一方，石油による発電は大幅に減少し，2021 年でわずかな比率を占めるだけになっている。クリーンエネルギーとされ，IEA レポートでエネルギー転換の柱として強調されている天然ガス（LNG）による発電量はほぼ横ばいであり，総発電量に占める割合は 2014 年の 42.9％から 2021 年の 28.6％にむしろ大幅に減少しているのが実態である。水力発電の総発電量は大きく伸びておらず，再生可能エネルギーによる発電量は伸びているが，2021 年の時点で全体の 9.4％であり，かつ特定の国に偏っている。

　ここで ASEAN 各国別に状況を見てみたい。第 7-2 表から ASEAN 各国においては電源構成がそれぞれの国で大きく異なり，これまでの脱炭素の流れを受けて使用される発電燃料にも顕著な特徴が見られる。まず発電量が ASEAN 最大のインドネシアであるが，2014 年から 2021 年の 7 年間で総発電量は 35.0％増加し，その間石炭火力による発電量は 57.6％増加したことで，総発電量に占める石炭火力の比率は 61.5％に高まった。ベトナムは急速な経済発展で総発電量も当該期間に 78.4％増加し，タイを抜いてインドネシアに次ぐ ASEAN2 番目の発電量になった。ベトナムの石炭火力はこの間 3.3 倍になり，石炭火力比率は 45.8％となった。タイは自国生産分の総発電量では当該期間にほぼ同水準にとどまっており，石炭火力は 6.4％減少している。タイはラオスからの電力輸入に依存する傾向が強まっている。マレーシアは当該期間の総発電量は 22.0％増加し，石炭火力は 54.4％増加した。またマレーシアは天然ガスによる発電がこの間 20.9％減少していることが特記される。フィリピンは当

第7-2表 ASEAN各国における電源構成の変化（2014-2021年）

(GWh, %)

国	年	石炭 電力量	石炭 %	石油 電力量	石油 %	天然ガス 電力量	天然ガス %	水力 電力量	水力 %	再生可能 電力量	再生可能 %	計 電力量
ブルネイ	2014	0	0.0	43	1.0	4,461	99.0	0	0.0	1	0.0	4,506
	2017	0	0.0	45	1.1	4,110	98.9	0	0.0	2	0.0	4,157
	2019	484	9.8	47	1.0	4,400	89.2	0	0.0	2	0.0	4,933
	2021	1,241	21.8	36	0.6	4,417	77.5	0	0.0	4	0.1	5,698
カンボジア	2014	906	28.6	337	10.6	0	0.0	1,907	60.2	20	0.6	3,170
	2017	3,911	55.9	297	4.2	0	0.0	2,733	39.1	57	0.8	6,998
	2019	3,734	43.0	732	8.4	0	0.0	4,025	46.4	184	2.1	8,675
	2019	3,646	35.9	494	4.9	0	0.0	5,321	52.4	695	6.8	10,156
インドネシア	2014	120,332	52.6	25,782	11.3	56,287	24.6	15,148	6.6	11,005	4.8	228,555
	2017	147,875	58.0	19,413	7.6	55,320	21.7	18,632	7.3	13,629	5.3	254,869
	2019	174,493	59.2	9,997	3.4	61,332	20.8	21,185	7.2	27,977	9.5	294,984
	2021	189,683	61.5	8,684	2.8	51,603	16.7	24,697	8.0	33,981	11.0	308,648
ラオス	2014	N.A.	0.0	0	0.0	0	0.0	15,270	61.2	N.A.	0.0	24,940
	2017	10,927	35.2	0	0.0	0	0.0	20,102	64.7	36	0.1	31,065
	2019	11,406	36.5	0	0.0	0	0.0	19,738	63.2	88	0.3	31,232
	2021	11,881	26.5	0	0.0	0	0.0	32,896	73.2	136	0.3	44,913
マレーシア	2014	55,827	37.9	3,490	2.4	73,836	50.1	13,388	9.1	927	0.6	147,469
	2017	71,959	43.7	1,527	0.9	63,273	38.5	26,575	16.2	1,168	0.7	164,502
	2019	80,633	45.9	969	0.6	65,156	37.1	26,666	15.2	2,353	1.3	175,777
	2021	86,180	47.9	1,013	0.6	58,431	32.5	31,101	17.3	3,252	1.8	179,977
ミャンマー	2014	286	2.0	65	0.5	4,977	35.2	8,829	62.4	0	0.0	14,157
	2017	1,415	6.3	69	0.3	8,345	37.2	12,584	56.1	9	0.0	22,422
	2019	2,262	9.3	109	0.4	11,321	46.7	10,518	43.4	45	0.2	24,255

	2021	2,122	10.8	114	0.6	7,874	40.1	9,508	48.4	18	0.1	19,636
フィリピン	2014	33,054	42.8	5,708	7.4	18,690	24.2	9,137	11.8	10,672	13.8	77,262
	2017	46,847	49.6	3,787	4.0	20,547	21.8	9,611	10.2	13,578	14.4	94,370
	2019	57,890	54.6	3,752	3.5	22,354	21.1	8,025	7.6	13,994	13.2	106,041
	2021	62,052	58.5	1,616	1.5	18,675	17.6	9,185	8.7	14,572	13.7	106,100
シンガポール	2014	542	1.1	345	0.7	47,042	95.3	0	0.0	1,450	2.9	49,380
	2017	679	1.3	366	0.7	49,719	94.9	0	0.0	1,622	3.1	52,386
	2019	650	1.2	217	0.4	51,760	95.0	0	0.0	2,430	4.5	54,470
	2021	669	1.2	557	1.0	52,943	93.9	0	0.0	2,198	3.9	56,367
タイ	2014	37,579	21.6	1,721	1.0	118,560	68.3	5,540	3.2	10,230	5.9	173,631
	2017	35,640	19.6	412	0.2	120,015	66.0	4,833	2.7	21,039	11.6	181,940
	2019	35,581	18.7	236	0.1	121,117	63.5	6,446	3.4	27,301	14.3	190,681
	2021	35,176	20.3	657	0.4	110,052	63.5	4,682	2.7	22,812	13.2	173,379
ベトナム	2014	34,563	24.5	449	0.3	47,211	33.5	58,544	41.5	145	0.1	140,913
	2017	67,558	34.0	700	0.4	41,020	20.6	88,982	44.8	2,527	1.3	198,659
	2019	118,806	49.9	2,213	0.9	42,507	17.9	66,117	27.8	8,382	3.5	238,025
	2021	115,025	45.8	297	0.1	26,312	10.5	78,553	31.3	31,135	12.4	251,322
ASEAN 計	2014	283,089	32.8	37,940	4.4	371,064	42.9	127,763	14.8	34,451	4.0	863,983
	2017	386,811	38.2	26,616	2.6	362,349	35.8	184,052	18.2	44,032	4.4	1,011,368
	2019	485,939	43.0	18,272	1.6	379,947	33.6	162,720	14.4	82,756	7.3	1,129,634
	2021	507,675	43.9	13,468	1.2	330,307	28.6	195,943	16.9	108,803	9.4	1,156,196

(注) ラオスの燃料別統計で一部欠落している部分がある。
(資料) IEA Statistics より筆者作成。

該期間の総発電量は37.3％増加し，石炭火力は87.7％と大きく増加している。シンガポールは当該期間の総発電量の増加は11.4％であり，発電燃料は2021年で天然ガスが93.9％を占めている。ラオスは当該期間の総発電量は80.1％増加しているが，石炭火力が急増している模様（一部データ不詳）で，2021年の石炭火力比率は26.5％，水力発電比率が73.2％となっている。

　ASEANの電源構成は上記のように各国で極めて特徴的であるが，これまでは全体として石炭火力を増設することで増大する電力需要を満たす発電量を補っている構図であった。また石炭に比べてクリーンな発電燃料とされている天然ガスであるが当該期間の総発電量は，増えておらずむしろ減少している。さらに脱炭素の流れから最も期待されている再生可能エネルギーであるが，ASEAN全体では当該期間に電源構成に占める再生可能エネルギー比率として4.0％から9.4％まで上昇している[3]。但し，再生可能エネルギーについては特定国に集中しており，インドネシア，タイ，フィリピン，ベトナムの4カ国で大半を占めている[4]。

2．石炭火力に関する見通し

　IEA「世界エネルギー見通し」（WEO）およびIEA統計によれば，世界の電源構成における石炭が占めるシェアは依然高く，2021年で36.0％となっている。これまでIEAは2040年を見据えた①「現状政策」（Current Policies Scenario：CPS），②「既定政策」（Stated Policies Scenario：SPS），③「持続可能政策」（Sustainable Development Scenario：SDS）の3つのシナリオ[5]に基づいて分析を行い，より脱炭素社会にとって好ましいSDSへ誘導するためには各国のイニシアティブが必要としてきた。

　ASEANにおける見通しは，IEA「東南アジアエネルギー見通し」（2019年版）（SAEO2019）によれば2040年における石炭火力発電はCPSで現状の3倍，SPSで2倍を見込んでいる。SPSにおいて2040年のCO_2排出量は現状より60％増加すると見積もられている（IEA 2019：16）。最も好ましいと考えられるSDSにおいては，2040年の電源設備容量で見た場合，太陽光発電，水力，天然ガス，風力発電の順となり，石炭火力設備は2022年頃にピークアウトし減少する，というシナリオが描かれている（IEA 2019：110）。こうした

第 7-3 表　ASEAN における 2040 年電源構成 3 つのシナリオ

(TWh)

	2019 年	2040 年		
		SDS	SPS	CPS
石炭	486	81	929	1,205
石油	18	8	15	16
天然ガス	380	504	684	661
原子力		16	12	12
水力＋再エネ	247	1,474	706	510
合計	1,129	2,083	2,345	2,404

（資料）IEA（2019a）に筆者加筆。

　複数のシナリオの違いで際だって問題となるのは石炭火力発電量の見通しであろう。ASEAN の 2019 年から 2040 年における総発電量は 84.4％増加（年率 3.0％[6] に相当）することが見込まれているが，各シナリオのうち SDS によれば石炭火力を現状の 6 分の 1 にし石炭火力比率を 3.9％まで下げることが顕著な特徴となっている（第 7-3 表）。

　2040 年における CPS，SPS，SDS の 3 つのシナリオにおいて，天然ガス，LNG の利用については大きく変わらないものになっており，石炭火力と水力を含む再生可能エネルギーがトレードオフの関係になっていることが分かる。石炭火力発電に対しては 2021 年の国連気候変動枠組条約第 26 回締約国会議（COP26）において石炭火力発電が「段階的廃止」から「段階的削減」へ修正されたが，気候変動に端を発した国際的な脱炭素の動きの中でも化石燃料とりわけ石炭の利用について強い制限を課せられたことは確かである。一方で，ASEAN 域内における石炭火力発電のプロジェクトはこれまで継続されてきており，特にインドネシアとベトナムという ASEAN の中で発電量の 1，2 位の国に集中していた。

　また SDS シナリオ実現のためのロードマップとして，電源構成（設備容量ベース）が IEA から SAEO2019 で提示されているが，これによると石炭火力発電は 2023 年頃にピークアウトし 2040 年まで減少を続ける。この減少分および電力需要増大分を補うために再生可能エネルギー，特に太陽光発電が大きな比重をもつようになり，次いで水力，天然ガス，風力の順となるとしている[7]。

　このような太陽光発電の劇的な増加により，ASEAN の電源構成が大きく変

化を遂げられるかどうかは疑問が残る。経済成長が続く ASEAN 各国の旺盛な電力需要を満たすためには大まかに年率4〜5％の発電量増加が必要で，かつ石炭火力発電のフェードアウトを両立するには，大きな設備投資と系統連系，太陽光発電の技術革新が求められるだろう[8]。加えてデータ的には現状発電比率が下がり続けている天然ガス発電，メコン川などで大規模ダム建設によって渇水や環境破壊が起きているとされる水力発電の増加を前提とすることにはこれも別途の対処が必要となるだろう。

　送電の効率化については ASEAN パワーグリッド（APG）構想（あるいはGMS グリッド計画）が古くからあるが，ここでは触れないことにする[9]。但し，最近の動きとして2022年に開始されたラオスの水力発電所由来の電力をタイ，マレーシアを経由してシンガポールが購入する「ラオス・タイ・マレーシア・シンガポール電力統合プロジェクト（LTMS-PIP）」が始まった例がある。ただこれも高額な建設コストや技術的な問題などから，ASEAN 全域で電力の融通，相互供給をはかるという本来の目的を達するまでにはさらに長い年月がかかることが見込まれる。

　加えて，ウクライナ戦争の勃発と長期化により，エネルギー価格の高騰，不足が続いていることから，今後は石炭火力の利用についてより現実的な判断をすることが世界的に求められる可能性がある。ASEAN 自身も石炭を完全に放棄することには疑問を呈しており，ASEAN エネルギーセンター（ACE）が再生可能エネルギーに関する各方面の想定について，「想定は過度に楽観的で，送電・貯蔵インフラの構築にかかるコストと複雑さを無視している。また東南アジアの石炭火力発電所の大半は比較的新しいため，2040年という石炭火力段階的廃止期限は非現実的で経済的にも望ましくない」と主張していることをバンコクポストが紹介している[10]。

　上記報道からは，インドネシアだけで石炭火力発電所の廃止に約370億ドルが必要と見積もられており，ASEAN が求めている先進国から途上国への年間1,000億ドルの支援が果たされていないとしている。このような状況からも，日本の石炭火力発電効率化の技術である，超々臨界圧（USC），コンバインサイクル複合発電（IGCC），燃料電池複合発電（IGFC），アンモニア混焼発電といった日本が強みを持つ先進技術については ASEAN でこそ活用されること

を日本政府はもっと主張すべきであろう。

第 2 節　ラオスにおける電源開発と水力発電

　2023 年 9 月にラオス・ビエンチャンからカンボジア・プノンペンまでの現地走行調査を行った。走行距離は約 1,500km であり，交通インフラに関する調査が主体であったが，同時に中部〜南部ラオスを中心に同国の電力事情の調査を行った。

1．ラオスの電力インフラ概要

　ラオス国内の水力，火力を含む発電設備容量は 9,500MW，そのうち国内供給用は 3,100MW であり，国内の最大電力需要は小さく 1,500MW 程度とみられる。そのうち水力発電の包蔵水力は 25,000MW とされ[11]，現時点までに建設されたメコン川水系のダムは 63 カ所，水力発電所は 100 カ所に達したが，これまで開発されたのは 20％程度にとどまっているとされ水力発電の開発ポテンシャルは大きいが，近年はダム建設にともなう環境問題が取り上げられている。また前節で触れたようにラオスにおいても石炭火力発電も急増しており，すでに 2019 年で総発電量の 40％近くまで増大している。ラオスの輸出品目のうち電力が 1 位となったのは 2017 年からで，2023 年のラオスの輸出額 83 億 7,000 万ドルのうち電力輸出は 23 億ドルと 28％を占めている。そのためラオスの周辺国との電力融通を拡大させるため，相互の電力システム間を連系させることで電力のさらなる輸出をはかる構想があるが，後述する問題から現時点では周辺国の電力システムと自由に接続できる状態とは言えない。

　ラオスの電力系統は，輸出専用の発電所からタイなど隣国の電力系統もしくはユーザーに直結する送電線と，国内供給用の電力系統に二分されている特殊な状況にある。この輸出用と国内用の 2 系統は後述するように電力系統設備の信頼性が異なることから，同一の系統にすることは当面困難であると見られている。そのうち例外的に連系線によって隣国と同期しているのは，第 7–3 図のようにタイの電力系統と 6 カ所，中国とラオス最北部の間で連系線があり，これは乾季においてはラオスで電力が不足し電力の供給を受ける必要があるとい

第 7-2 図　2023 年 9 月 1～10 日現地調査走行ルート

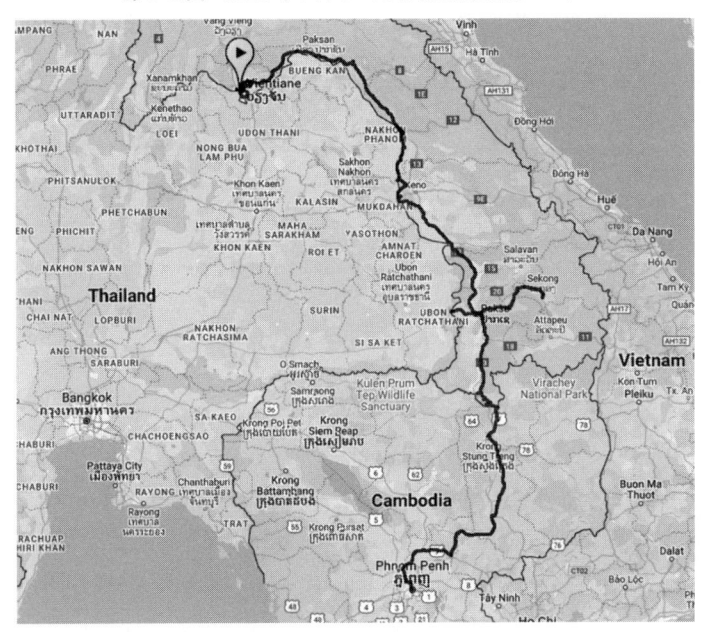

（資料）走行データを基に OpenStreetMap 上に筆者作成。

う季節性があるためである。

　電力輸出の形態としてはラオス電力公社（EDL）経由のものと，独立系発電事業体（Independent. Power Producers：IPPs）[12] 経由のものがあるが IPPs によるものが圧倒的に多く電力輸出の 93％を占めている[13]。IPPs による電力輸出は，電力の引き取り手である国外のオフテイカーとの長期電力購入契約に基づいており，多くがプロジェクトファイナンスによるものである。契約された国外のオフテイカーまでの送電は専用送電線を使って行われる。したがって，IPPs による電力輸出は資金面から発送電まで EDL とほぼ無関係であり，国外の官民の投資家によるインフラ投資であることからラオス政府の対外債務となることもない。

2．ラオスの余剰電力と EDL 財務

　ラオス国内の電力需要は輸出向けに比べると小さいが，ラオス政府は国内需

第 7-3 図　ラオス電力系統と国際連系線

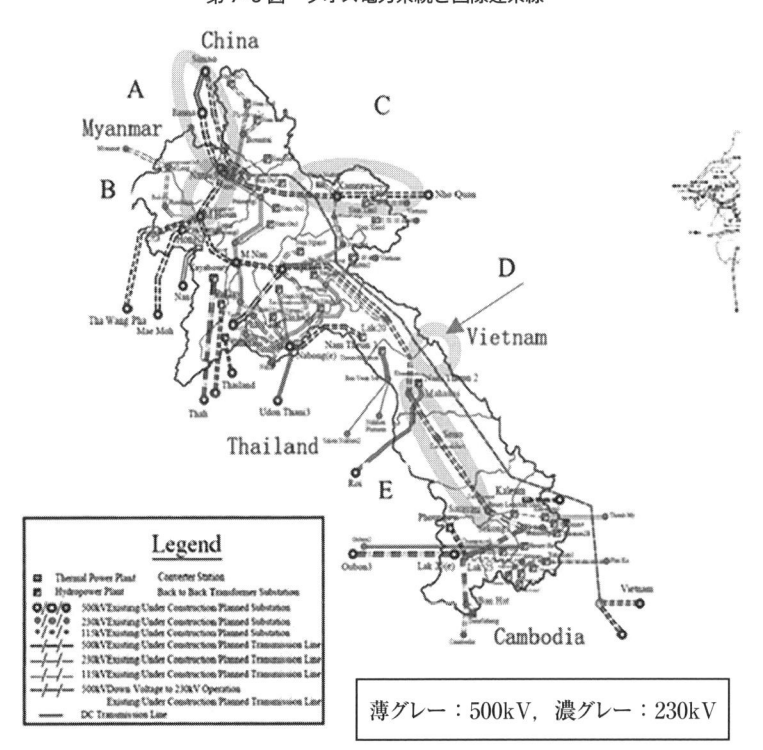

薄グレー：500kV，濃グレー：230kV

Planning and Construction Plan for Laos Power Grid in 2030

（出所）JICA（2020）。

要を過大に予測し，2020 年の実績（1,200MW）と比べても 2 倍以上を想定していた。そのため 2015 年ごろから石炭火力含めて国内向けの発電所の建設が急速に進んだことで供給過剰能力が発生し，電力の全量買い取りの条件（テイク・オア・ペイ）で EDL は契約していたことから，大きな財務的な負担を強いられることになった（JICA 2020）。2016 年以降に顕在化したラオス国内の IPPs からの買電価格は ¢6.15/kWh であり，電力輸出の 97％を占めるタイのタイ発電公社（EGAT）からは融通電力の買電は ¢3.97/kWh，EGAT 向け売電が ¢3.74/kWh であることからタイ向けはすでに売買電で逆ざやになっていたが，IPPs からの買い取り義務の発生によって EDL が財務悪化したことが推測

される（水野 2018）。

EDL と EGAT の間では電力融通契約が結ばれており，EDL は EGAT から主に乾季に不足分を輸入している。主要因としては水力発電所の水量による稼働率変動であるが，発電所の位置や送配電ロスにも起因している。季節による水力発電所の稼働率については，雨季において 60-70％であるとされるのに対して，乾季においては 30-40％まで低下するとされ，年間の平均稼働率は 45-50％と考えられる。

3．ラオスの広域連系の遅れとグリッドコード

ASEAN のエネルギー協力が進められる中，AEC2025 ブループリントにもある ASEAN 電力網連系（APG）がフラッグシップ・プロジェクトとなっている。またサブリージョナルな取組みとしては拡大メコン圏（GMS）の枠組みによる GMS グリッド構想によって，ラオスは 2 つの広域電力プロジェクトの恩恵を受けられるはずである。しかしながら，ラオスにおいては前述のように，IPPs による国外との需要家（ほとんどがタイ）との専用送電によるもの以外は，EDL が整備するラオス国内の電力網の整備状況が貧弱であることに加えて，ベトナム，カンボジアなど周辺国との広域連系網を構築することができていないことが問題であろう。

電力の系統連系には複雑な技術的課題があり，その運用には高いノウハウと維持のための人員が必要となる。その中でもシステム同士を接続するための技術要件である，グリッドコードを整備する必要がある。日本においてもグリッドコードの検討会がしばしば行われるが，これは太陽光・風力発電のような再生可能エネルギーおよび分散型電源の増加に対応することが目的であり，IEA では 6 つのフェーズに分けて（先進）各国を評価している。ドイツのように，本来電気事業者が需給に基づき決定すべき，であるという考え方もあるが，日本では電気事業法「送配電等業務指針」に基づいた，ガイドラインである「系統連系技術要件」にあたる，としており先進各国でも同一ではない。

メコン地域においては，タイとベトナムはグリッドコードが制定されているとされるが，カンボジア，ミャンマーにはグリッドコードはないとされている。ラオスは EDL が制定しているが遵守されていない模様である。これらの

国では統一したグリッドコードの制定と，遵守するための系統運用の能力や設備を強化，維持することが必要であろう。ラオスにおいては自国内の系統の強化をおこなうことが先決で，その上で系統連系を拡大するための能力整備をおこなうという順番になるのではないか。アジア開発銀行（ADB）においては GMS Draft Grid Code の規定を暫定的に作ったが，統一されるかは不透明のようである。また各国の電力に対するニーズが変化しているので，これまで言われてきたように広域系統のメリットは確かにあるが，これを各国特に CLM が同じレベルで実現するには ASEAN，GMS を含めてかなりの支援が必要となるだろう。

4．ラオスの電源開発と外資の関与

　ラオス国内では前述のように外資による電源開発が多くなっているが，特に「一帯一路」構想と密接に関連し中国による大規模インフラ開発が進んでいる。典型的なのは高速鉄道整備であり，ビエンチャンから国境のボーテン経由で雲南省昆明に達するルートで建設が行われ，2021 年にビエンチャン－ボーテン区間 422km が開通した。鉄道，高速道路といった交通インフラに加えて，商業・観光関連の多くの大規模な不動産開発も進められているが，ラオスにおける多くの水力発電開発も中国が同様の手法で関与している。メコン川上流における中国のダム建設がメコン川流域国に大きな影響を及ぼしているが，ラオスの電源開発により一帯一路の東南アジアルートのエネルギーへの関与を強める狙いがあると考えられる。メコン川本流・支流に建設されているダム，水力発電所は輸出向け（IPP (e)）もあるが，ラオス国内供給向け（IPP (d)）に中国系が多く，これが発電能力過剰の一因となっている。

　ラオスにおける中国企業による水力発電所の建設は著しいものがある。特にルアンパバーン北に位置するメコン支流である Ou 川に建設済み，もしくは建設中の 7 カ所の水力発電所（Nam Ou 1〜7）だけでも発電容量の合計は 1,272MW に達する。現在すでに存在する 100 カ所の水力発電所に加えて，2030 年までに建設が計画されているのが 200 カ所以上あると考えられている。第 7-4 図はルアンパバーンから 35km 北に建設された水力発電所（流込式）である。

第7-4図　中国企業建設の Nam Ou1 水力発電所（北部）

（出所）2019年8月筆者撮影。

　さらに中国以外にタイ資本，マレーシア資本などによる発電所建設が進んでいる。かつて話題になったナムトゥン2ダムに続いてナムトゥン1ダム（重力式）が完成している。ビエンチャンから13号線を南へ220km，メコン支流ナムカディン川沿いに位置しており，2022年8月に商業運転を開始している。タイ資本および EDL の4社合弁であり，電力は EGAT と EDL に供給され発電容量は650MW でありナムトゥン2より小規模である（第7-5図）。

第7-5図　稼働を始めたナムトゥン1ダム・発電所（中部）

（出所）2023年9月筆者撮影。

　さらにラオス，カンボジア国境に近いドンサホンではマレーシア企業が電源開発をおこなっている。南部チャンパサック県，カンボジア国境から 2km に位置しており，フーサホン分流とメコン川の合流地点にあたり 2020 年 1 月に商業稼働している。発電容量は 260MW である。発電量の 80％をカンボジアへ輸出，20％はタイ向けである。資本はマレーシア民間企業・メガファースト 80％，EDL が 20％，施工は中国水電がおこなった。コンセッション 25 年の BOT 方式となっている（第 7-6 図）。

　このように外資が水力発電の電源開発を積極的におこなう一方，現時点ですでにラオス国内向けの発電能力の過剰が発生しているため国内向けの稼働率が大幅に落ち始めており，前述の理由で EDL の収支，経営が急速に悪化することにつながっている。国内向け IPP は圧倒的に中国企業が多く，国内電力引き取り手（オフテイカー）は EDL であることから，EDL の信用力の問題から中国以外からの融資を組成することも困難であり，EDL の長期債務が積み上がりつつある。ラオスにとって交通インフラ以外にもう 1 つの「債務のわな」となりつつある。

　2020 年 9 月にはラオス国家送電線（EDL-T）が中国南方電網との合弁で設立され，EDL の高圧送電部門を売却・分離したが，EDL の財務改善が目的とみられる。国家の電力インフラを他国に売却することは安全保障上問題があ

第 7-6 図　ラオス最南部ドンサホン・ダム・発電所（南部）

（出所）2023 年 9 月筆者撮影。

り，ラオスにとって重大な事態であると思われる。

（春日尚雄）

【注】

1　IEA (2019a), p. 9.
2　JETRO「海外ビジネス情報」2023年5月11日。
3　IEA は水力を再生可能エネルギーとしてカウントする場合があるが，ここで水力発電は再生可能エネルギーと定義しない。
4　インドネシアは風力，太陽光，バイオ燃料，地熱発電，タイはバイオ燃料，フィリピンは風力，太陽光，地熱発電が主たるものとなっている。ベトナムは近年太陽光発電量が急増している。
5　IEA (2020b) ではこれらの従来のシナリオは，① Covid-19 が徐々に制御下に置かれ，世界経済が同じ年に危機前のレベルに戻るシナリオ (Stated Policies Scenario：STEPS)，②パンデミックの回復が大きく遅れるシナリオ (Delayed Recovery Scenario：DRS)，および，③持続可能シナリオ (SDS) の3つとしており，WEO の各年版でシナリオの枠組みが頻繁に変化している。
6　従来の ASEAN の発電量増加率から考えると SDS の年間 3.0%は低いと考えられる。
7　IEA (2019a), p. 110.
8　現時点 (2024年) 太陽光発電の設備容量が急速に拡大しているベトナムでは，グリッドマネージメントができないなどの問題が発生しているとされている。
9　APG や ASEAN 横断ガスパイプライン計画については ASEAN Centre for Energy の Website 参照。https://aseanenergy.org/
10　"Is Asean ready to abandon coal?" バンコクポスト，2024年6月21日論説。Please credit and share this article with others using this link: https://www.bangkokpost.com/opinion/opinion/2810854/is-asean-ready-to-abandon-coal-. View our policies at http://goo.gl/9HgTd and http://goo.gl/ou6Ip. ©Bangkok Post PCL. All rights reserved.
　　https://www.bangkokpost.com/opinion/opinion/2810854/is-asean-ready-to-abandon-coal-. 参照。
11　EDL 資料によれば，包蔵水力 25,000MW の内訳として，①メコン支流 56％，②メコン本流 35％，③その他 9%となっている。
12　正確には輸出向け IPP は IPP (e)，国内向け IPP は IPP (d) と呼ばれる。
13　エネルギー鉱業省，ラオス電力公団による統計，各種報道から。

【参考文献】

石川幸一・清水一史・助川成也 (2013)，『ASEAN 経済共同体と日本—巨大統合市場の誕生』文眞堂。
上野貴弘 (2023)，「ASEAN のエネルギーの現状と脱炭素化」電力中央研究所。https://www.mofa.go.jp/mofaj/files/100459116.pdf
熊谷章太郎 (2019)，「見直しが進むタイの電力政策」Research Focus No. 2018-046，日本総研。
経済産業省 (2014)，『平成 26 年海外開発計画調査等事業進出拠点整備・海外インフラ市場獲得事業—メコン地域でのインフラ・コネクティビティ調査事業報告書』経済産業省。
国際建設技術協会 (2020)，「「東南アジアのバッテリー」ラオスのメコン川水力発電プロジェクトと交通インフラ」『国建協情報』2020年7月号。

JICA（2020），「ラオス国電力系統マスタープラン策定プロジェクト報告書」国際協力機構（JICA）。

資源エネルギー庁（2019），「グリッドコードの体系及び検討の進め方について」資源エネルギー庁。

自然エネルギー財団（2023），「自然エネルギーが東南アジアの未来を拓く」自然エネルギー財団。
https://www.renewable-ei.org/pdfdownload/activities/REI_SEA2023_JP.pdf

武石礼司（2014），『東南アジアのエネルギー―発展するアジアの課題―』文眞堂。

水野兼悟（2018），「ラオス電力セクター・電源開発と公的債務」『知的資産創造』2018 年 12 月号。

みずほフィナンシャルグループ（2017），『成長市場 ASEAN をいかに攻略するか』みずほフィナンシャルグループ・リサーチ&コンサルティングユニット。

渡里直広（2014），「目の前に迫る ASEAN 経済共同体設立と ASEAN・パワーグリッドをめぐる最近の動き」『海外電力』2014 年 6 月号，33-39 頁。。

ACE（2022）. *The 7th ASEAN Energy Outlook（AEO7）*. ASEAN Centre for Energy（ACE），Jakarta.

ADB（2019）. *Lao People's Democratic Republic Energy Sector Assesment, Stratgy, and Road Map.* ADB.

IEA（2019-2022a）. *Southeast Asia Energy Outlook 2022.* IEA. https://www.iea.org/reports/southeast-asia-energy-outlook-2022

IEA（2019-2023b）. *World Energy Outlook 2023.* IEA. https://www.iea.org/reports/world-energy-outlook-2023

ERIA（2015）. *Study on Effective Power Infrastructure Investment through Power Grid Interconnection in East Asia.* ERIA Research Project FY2014 No. 30, ERIA.

Mekong River Commission（MRC）（2019）. State of the Basin Report 2018. Mekong River Commission.

World Bank（2023）. *Lao Economic Monitor.* May 2023.

第8章

カンボジアに対する中国の影響力
—経済的プレゼンスと話語権—

はじめに

　カンボジアはプノンペン外周の第3環状道路を「習近平通り」に改名した。2024年5月の改名式典にはフン・マネット首相と王文天駐カンボジア中国大使が出席した。これは中国から2億7,300万ドルの融資を受け，上海建工集団有限公司が建設した[1]。この改名は，カンボジアにおける中国の経済的プレゼンスが大きく，中国のカンボジア政府に対する影響力も大きいことをうかがわせる。しかし，それはカンボジア社会が中国の影響を強く，継続的に受けていることを意味するものではない。

　本章は中国のカンボジアに対する影響力について検討することを目的とする。そのため，第1節では，影響力の定義を行い，経済的プレゼンスと話語権という概念を提示するとともにカンボジア・中国関係の基本的構図を示す。第2節では，中国の経済的プレゼンスを，第3節では，中国のカンボジアに対する影響力の発現を確認し，第4節では，中国の経済的プレゼンスに対するカンボジア社会の懸念とこれに対する中国の対応を検討する。そして，最後に，結論を示す。

第1節　影響力，経済的プレゼンスと話語権，カンボジア・中国関係

1．影響力の定義

　本節では，ダール（Robert A. Dahl）に従い，影響力とは，「ひとりまたは

複数のアクターの欲求，願望，選好あるいは意図が，ひとりまたは複数の他の
アクターの行為または行為への意欲に変化を生じさせるようなアクター間の関
係」（ダール 1999：43）と定義する。これに関連して，ダールは以下を指摘し
ている。第 1 に，それは認識の問題であり，認識は，彼らが選択や決定を行う
条件としての構造と再帰的な関係にある。第 2 に，どのようなアクターも認識
の主体なので，多くの場合，一方的な影響力ではなく，相互の影響力の行使と
なる。第 3 に，影響力は二者間の関係に留まらず，通常，多数のアクター（個
人と集合体を含む）間の相互的な影響関係の複雑なネットワークとして存在す
る（ダール 1999：29, 34, 38）。カンボジアと中国の影響力の関係について論
じるためには，カンボジアとアメリカの関係についても，ある程度，論じる必
要がある。第 4 に，影響力は能力と意思の関数である。中国とアメリカは，と
もに，能力は高いが，意思は，中国が高く，アメリカは低いと思われる。第 5
に，影響力の行使はより大きな政治的資源をもたらし，さらに，それがより大
きな影響力の行使を可能にする。中国は，アメリカよりも，影響力の行使によ
り積極的なので，影響力をより拡大していると思われる。第 6 に，選択肢のど
れもが制裁を伴う強制というタイプの影響力がある。2012 年，南シナ海問題
に関連して，中国が検疫強化と称して，フィリピンからのバナナの実質的な輸
入禁止を行ったり，2021 年以降，対米関係や総統選挙に関連して，中国が検
疫強化等と称して，台湾からのパイナップル，ハタ，マンゴーの実質的な輸入
禁止を行ったりした。両国はそのような中国の措置を甘受するか，中国が求め
るように政策を変更するしか選択肢がないのである。これを注視するカンボジ
アは自国に同様な措置がとられる恐怖を感じながら，中国との関係を維持する
しかない（ダール 1999：49, 52, 61, 63）。

2．経済的プレゼンスと話語権

　中国外交の目的は経済成長に貢献する良好な国際環境の構築である。だが，
その遂行に際して，中国は普遍的価値の多くを否定する。それは，普遍的価値
に基づくリベラルな政治思想，特に民主化の概念，が広まることにより，政治
体制改革の要求が高まることをおそれるからである（江藤 2017：27）。ここか
ら，習近平指導部は「中国的特色のある大国外交」と呼ぶ外交を展開する。大

国とは「世界の平和をめぐる問題に決定的な影響力を与えるパワー」を持つ国家であり，大国外交とは経済成長に貢献する良好な国際環境を構築するために，「世界の平和をめぐる問題に決定的な影響力を与えるパワー」の強化を追求する外交である（加茂 2021）。

この強化のため，第1に，中国は経済力を用いる。呉介民は，これを「中国政府が資本その他の手段を利用し，他国あるいは統治下にない地域を経済的に取り込み，こうした経済的な中国への依存を通じて，自らの政治的目標の達成を容易にするといった作用のメカニズム」と説明している（呉 2015：2）。しかし，中国は経済的プレゼンスに見合った影響力を示せているわけではない。なぜならば，中国は国力に見合った国際社会における発言権を持っていないからだと中国は考える。そこで，第2に，中国は「話語権」を用いる。これは「自国の議論や言説に含まれる概念，論理，価値観，イデオロギーによって生み出される影響力」である（江藤 2017：30）。加茂具樹は類似の定義をした後，これを「自らの発言の内容を相手に受け入れさせる力」と表現している（加茂 2020）。

第 8-1 図　経済的プレゼンス，話語権，影響力

経済的プレゼンス

↓ ← 話語権

影響力

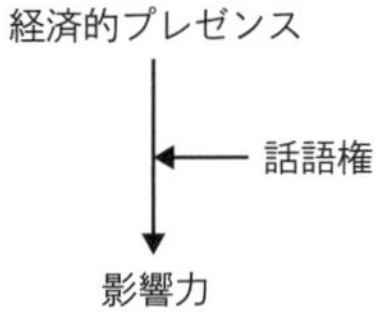

（資料）筆者作成。

話語権は，広くいえば，文化である。すなわち，中国は経済や文化を用いて，影響力を高めようとしている。その関係は第8-1図に示した。経済的プレゼンスは，話語権を介して，影響力に転換される。この関係に関して，山口信治は「ハードパワーの台頭にもかかわらず…中国が持つべき国際的な地位や影響力を持つことができていないという意識」を中国は持っており，「このハードパワーと影響力のギャップを埋めるために」，中国は話語権を使用すると述べている（山口 2022：9）。また，江藤名保子は「これは中国が有する経済的パワーを政治的パワーに転換するシステムの構築を目指している」と述べてい

る（江藤 2022）。

　話語権を高める方法には孔子学院の設置・運営やメディアによる世論操作などが含まれる。孔子学院は中国国外で中国語教育を行う機関である。2010 年代末には世界 150 カ国，500 カ所を超えたが，学問の自由の侵害やスパイ行為を行っていると欧米諸国に批判され，特に，アメリカでは大半が閉鎖された。一方，東南アジアではタイを中心に増加している。カンボジアでは，現在，王立アカデミー，国立バッタンバン大学，カンボジア・中国科学技術大学，王立農業大学の4大学に孔子学院がある。最も古い王立アカデミーは 2009 年に設置され，開校式に習近平中国国家副主席（当時）が出席した。

3．カンボジア・中国関係の基本的構図

　第 8-2 図はカンボジア・中国関係の基本的構図を示している。一般的な国家同士と同様，カンボジア政府と中国政府は直接のやり取りをしている。さらに，カンボジアは華人（カンボジア国籍とクメール語能力を持つ中国系人）が人口の 5％程度を占める国で，華人や華僑（中国国籍と中国語能力を持つ中国系人）を介した関係も存在する。図中のカンボジア華人理事総会は華人，カンボジア中国商会，カンボジア中国港澳僑商総会，カンボジア台湾協会は華僑による組織である。中国和平統一促進会は中国共産党の中央統一戦線工作部の

第 8-2 図　カンボジアと中国

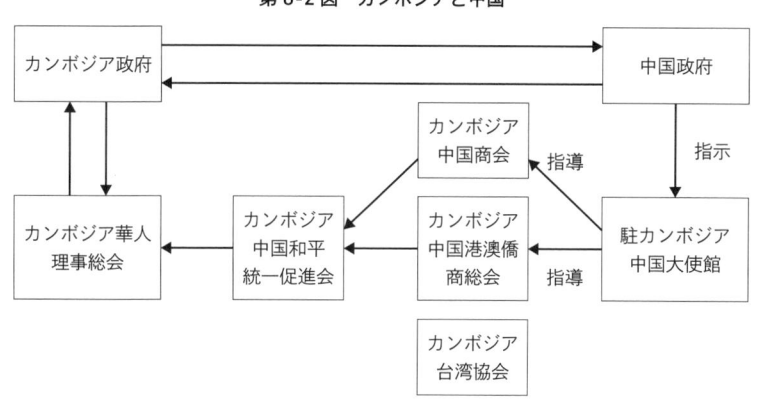

（注）指示・指導の表記のない矢印は影響の主な方向を表す。
（資料）野澤（2006），28 頁に基づいて，筆者作成。

下部組織で，1988 年に，大陸と台湾が分離している状況を打破し，両岸関係を改善し，中国民族を再統合することを目的に設立された。これは，2019 年時点で，少なくとも 90 の国・地域に支部を持つ。カンボジア中国和平統一促進会は，2004 年時点で，会長が楊啓秋カンボジア華人理事総会会長，秘書長が謝湘蓉カンボジア中国商会名誉会長である。同規約は「本促進会は，『世界には一つの中国しか存在しない』という原則を承認し，中国海峡両岸が一日も早く和平統一を実現させることに賛同する現地カンボジア，海外各界の華人華僑らにより組織された民間団体である。その宗旨は中国の分裂・台湾の独立に反対するすべての人々を団結させ，中国が一日も早く和平統一を実現するために貢献することである」と規定するが，近年の活動内容はまったくわからない（野澤 2004：91-92）。

　華人の多い国に対して，中国の話語権強化の対象は国民全体ではなく，まず，華人となる。1990 年，カンボジア政府は華人社団の復活と華人学校の再興を許可した。カンボジアは華人・華僑による投資を期待し，中国もこの政策を支援した。政界もこれに積極的に関与し，フン・セン首相（当時）やチア・シム（謝辛）上院議長らが華人学校に敷地を提供したり，校舎や教室を寄贈したり，学校の命名を行ったりした。フン・セン夫人のブン・ソム・ヒアンはカンボジアに数世代前に移住した海南系華人である。政界には他にも多数の華人がいる。フン・センの側近で，大臣会議官房大臣や副首相を務めたソク・アン（宋安，2017 年死去）は客属会館最高栄誉顧問を務め，息子のソク・ソケーンは，現在，観光大臣である。チア・シムの義弟で，副首相や内務大臣を務め，現在，最高枢密院議員を務めるソー・ケーンも華人で，息子のソー・ソカは，現在，内務大臣である（野澤 2004：66-67, 69, 84, 96）。

　カンボジア華人理事総会は，チア・シムの支援で，1990 年に設立され，政府が初回理事会メンバー 10 人全員を任命した。これは 5 大幇（5 つの方言別集団）の社団—潮州幇の潮州会館，広肇幇の広肇会館，海南幇の海南同郷会，客家幇の客属会館，福建幇の福建会館—を含んでいる。その人口比は，2002 年段階で，各々，80%（56 万人），15%（10.5 万人），4%（3 万人），0%（0.4 万人），0%（0.1 万人）となっている。さらに，会館には，各々，端華学校，広肇学校，集成学校，崇正学校，民生学校という華人学校が設置されている。

端華学校は東南アジア最大規模の華人学校で，カンボジア華人理事総会・潮州会館会長・カンボジア中国和平統一促進会会長の楊啓秋とカナディア銀行会長・潮州会館名誉顧問のプン・キアウサエ（Pung Kheav Se, 方僑生）は 1960年代に同校中等部を卒業した。楊啓秋はチア・シムの養子で，政治家のチア・シムと華人社団トップの楊啓秋とが擬制血縁関係に基づいた堅固な紐帯で結ばれている（野澤 2004：65-66, 70, 74, 84, 95-96）。

　カンボジア華人理事総会の要請に基づき，駐カンボジア中国大使館，中国共産党の中央統一戦線工作部下の華僑弁公室，中国国際交流協会，華僑社団は教科書編集，教員養成，学校建設のための資金援助などを行っている（野澤 2008：49-50）。中国国際交流協会は中央統一戦線工作部に属し，中国政府はあらゆる国の社会団体と友好的に交流する非営利組織だと説明しているが，2020年，インド政府は，これが指導者や研究員などの養成を通じて海外での影響力を高める活動をしており，インドの国益に反する可能性があるとの認識に基づいて，これを「注意を要する団体」に指定，ビザ発給を厳格化した[2]。また，教科書は，駐カンボジア中国大使館の協力の下，カンボジア華人理事総会と中国国際交流協会との契約，広州曁南大学華文学院の編集支援で作成され，カンボジア政府の承認を受けて使用されている。さらに，中央の華僑弁公室だけでなく，広西省などの省級華僑弁公室も教員の派遣を行っている（野澤 2008：52-53）。

　カンボジアでは，クメール人などの中国語学習意欲が高まっている。これは，カンボジア国内における中国の経済的プレゼンスの高まりにより，中国語の習得が就職・高収入に有利だとの期待に基づいている。このように，中国は経済的プレゼンスと話語権を再帰的に高めている。クメール人などは華人学校や孔子学院で中国語を学習している。カンボジアの小中学校は 2 部制なので，午前・午後の各々，クメール語を使用する通常の学校と華人学校に通学する。

第 2 節　中国の経済的プレゼンス

1．中国のカンボジアへの関与

　カンボジア経済の中心は縫製業である。1996 年にアメリカの最恵国待遇を

得たことにより，縫製業への投資が増加した。1990年代後半は，マレーシア，台湾，韓国，1990年代末以降は中国からの投資が多い（初鹿野 2006：41-42）。第8-1表に示したように，縫製業における中国企業の割合が大幅に増加している。1996年に設立された業界団体であるGMAC（Garment Manufacturing Association of Cambodia）は，2022年，「カンボジア繊維・衣服・靴・旅行用品協会（Textile, Apparel, Footwear, and Travel Goods Association in Cambodia：TAFTAC）」に名称を変更した。TAFTACは，現在，コン・サン（Kong Sang, ネアク・オクニャ）が議長を務めている[3]。

　一方，その他の製造業，建設業，観光業，商業では，華人を中心とする国内の財閥が重要な役割を果たしている。その多くは1980年代末から1990年代前半に設立された。クット・メーン（Kith Meng, The Royal Group），シー・コントリーウ（Sy Kong Triv［徐光秀］, KT Pacific Group），コック・アーン（Kok An, ANCO Group），ラーウ・メンキーン（Lao Meng Khin）・チュン・ソピアプ（Choeung Sopheap）夫妻（ともにPheapimex Group），ルム・チーウホー（Lim Chhiv Ho, LCH Ivestment Group），プン・キアウサエ，テーン・

第8-1表　登録企業数の国・地域別一覧

国・地域	2011年	2023年
中国	50	302(398)
台湾	73	66(74)
香港	43	39(51)
韓国	33	33(44)
日本	0	22(31)
カンボジア	18	22(34)
マレーシア	16	12(14)
シンガポール	10	8(12)
タイ	2	9(12)
その他	24	19(31)
計	269	532(701)
中国・香港・台湾・マカオの割合	62.80%	76.5%(74.6%)
中国の割合	18.60%	56.8%(56.8%)

（注）2023年のデータはカッコなしが縫製業を，カッコ内が全業種を示している。
（資料）守（2014），266-267頁に基づいて筆者作成。

ブンマー（Theng Bunma［許鋭騰］, 2016年死去）・Khov Boun Chhay 親子（ともに Thai Boon Roong）は華人で, シー・コントリーウ, リー・ヨンパット（Ly Yong Phat, LYP Group）, モン・ルティ（Mong Rethy, Mong Rethy Group）, コック・アーン, ラーウ・メンキーンは, 過去ないし現在, カンボジア人民党（以下,「人民党」と記述）所属の上院議員である。また, 彼らの多くは商工会議所で, 会頭などの重要な役職を務め, オクニャ（Oknha）である（山田 2019：91；プン・東 2017：68；廣畑 2014：41；吉川 2024：245）。

オクニャはカンボジアの称号で, 政府に50万ドル以上寄付すると国王から付与される。オクニャは上から「ロック・オクニャ（Lok Oknya）」,「ネアク・オクニャ（Neak Oknya）」,「オクニャ」に分類される。2022年に「カンボジア・オクニャ協会」が設立され, 内務省に登録, 会員数約300人である。リー・ヨンパットが会長, フン・セン上院議長が名誉会長である（吉川 2024：245）。

このような財閥系企業が単独, ないし, 中国などの外国企業と合弁で, 経済特区（SEZ, 以下,「SEZ」と記述）を設置・運営しており, 輸出の約2割を担っている。その中で, シハヌークビル SEZ（以下,「SSEZ」と記述）が最大である。これは江蘇太湖カンボジア国際経済協力投資社と国内のカンボジア国際投資グループ（Cambodia International Investment Development Group：CIIDG, 以下,「CIIDG」と記述）の合弁会社が運営している。CIIDG は Pheapimex Group に属する。SSEZ は, カンボジアと中国の協定に基づき, 2008年に設立, 2013年の一帯一路構想宣言後に, 一帯一路プロジェクトとなった典型的な「あとづけ一帯一路モデル」である。SSEZ への総投資額は, 2023年末現在, 約22.7億ドル, 2024年2月末現在, 入居企業は188社, その大半は中国企業で, 3万人以上を雇用している。2023年の SSEZ の輸出入額は33.62億ドル（前年比34.86％増）で, カンボジアの輸出入額の約7.18％を占める（藤村 2024：52；JICA カンボジア事務所 2020）[4]。

「投資において, 自国民を主な顧客とする観光地開発が進められている」との中川涼司の指摘は重要である（中川 2020：28）。2016年頃から, シハヌークビルに中国資本のカジノホテルやリゾート施設が進出, 次いで, 医療, 飲食などのサービス業が進出した。2017年には, 12万人の観光客と7.8万人の移

住者が中国から流入した。2019年7月時点で，156のホテルのうち150，62のカジノのうち48が中国資本で，436ある飲食店のうち中国資本が95％を占めた。カンボジア人のカジノ入場は違法で，カジノで遊ぶのはほとんど中国人である。カンボジア政府は，当初，これを歓迎したが，売春，マネー・ロンダリング，喧嘩，誘拐，銃撃，暴力などの犯罪が多発したり，家賃の高騰で地元住民が街を追われたり，中国人以外の外国人やカンボジア人の観光客のシハヌークビル離れを引き起こすなどした（藤村 2024：52；板垣・李 2024：30-31，38）[5]。

　中国の投資の多くは輸送分野で，近年の大規模な輸送プロジェクトの大半に中国企業が関わっている。高速道路では，プノンペン・シハヌークビル間（2022年開通）で，中国路橋工程が建設を行い，プノンペン・バベット間（2023年着工）で，同社が資本の20％，中国とカンボジアの合弁会社が同80％を所有し，50年間のBOT（build, operate, transfer）方式で建設されている。また，プノンペン・シェムリアップ間で，中国路橋工程が調査を行っている。高速鉄道では，プノンペン・ポイペト間で，中国路橋工程が，プノンペン・新プノンペン国際空港間とシェムリアップとシェムリアップ・アンコール国際空港間で，チャイナメトログループが実現可能性調査（FS）を実施した。空港では，BOT方式で建設されたシェムリアップ・アンコール国際空港（2023年開港）は雲南省投資持株集団有限公司が所有し，新プノンペン国際空港（タクマウ・テチョ国際空港，2025年開港予定）は資本の90％を保有する現地資本のカンボジア海外投資会社（OCIC）が中国開発銀行から11億ドルの融資を受け，中国冶金科工集団が建設している（Kingdom of Cambodia 2023）。

　港湾では，シハヌークビル港拡張は日本主導で行われているが，カンポット国際港は中国主導で開発が行われている。現在，プノンペンからの輸出はベトナムのカイメップ港経由で行われ，これがカンボジア発着のコンテナ貨物物流の3割を占める。カンポット国際港はトリー・ピアプ・グループ（Try Pheap Group）と中国の広西北部湾国際港務集団有限公司の合弁会社が運営し，2022年，中国港湾工程（CHCE），上海建設，中国路橋工程によって建設が開始され，2024年，一部の供用が開始された。プノンペンと同港の物流のためにフナン・テチョ運河の建設が2024年開始され，2028年運用開始予定である。調

査は中国交通建設（CCCC）が，建設は中国路橋工程が行い，BOT 方式となっている。ベトナムは同運河の建設がメコン川の環境悪化をもたらすとの懸念を表明している（Kingdom of Cambodia 2023）。なお，カンボジア建設業協会の会長はプン・キアウサエが，事務局長はモン・ルティが務めている[6]。

2．近年の中国の経済的プレゼンス

　中国は援助で1位ないし2位，投資，カンボジアの輸入で1位，カンボジアの輸出で2位である。アメリカはカンボジアの輸出で1位だが，他の3つは大規模ではない。以下，援助，投資，貿易の順にみていく。中国の援助は南南協力であり，発展途上国間の相互扶助と共同発展をめざしている。したがって，中国の国家と企業の利益が当然の前提で，優遇借款の場合，援助受入国が調達する資機材の50％以上を中国から調達しなければならない（渡辺 2017：18，26）。中国とカンボジアは，毎年，協議に基づき，援助方針を連合声明ないし連合公報にまとめている。2016年以降の連合声明などは経済開発とともに社会開発を重視している（楊 2022：192）。

第8-2表　援助

(億ドル)

年／国・地域	日本	中国	韓国	フランス	EU	ドイツ	アメリカ	アジア開発銀行	世界銀行	総額
1999〜2003の平均	1.002	0.066	0.007	0.273	0.275	0.139	0.242	0.557	0.427	4.818
2004〜2008の平均	0.487	0.640	0.233	0.241	0.355	0.262	0.497	0.897	0.402	7.269
2009〜2013の平均	1.383	2.996	0.385	0.220	0.443	0.372	0.720	1.090	0.578	13.006
2014〜2018の平均	1.327	3.524	0.591	0.653	0.642	0.356	0.911	1.267	0.655	14.200
2019	2.077	5.037	0.728	1.954	0.655	0.295	0.953	2.430	0.767	19.812
2020	5.017	4.948	1.033	0.857	0.894	0.298	0.930	4.526	0.905	24.108
2021（推計）	4.006	3.431	1.198	1.174	0.769	0.448	1.121	2.048	0.874	20.266
2022（予測）	4.682	2.607	1.417	1.300	1.088	0.829	0.970	1.609	1.374	18.603

（資料）Royal Government of Cambodia (2015), p. 41；Royal Government of Cambodia (2022), p. 8 に基づいて筆者作成。

　2009年まで，日本は，二国間援助で，1位だったが，2010年から19年までは，中国が1位で，2004年と2011年に大幅増となった。ただし，全体に占める中国の割合は2012年だけが30％台（30.7％）で，以降は20％台である。2020年以降，日本は大幅増で，再び，1位となった。これは，米中対立の中で，アメリカ側に立った政策措置だと思われる。アジア開発銀行の援助増加はこれに付随していると思われる。2020年以降，日中両国が巨額の援助を行っているため，総額が過去最高レベルとなっている。近年（2017〜21年）の中国の援助は，輸送44.6％，エネルギー・電力28.1％，農業11.1％となる一方，健康5.4％，教育1.0％，水・衛生0.7％となっている。予測される中国の援助の減少は資本の中国国内へのシフト，「債務のわな」批判に対応する供与条件の厳格化，コロナ禍を要因とする（Royal Government of Cambodia 2015：41；Royal Government of Cambodia 2022：8, 41-43）。

　次に投資である。援助と対外直接投資（FDI）の対GDP比の推移をみると，援助の比率が1990年代半ば以降低下し続ける一方，FDIの比率は2000年代初頭から上昇し続け，2006年，FDIが援助を上回った。この年の1人当たりGDP539.7ドルをラオスの逆転が生じた2012年の1,566ドルと比較すると，カンボジアの経済発展が中国などの企業の投資に依拠した短期圧縮型だったこと

第8-3表　投資（認可額）

（単位：億ドル，％）

年	総額	中国	その他（単位：％）
2009〜12年の平均	37.49	8.41 (22.5%)	マレーシア15.2，イギリス15.2，韓国9.7，ベトナム7.1，台湾3.4，香港3.2，日本3.1，シンガポール2.8，ロシア1.2，タイ1.0，オーストラリア0.3，アメリカ0.2，フランス0.1
2013〜16年の平均	14.93	5.59 (37.4%)	日本16.4，香港10.6，ベトナム7.5，イギリス5.5，タイ4.0，シンガポール3.8，韓国3.7，台湾3.7，アメリカ0.1
2017〜22年の平均	32.77	22.13 (67.5%)	イギリス領（ケイマン諸島，バージン諸島）12.9，日本6.8，アメリカ1.9，韓国1.6，タイ1.5，シンガポール1.5，香港0.8，ベトナム0.7，台湾0.4，イギリス0.3，サモア0.3，セーシェル0.2，マレーシア0.2

（注）中国のカッコ内は全体に占める中国の割合である。2009年のデータはカンボジア開発評議会が優遇措置の付与を認可した案件以外の投資案件やSEZ向け投資の認可額が計上されていない。2010年以降はSEZとカンボジア開発評議会がその他地域の優遇措置の付与を認可した案件の合計である。

（資料）ジェトロ編『世界貿易投資動向シリーズ　カンボジア』各年版に基づいて筆者作成。

がわかる（藤田 2023：196）[7]。

　第 8-3 表に示したように，投資は，2009 年から 2022 年にかけて，3 つの時期に分かれる。第 1 は 2009～12 年で，総額が多く，中国の割合はその後の時期に比べて低く，マレーシア，イギリス，韓国，ベトナムなどの割合が高い。第 2 は 2013～16 年で，総額は少なく，中国の投資額は小さいが，割合は高く，日本，香港，ベトナムなどの割合も高い。中国は投資額を増やしたわけではないが，他国が投資額を減らしたため，中国の割合が高まった。第 3 は 2017～22 年で，総額は多く，中国の投資額は極めて多く，割合も極めて高い。中国資本が圧倒的な存在感を示すようになった時期である。中国の投資で大きな割合を占めるのは観光業と建設・インフラ業である。

　最後に，貿易である。従来，カンボジアの貿易は，発展途上国から輸入し，先進国に輸出する，特に，縫製品の原材料を中国から輸入し，縫製品をアメリカや EU に輸出するというものだった。ところが，近年，米中対立の激化，コロナ禍，EU の最恵国待遇の一部停止（2020 年 8 月），「地域的な包括的経済連携（RCEP）協定」の発効（2022 年 1 月 1 日）などにより，3 つの変化が生じている。第 1 に，輸入に占める ASEAN の割合が，2021 年と 2022 年，中国の割合を上回った。これは，米中対立の激化による迂回輸出が，中国→カンボジ

第 8-4 表　2022 年のカンボジアの貿易額

（万ドル，%）

順位	国・地域	輸出額	輸入額	貿易額
1	中国	13.233（3.8）	121.553（28.3）	134.786（17.3）
2	アメリカ	104.523（29.9）	3.640（0.8）	108.163（13.9）
3	タイ	4.556（1.3）	42.024（9.8）	46.580（6.0）
4	シンガポール	1.620（0.5）	41.022（9.5）	42.642（5.5）
5	ベトナム	4.957（1.4）	37.024（8.6）	41.981（5.4）
6	日本	12.248（3.5）	6.014（1.4）	18.262（2.3）
7	台湾	6.756（1.9）	11.244（2.6）	18.000（2.3）
8	インドネシア	5.088（1.5）	11.576（2.7）	16.664（2.1）
9	イギリス	13.075（3.7）	0.850（0.2）	13.925（1.8）
10	カナダ	12.243（3.5）	0.329（0.1）	12.572（1.6）
	全体	349.321	429.578	778.899

（資料）https://data.imf.org/?sk=9d6028d4-f14a-464c-a2f2-59b2cd424b85&
　　　　sid=1514498277103，に基づいて筆者作成。

ア→アメリカだけでなく，中国→タイ・ベトナム→カンボジア→アメリカでも生じている可能性を示唆している。第2に，輸出に占めるアメリカの割合は，この7年間で，10%程度増加している。その結果，貿易額に占めるアメリカの割合は，この7年間で，倍近くになり，米中の割合は全体の30%以上に高まった。第3に，貿易額上位10カ国のうち，中国を含むアジア諸国の全体に占める割合が2016年の36.6%から2022年の40.9%へと高まった[8]。

中国資本が，カンボジアを縫製品，特に，ニットの生産拠点として維持しているため，輸出品の上位2品は縫製品（ニット）と縫製品（非ニット）である一方，3位に電気機器・部品が，7位に車両・部品が入るなど，カンボジアがめざしている経済の多角化が成果をあげつつある（JETRO 2024）。

第3節　影響力の発現

1．外交

本節では，影響力と影響力の発現を区別する。影響力の発現は，定義における「行動」によって生じ，比較的容易に発見できる。一方，定義における「行動への意欲」は容易には発見できない。そこで，影響力の発現が発見された場合，それ以前の一定期間，「行動への意欲」が存在する，すなわち，影響力が存在すると解釈したい。

影響力の発現を外交と内政に分けてみていく。カンボジアと中国の関係が緊密化するきっかけは南シナ海問題である。南シナ海問題とは中国，台湾，ベトナム，フィリピン，ブルネイ，マレーシア，インドネシアが関わる領土紛争であり，軍事力に基づき，中国が実効支配地域を拡大している。ここでの議論は2012年と2016年のASEAN外相会議を中心とする。

2012年7月のASEAN外相会議で，カンボジアは議長国だった。ベトナムとフィリピンが中国に批判的な内容の共同声明案を提示し，カンボジアがこれを拒絶，インドネシアが仲介案を提示したが，カンボジアはこれも拒絶，ASEAN外相会議は，初めて，共同声明を出せなかった。多くの国やメディアはカンボジアを「中国の代理人」と呼び，非難した。依頼人（プリンシパル）・代理人（エージェント）モデルによれば，契約に基づき，代理人は依頼人から

権限を移譲され，要請の受け入れや実現の代価として報酬を受け取る。カンボジアと中国は，首脳の訪問に際し，しばしば，共同声明を発表している。共同声明が契約にあたり，そのうち，南シナ海に関する記述が要請内容であり，援助が報酬だと考えられる。すなわち，カンボジアは「中国の代理人」である。共同声明からは，中国の要請は明確ではないが，ASEAN に共同声明を出させないということではないと思われる。なぜならば，共同声明が出ないことにより，かえって，国際社会は中国の南シナ海進出に注目するようになったが，中国はこれを予測できただろうからである。カンボジアは「中国の代理人」だが，有能な代理人ではない（湯川 2013：183-196；粕谷 2014：205）。

　2016 年 7 月の ASEAN 外相会議で，カンボジアは，南シナ海問題に関する中国の主張を否定した常設仲裁裁判所判決への共同声明の言及に強硬に反対した。その結果，ASEAN の共同声明は同判決にまったく言及できなかった。この際にも，カンボジアは「中国の代理人」と非難された（山田 2021：248）。

　本来，ASEAN 加盟国のカンボジア批判は，大きく，2 点に分かれる。第 1 点は上記の「中国の代理人」論である。ASEAN 関係者は ASEAN の会議の内容が当日中には中国に知られているとカンボジアを批判しているが，代理人であれば，依頼人に対する情報提供は必須である。第 2 点はカンボジアが「ASEAN Way」を軽視・無視しているということである。ASEAN Way とは協議に基づく全会一致による決定を中心とする。議長国の時を含めて，カンボジアがこれを軽視・無視した言動をとったことが他の加盟国の怒りともいえる批判を招き，「中国の代理人」論による批判をも高めることになった。このような批判の移転があったことは同じく「中国の代理人」だが，ASEAN Way を軽視・無視していないラオスがさほど批判されていないことからも明らかである。

2．内政

　カンボジアの近年の国政選挙で，与野党が最も僅差だったのは 2013 年 7 月28 日の国民議会選挙（定数 123）である。この選挙は中国が人民党を，アメリカがカンボジア救国党（以下，「救国党」と記述）を支援した。その結果，人民党が 68 議席，救国党が 55 議席を獲得した。救国党はサム・ランシー党の大

半の議員と人権党が合流して作られた政党で，サム・ランシー党はサム・ランシーが党首，人権党はクム・ソカーが党首，救国党ではサム・ランシーが党首，クム・ソカーが副党首となった。2008年の国民議会選挙では，サム・ランシー党は26議席，人権党は3議席，人民党は90議席だったので，救国党は大躍進を遂げたといえる（木村 2013：81-96；山田 2023a：91；山田 2023b：9）。

　選挙期間中，野党支持者への妨害が大規模に行われ，救国党は，国家選挙管理委員会（NEC）が人民党の影響下にあり，中立ではないと批判した。投票締切後，救国党幹部は，自党が多くの州で人民党の得票数を上回ったと述べた。投票日翌日，サム・ランシーは記者会見を開き，選挙で多数の不正があり，選挙人名簿から漏れた人も多数いると述べ，NGOや国際機関を含む調査委員会の設置，不正が確認された場合の再選挙を要求した。一方，フン・センは，投票所での自身の投票から3日間公の場に姿を見せず，亡命説が出た。31日，フン・センはようやく姿をあらわし，救国党に話し合いを呼びかけるとともに，調査受け入れを表明した（木村 2013：91-92）。

　30日，アメリカの国務省報道官は選挙不正に対する調査を求めると述べた。一方，NECの公式発表より前に，習近平中国共産党総書記がチア・シム人民党議長に，李克強首相がフン・セン首相にそれぞれ祝電を送り，8月2日，中国の外交部報道官は人民党の勝利に祝意を表明した。また，その後，中国はカンボジアに1億ドル超の借款を供与し，9月上旬には，フン・センが中国を訪問，季克強と会談，3,270万ドルの借款が供与された。中国は人民党政権を後押しするため，このような言動をとったと思われる（木村 2013：94）。

　9月8日，NECは，先に示したように，人民党68議席，救国党55議席という公式結果を発表した（木村 2013：93-94）。アメリカは，2013年，2018年，2023年のいずれの選挙においても，カンボジア政府に対して政治情勢の改善を求める強い措置をとっていない。2017年11月，最高裁判所が救国党の解党を命じたことを受け，アメリカは，「2018年7月の選挙は正当でも，自由でも，公正でもないだろう」と述べて，同月，EUは，翌月，2018年の国民議会選挙への資金援助を停止した。一方，日本は選挙への資金援助を継続した。また，2017年12月，アメリカはフン・センと緊密な関係にある数名の「民主

主義の侵害に関与した」政府高官や実業家に対しビザ発給制限や資産凍結を行った。このような政策は特定の有力者と国民を分断するためにとられる常套手段だが，経済制裁に比べると効果は小さい（初鹿野 2020：14)[9]。

第4節　中国の経済的プレゼンスへの懸念と中国の対応

1．中国の経済的プレゼンスへの懸念

　第8-5表に示したとおり，シンガポールのユスフ・イシャク研究所（ISEAS）が実施した調査によれば，中国のカンボジアに対する「経済的影響力」は大きかったが，近年低下傾向にある（研究者，民間企業，市民社会，官僚，地域・国際機関を対象とした有識者意識調査で，サンプルは2,000人程度)[10]。この経済的影響力は，本章が経済的プレゼンスと示す概念に近似のものと解釈される。また，「影響力に対する懸念」は話語権に関連する概念だと思われる。さらに，「信頼」は，本章が影響力と呼ぶものに近似の概念だと解釈される。一時高まったそれは直近で低下している。このように，カンボジアにおいて，中国の経済的プレゼンスは大きいが，シハヌークビルの事例などを受けて，有識者の中国に対する言説は評価と批判が半数ずつ程度となっており，中国は有識者の信頼―本章の解釈では影響力―を獲得していない。

第8-5表　中国の経済的影響力，それへの懸念，信頼

	経済的影響力	影響力に対する懸念	信頼
2019年	83.4%	―	20.9%
2020年	88.5%	56.5%	38.5%
2021年	80.8%	47.6%	26.9%
2022年	84.0%	29.4%	74.0%
2023年	75.4%	50.5%	53.7%
2024年	59.8%	59.3%	31.8%

（資料）ISEAS-Yusof Ishak Institute, *The State of Southeast Asia 2024: Survey Report* (Singapore: ISEAS-Yusof Ishak Institute,each year)，に基づいて筆者作成。

2．中国の対応

上記の状況に対して，中国は3点の修正を施した。第1に，シハヌークビルに関してである。端緒は，中国が，2016年半ば以降，外貨準備の減少を受けて，全世界への資本流出規制を強化し，FDIが大幅に減少したことにある。その結果，中国からカンボジアへの，特に，シハヌークビルへの資本移動が大幅に減少した。さらに，中国は多くの中国人がカンボジアの違法なオンラインカジノの被害にあっているので，これに対処するようカンボジアに求めた（小嶋 2024）。

2019年8月，カンボジアは，外国人による犯罪の抑制と公序の維持のため，オンラインカジノおよびスロットマシーンなどの賭博ゲーム機に係る営業免許を今後発行しない旨の閣僚会議令を発令した。更新もされないので，オンラインカジノなどは同年末に営業できなくなる。同年6月時点で，カジノは全国で163，うちシハヌークビル州に91あった。免許を保持した上で，違法なオンラインカジノ賭博を行うシハヌークビルを拠点とする中国人が多く，被害者は中国在住の中国人が多い。その後，カンボジア警察は，中国警察と合同で，シハヌークビルやプノンペンなどで中国人を多数逮捕し，中国に送還した。また，通達後，営業自粛も多数生じ，同年末までに20万人以上の中国人がカンボジアを去った[11]。

第2に，中国は，カンボジアに対してだけでなく，全世界に対して，一帯一路や援助に関する政策を変更した。きっかけは，上記同様，資本流出規制の強化だった。これを受けて，まず，中国財政部長は，2017年の第1回一帯一路ハイレベルフォーラムでカンボジア，ラオスを含む26カ国の財務大臣とともに，「一帯一路融資原則」を作成し，「我々は，資金動員をする際，債務の持続可能性の考慮が必要である」ことを確認，資金供給の抑制を示唆した（Finance Ministers of China et al. 2017：4）。一方，同年12月，中国とスリランカは，招商局湾口がハンバントタ国際港グループの株式の85％を取得，99年間保有することで合意，中国による「債務のわな」が批判されることになった。また，2019年，第2回一帯一路ハイレベルフォーラム中，中国財政部は「一帯一路債務の持続可能性分析枠組み」を発表した。これは「低所得国のためのIMF・世界銀行債務持続可能性枠組み（LIC-DSF）」に基づき，一帯一路参加

国が債務持続可能性を確保するとともに，経済社会の持続可能な開発を推進することを目的として作成された（Ministry of Finance of People's Republic of China 2019：1）。

　さらに，2023 年，第 3 回一帯一路ハイレベルフォーラムで，習近平は 2019 年頃から言及してきた量から「質の高い発展」への転換を宣言し，これが中国の公式の政策であることを明確にした。その中で，中国が大規模なプロジェクトだけでなく，「小さいが効果的な（small yet smart）」，人々の生計に関わるプログラムも推進していくと習近平は述べた（H. E. Xi Jinping 2023；佐野・杢村 2023：4）。また，中国の純対外公的融資（公的・公的保証部門の長期の融資から公的・公的保証部門の長期の元利支払を引いたもの）は 2021 年には 726.46 億ドルだったが，2022 年は，粗融資が前年比で半減したことを理由として，－246.8 億ドルとなった。すなわち，中国は以前の融資を回収し始めている（World Bank 2023：78）。このような状況は融資を受ける発展途上国の政府には不評かもしれないが，融資の健全性や透明性が高まるので，その市民社会には評価されるかもしれない。

　第 3 に，中国は，カンボジア国内の中国語教育熱を受けて，文化政策を強化している。まず，2022 年，カンボジアと中国は，公立学校の教育課程に，これまでの英語とフランス語に加えて，中国語を導入することで合意した[12]。また，2024 年 5 月，中国資本がインターナショナル・スクールを開校した。これは華人学校よりも，中国政府の影響がより直接的であると思われる[13]。

おわりに

　中国は，中国的特色のある外交を行うことにより，存在感を示している。しかし，それは，同時に，カンボジアなど東南アジア諸国の有識者，さらには，国民全般の信頼を損ねるという矛盾を抱えている。その結果，圧倒的ともいえる経済的プレゼンスにも関わらず，社会レベルにおいて，十分な影響力を持つに至っていない。

　カンボジア政府は，積極的に中国を支持するというよりは，他国に経済制裁を課すなどの中国の行動に恐怖を感じながら，必死に「親中」国を演じている

ように思われる。しかし，これは検証されていない。今後の課題としたい。

（鈴木亨尚）

【注】

1 カンボジア太郎「【カンボジア徒然草】プノンペンの第3環状道路を習近平通りに改名。と，そこからの四方山話。」（https://note.com/cambodiataro/n/n42a07c7e4730，本章の最終閲覧はすべて2024年8月12日）。

2 「インド，中国国際交流協会「注意を要する団体」に指定 ビザ要請など厳しく審査へ」『ニューズウィーク日本版』（https://www.newsweekjapan.jp/stories/world/2020/09/post-94348.php）。

3 TAFTACのホームページはクメール語，英語，中国語で表示されている。TAFTAC, "Our Members". (https://www.taftac-cambodia.org/our_members?title=&_token=CjKAcbY3VGB6A MxDesTUuF3LIRL5pVLmdi10AKT&numworker1=&numworker2=&owner_from=Australia&pr oduct=&city=0&membertype=0)

4 Blaze Themes「カンボジア進出ガイド」（https://advance-in-cambodia.com/?p=2673）；JETRO「カンボジア経済特区（SEZ）マップ」（https://www.jetro.go.jp/ext_images/world/asia/kh/pdf/sezmap202403.pdf）。

5 「「第2のマカオ」から中国人が消えた 中国資本が握るカジノの街に起きた異変」The Asahi Shinbun Globe（https://globe.asahi.com/article/13172314）。

6 ASEAN Constructors Federation, "members-association". (www.aseanconstructorsfederation. org/federation/members-association/cca/)

7 World Bank, "indicator". (https://data.worldbank.org/indicator)

8 IMF, "IMF Data". (https://data.imf.org/?sk=9d6028d4-f14a-464c-a2f2-59b2cd424b85&sid= 1514498277103)

9 「EU，カンボジア選挙の資金援助停止 最大野党の解党命令を批判」『ロイター』（https://jp.reuters.com/article/camodia-politics-idJPKBN1E0ZQ）；「カンボジア・米国関係の修復：カンボジアの視点」Kyoto Review of Southeast Asia（https://kyotoreview.org/issue-32/mending-cambodia-us-relations-a-combodian-perspective-ja/）；VOA, "US Restricts Visas for Cambodians 'Undermining Democracy'". (https://www.voanews.com/a/us-retricts-visas-for-cambodians-undermining-democracy/4152934.html)

10 「経済的影響力」の質問文は「あなたの見解では，どの国ないし地域機構が東南アジアで最も影響力のある経済単位ですか」で，ASEAN，オーストラリア，中国，EU，インド，日本，韓国，アメリカ，イギリスの中から1つを選択，「影響力に対する懸念と歓迎」の質問文は「あなたの国に対する当該経済単位の影響力に対するあなたの見解は次のいずれですか」で，「地域で高まる経済的影響力を懸念している」と「地域で高まる経済的影響力を歓迎している」のいずれかを選択する。「経済的影響力」の質問で中国を回答した人にだけこの質問をし，この表では懸念のみを示した。「信頼」の質問文は「グローバルな平和・安全・繁栄・ガバナンスに貢献するために，正しいことをすると，あなたはどの程度信頼していますか」である。この表では「信頼」と「大いに信頼」の合計を示した。「－」はこの項目の調査がないことを示す。

11 日本カンボジア協会「カンボジア政府オンラインカジノ等の営業免許の発行を中止 違法ビジネス，詐欺の一掃のため」（https://japan-cambodia/or.jp/about-cambodia/news/）；Cambodia Business Partners「オンラインカジノや特定職種の自営禁止に伴い数万人の中国人がカンボジア

を退去」(https://business-partners.asia/cambodia/syakai-20190911/)；「「第2のマカオ」から
中国人が消えた　中国資本が握るカジノの街に起きた異変」The Asahi Shinbun Globe（https://
globe.asahi.com/article/13172314）。

12　日本カンボジア協会「広がる中国語教育」(https://japan-cambodia.or.jp/about-cambodia/
news)。

13　"New Chinese international school opens in Phnom Penh," Khmer Times.（https://www.
khmertimeskh.com/501494768/new-chinese-international-school-opens-in-phnom-penh/）

【参考文献】

板垣武尊・李崗（2024），「クメールはできる：観光を通じたナショナリズムの生成」『和洋女子大学
　　紀要』第65集。

江藤名保子（2017），「普遍的価値をめぐる中国の葛藤」『アジ研ワールド・トレンド』No. 266，アジ
　　ア経済研究所。

江藤名保子（2022），「中国の民主主義と人権の「認知戦」に要警戒なワケ」『API地経学ブリーフィ
　　ング』アジア・パシフィック・イニシアティブ。

粕谷祐子（2014），『比較政治学』ミネルヴァ書房。

加茂具樹（2020），「制度性話語権と新しい五カ年規劃」『コラム』霞山会。

加茂具樹（2021），「中国外交と「制度性話語権」」『コロナショック下の世界と日本：グレート・リ
　　セットの時代』国際経済連携推進センター。

木村文（2013），「カンボジア国民議会選挙―野党躍進に見る「戦後」の終わりと新たな指導者像の模
　　索―」『海外事情』第61巻第12号。

呉介民著／平井新訳（2015），「「太陽花運動」への道―台湾市民社会の中国要因に対する抵抗―」『日
　　本台湾学会報』第17号，日本台湾学会。

小嶋正憲（2024），「カンボジア：シアヌークビル近況（2024年1月）」『先見経済』。

佐野淳也・奈村秀樹（2023），「一帯一路フォーラムから読み解く　中国の巨大経済圏構想の行方」
　　『日本総研Viewpoint』No. 2023-013，日本総合研究所。

JETRO（2024），『カンボジアの貿易と投資』。

JICAカンボジア事務所（2020），『カンボジア投資環境』。

ダール，R. A. 著／高畠通敏訳（1999），『現代政治分析』岩波書店。

中川涼司（2020），「中国の「一帯一路」政策と対カンボジア投資―中所得国多国籍企業論のパースペ
　　クティブとその拡張―」『立命館国際地域研究』第52号。

野澤知弘（2004），「カンボジアの華人社会―僑生華人と新客華僑の共生関係―」『アジア経済』第45
　　巻第8号，アジア経済研究所。

野澤知弘（2006），「カンボジアの華人社会―プノンペンにおける僑生華人および新客華僑集住区域に
　　関する現地調査―」『アジア経済』第47巻第12号，アジア経済研究所。

野澤知弘（2008），「カンボジアの華人社会―華語教育の再興と発展―」『アジア研究』54巻1号，ア
　　ジア政経学会。

初鹿野直美（2006），「カンボジアの工業化―自由化の渦中にある製造業とその担い手―」天川直子編
　　『後発ASEAN諸国の工業化―CLMV諸国の経験と展望―』アジア経済研究所。

初鹿野直美（2020），「新しい5年間の船出―野党との「対話」の行方と政権の方向性―」初鹿野直美
　　編『カンボジアの静かな選挙―2018年総選挙とそれに至る道のり』アジア経済研究所。

廣畑伸雄（2014），「カンボジアにおける企業グループの形成」『アジア経営研究』20巻，アジア経営

学会。

藤田麻衣 (2023),「カンボジアにおける援助と直接投資―中国の台頭とパートナーの多角化―」濱田美紀編『日本 ASEAN 友好協力 50 周年を考える：ASEAN と日本―変わりゆく経済関係―』アジア経済研究所。

藤村学 (2024),「中国「一帯一路」の裏庭～中央経済回廊のケース～」亜細亜大学アジア研究所編『インド太平洋時代の ASEAN』。

プン・ソケッチ，東佳史 (2017),「カンボジア新興財閥と外国直接投資 (FDI) ―1990 年代以降の土着財閥と外資 (中国資本) の関係に焦点を当てて―」『立命館国際地域研究』第 46 号。

守政毅 (2014),「カンボジア経済の発展における中国の役割―中国系アパレル企業のカンボジア進出と華人ネットワークを中心に―」西口清勝・西澤信善編『メコン地域開発と ASEAN 共同体―域内格差の是正を目指して―』晃洋書房。

山口信治 (2022),「中国・習近平政権のイデオロギーをめぐる闘争―和平演変・カラー革命への対抗と国際的話語権―」『ROLES REPORT』No. 17, 東大先端研・創発戦略研究オープンラボ。

山田裕史 (2019),「開発下のカンボジアにおける人民党支配　国家と社会に浸透する党」『アジア研究』65 巻 1 号。

山田裕史 (2021),「人民党政権の対中傾斜とカンボジアの内政動向」北岡伸一編『西太平洋連合のすすめ　日本の「新しい地政学」』東洋経済新報社。

山田裕史 (2023a),「カンボジアの選挙・政党データ (1993 ～ 2022 年)」『新潟国際情報大学　国際学部　紀要』第 8 号。

山田裕史 (2023b),「安定的な世襲の実現に向けて―2023 年カンボジア総選挙」『IDE スクエア』アジア経済研究所。

湯川拓 (2013),「南シナ海問題をめぐる亀裂と経済共同体構築への取り組み：2012 年の ASEAN」『アジア動向年報　2013 年版』アジア経済研究所。

楊鵬超 (2022),「日中両国の対カンボジア援助の比較研究」『立命館国際研究』第 34 巻，第 3 号。

吉川敬介 (2024),「ASEAN 外交におけるカンボジアの対応と中国の影響―伝統的友好関係と華人社会―」『京都産業大学論集　社会科学系列』第 41 号。

渡辺紫乃 (2017),「中国の対外援助の拡大と国際開発援助の限界」『東洋文化』第 97 号。

Finance Ministers of China et al. (2017). *Guiding Principles on Financing the Development of the Belt and Road*.

Kingdom of Cambodia (2023). *Comprehensive Master Plan on the Cambodian Transit and Logistics System 2023-2033*. Unofficial & Transitional Translation.

Ministry of Finance of People's Republic of China (2019). *Debt Sustainability Framework for Participating Countries of the Belt and Road Initiative*.

Royal Government of Cambodia (2015). *Cambodia Effective Development Cooperation and Partnerships Report*.

Royal Government of Cambodia (2022). *Development Cooperation and Partnerships Report 2022*.

H. E. Xi Jinping (2023). *Building an Open, Inclusive and Interconnected World For Common Development, Keynote Speech At the Opening Ceremony of the Third Belt and Road Forum for International Cooperation*.

World Bank (2023). *International Debt Report 2023*.

第 9 章

中国・ASEAN の経済展望と日本の稼ぐ力

はじめに

　本章では，人口動態の観点から中国と東南アジア（以下，ASEAN）の経済の現在位置を確認し，展望する。その上で，日本と日本企業がこの地域の経済成長を取り入れるための視点を提示する。

　近年，人口動態は，経済展望を行う際に，無視できない重要な要素となっている。少子高齢化の進展は，労働力人口や貯蓄率，生産性，社会保障の負担を通じて経済成長に影響を及ぼす。他方，人口減少は，経済規模の縮小や国力の低下につながる。

　中国の人口は 2022 年から減少に転じ，2023 年にはインドに追い抜かれた。また，15〜64 歳の生産年齢人口比率は 2009 年をピークに低下に転じた。加えて，今後高齢化が加速度的に進むことを理由に経済成長は減速に向かうとする指摘は多い。

　他方，ASEAN の人口は 2054 年まで増加し続け，約 8 億人に達する。また，生産年齢人口比率も 2031 年まで上昇し続け，生産年齢人口の総数でいえば，2043 年まで増加し続ける見込みである。

　人口の増減や生産年齢人口比率の昇降が経済成長を左右すると考えるならば，東アジアの経済成長の中心は中国から ASEAN へシフトするという見方もできる。実際に，国際通貨基金（IMF）による 2024〜29 年の経済成長率の見通しは中国が年平均 3.8％で，ASEAN のそれは中国よりも高い同 5.2％となっている（IMF 2024a）。

　本章では，以下，中国と ASEAN の成長ポテンシャルを人口動態の観点か

ら評価し，さらに経済統合の観点を加味することで将来展望する。そして最後に，日本経済と日本企業が中国と ASEAN の成長力を取り込むための視点を提示する。

　構成は以下の通りである。第 1 節では，中国と ASEAN の人口動態を確認する。第 2 節では，中国経済の現在位置を，第 3 節では，ASEAN 経済の現在位置を人口ボーナスの観点から考察する。第 4 節では，経済統合の観点からASEAN 経済への中国経済の影響を考える。第 5 節では，日本経済と日本企業が中国・ASEAN という経済地域の活力を取り入れるための視点を提示する。

第 1 節　中国と ASEAN の人口動態

1．人口展望

　国連による最新の『世界人口推計 2024 年版（World Population Prospects, the 2024 Revision）』によれば[1]，世界人口は 2080 年代に減少に転じる見通しである。そのなかでも東アジアは先駆けて人口が減少する地域の 1 つであり，2027 年に人口減少に転じることが予想されている。

　もっとも北東アジアと ASEAN では位相が異なる。北東アジアでは，日本が最も早く 2010 年に人口減少に向かった後，台湾が 2020 年，韓国と香港が2021 年，中国が 2022 年から人口減少国・地域となった。人口減少は日本に特有の問題ではなく，北東アジアが共通に抱える問題である。そして，これまで東アジアの経済を牽引してきた北東アジアが人口減少地域となったことは，東アジア経済の将来を考える際に重要な出来事である。

　とくに 2024 年版で大幅な見直しがなされたのは中国の見通しであった。2023 年の 14 億 2,300 万人から 2050 年には 12 億 6,000 万人に減少し，2100 年には 6 億 3,300 万人になるとした。2100 年の規模は現在の半分以下である（第9-1 図）。

　一方，ASEAN 全体の人口は 2054 年まで増え続ける見込みである。ASEANではタイが 2023 年に人口減少となっているものの，次に人口減少に転じるのはシンガポールで 2041 年のことである。それ以外の国が人口減少となるのは，2050 年以降である。

第9-1図　中国とASEANの人口

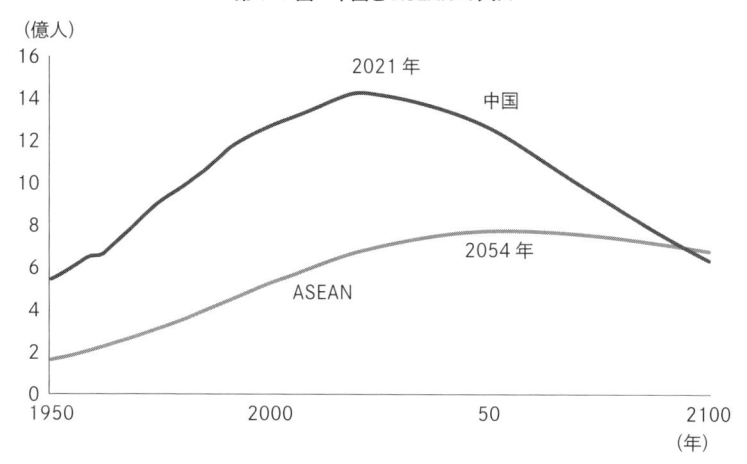

（注）数値はピーク年。
（資料）World Population Prospects, the 2024 Revision より筆者作成。

　ASEANの人口は，1950年の1億6,400万人から2023年には6億9,000万人へと4倍以上に増加している。2023年時点で最も人口が多いのはインドネシアで2億8,100万人，次いでフィリピンが1億1,500万人，ベトナムが1億人である。ASEANの人口は，2050年には7億7,200万人になるが，その過程で，フィリピンの人口が2029年に日本を追い抜き，ベトナムの人口が2044年に日本を上回る。その結果，2050年において東アジアの人口は，多い国から順に中国，インドネシア，ベトナム，日本の順となる。

　ASEANの人口は，2054年の7億7,400万人をピークに減少に向かうものの，その減少スピードは中国に比べて緩やかであり，2100年に中国の人口は6億3,300万人となるのに対して，ASEANは6億7,700万人にとどまるため，中国を上回ることになる。

2．少子高齢化

　北東アジアとASEANの人口規模の動きは異なるものの，出生率が大幅に低下しているという点で共通している。第9-1表は，東アジアの合計特殊出生率（女性が生涯に出産する子どもの数に相当）を示したものである。国連は出

生率が 1.4 以下の状況を「超少子化 (ultra-low-fertility)」としているが, 東アジアには, これに該当する国・地域は多く, 合計特殊出生率が低い順に韓国, 香港, 台湾, シンガポール, 中国, 日本, タイであり, 7 カ国・地域を数える。その他の国も, カンボジアを除いて世界平均よりも低い。

東アジアの特徴は, 出生率が世界的にも高い水準から急速に「少子化」とみなせる水準まで低下したことである。その結果, いずれの国においても人口構成の中に人口の多い年齢層 (人口塊) が形成された。この人口塊が生産年齢人口に含まれると経済活動は活性化し, 高齢人口に含まれると高齢化が加速する。

2023 年の中国の出生率は 1.1 と超少子化の水準にあり, 今後高齢化を加速させる要因になると考えられている。2023 年において中国の高齢化率 (65 歳以上の人口比率) は 14.3％と高齢社会と呼ばれる水準にあり, 2034 年には超高齢社会と呼ばれる 21％を超える。

他方, ASEAN も現在のような低出生率が続けば, 2030 年代半ばから高齢

第 9-1 表　東アジアの合計特殊出生率と高齢化率

(%)

	合計出生率		高齢化率		
	1970	2023	2023	2030	2050
日本	2.0	1.2	29.6	31.1	37.5
韓国	4.5	0.7	18.3	25.1	39.7
台湾	4.0	0.9	18.3	24.4	38.7
香港	3.4	0.7	21.6	28.9	46.4
中国	6.1	1.0	14.3	18.3	30.9
ASEAN					
ブルネイ	5.8	1.7	6.5	9.1	19.3
カンボジア	6.1	2.6	6.0	7.5	11.6
インドネシア	5.5	2.1	7.1	9.0	15.1
ラオス	6.3	2.4	4.5	5.6	9.9
マレーシア	5.0	1.6	7.5	9.5	16.8
ミャンマー	5.7	2.1	7.1	8.7	13.5
フィリピン	6.2	1.9	5.3	6.8	11.2
シンガポール	3.1	0.9	13.1	16.9	26.8
タイ	5.5	1.2	14.7	19.4	29.6
ベトナム	6.0	1.9	8.6	11.8	20.0

(資料) World Population Prospects, the 2024 Revisions.

化率は急上昇に転じる。しかしながら高齢化率は当分の間低位にとどまる。2023 年では ASEAN 全体でみれば高齢化率は 7.8％にすぎない。まだ人口塊は，生産年齢人口に含まれているということであり，ASEAN ではこの生産年齢人口を効果的に経済活動に取り込めば，高成長が期待できるのである。

3．人口ボーナス

　生産年齢人口比率の上昇が経済成長率を後押しする効果は「人口ボーナス」と呼ばれる。逆に，生産年齢人口比率の低下は経済成長を押し下げる。この効果を「人口オーナス」と呼ぶ。

　北東アジアの生産年齢人口は，日本では 1996 年から減少に転じ，台湾では2014 年，香港では 2015 年，中国では 2016 年，韓国では 2018 年から減少に向かっている。いずれの国・地域においても，持続的な経済成長を維持するために，女性や高齢者の労働参加率の引き上げ，外国人労働者の受け入れ条件の緩和を進めている。

　これに対して ASEAN 全体では，生産年齢人口は 2043 年まで増加し続ける。ただし，各国の状況は異なる。タイでは 2019 年から，シンガポールでは2020 年からすでに生産年齢人口は減少している。しかし人口規模の大きいベ

第 9-2 図　生産年齢人口比率（日本，中国，ASEAN）

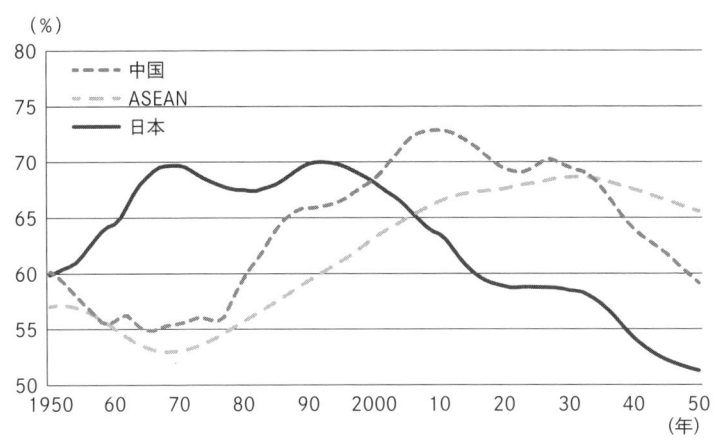

（資料）World population Prospects, the 2024 Revison より筆者作成。

トナムでは2037年，インドネシアでは2045年，フィリピンでは2053年まで生産年齢人口は増加し続ける。このように生産年齢人口の増減という観点において北東アジアとASEANでは位相が異なる。

　次に生産年齢人口比率の変化をみておく。第9-2図は，日本と中国，ASEANの生産年齢人口比率の変化を示したものである。いずれの国・地域も，人口塊が生産年齢人口に含まれる過程で，生産年齢人口比率が急速に高まったことが示されている。ただし，そのピークをみると日本，中国，ASEANの順に移り変わっていることがわかる。日本では1992年，中国では2010年をピークに急速に低下に向かう一方，ASEANは2031年まで上昇し続ける。

　次に，中国とASEAN経済の現在位置を人口ボーナスの観点から確認する。

第2節　中国の人口ボーナス

1．一人っ子政策と計画経済

　中国では，1970年代末に「一人っ子政策」と呼ばれる人口抑制策が講じられた。この結果，合計特殊出生率は，1970年の6.1から1991年には1.9に急落した。1991年の1人当たりGDPは357ドルにすぎず，中国は，低所得水準の段階で出生率を人口置き換え水準以下に強引に抑制したといえる。こうして形成された人口塊が生産年齢人口に含まれる過程で，生産年齢人口比率が急上昇した。中国の生産年齢人口比率は1966年の54.9％から上昇に転じ，1981年には60％を超え，2003年には70％を超えた（前掲図）。

　ただし，生産年齢人口比率が上昇しても経済成長は自動的にもたらされるわけではなく，その増加に応じた適切な雇用を提供することが重要になる。

　この点で，中国は，1949年の建国以来しばらくは自力更生を中心とした「計画経済」を進めたため，人口ボーナスの効果を十分に生かすことができなかった（大泉 2007）。

　計画経済下の経済状況について，蔡（2019）は以下のように記している。「中国は，市場メカニズムの否定，過度の資本蓄積，産業構造の不均衡によって特徴づけられる中央計画経済を実施し，苦しみ続けた。加えて度重なる政治

運動が経済発展を攪乱した。中国と世界の他の国々との間の生活水準の差は縮まるどころかますます開いた。1978年には2億5,000万人もの農民たちが絶対的貧困のもとにあったのである」（蔡2019：13）。

農村の人民公社が過剰な労働力を生産性の低い農業部門に縛り付け続けたことが人口ボーナスを逸する原因となったのである。

2．改革開放政策と人口ボーナス

計画経済が見直されたのは，鄧小平の指導の下で1970年代末に始まった改革開放政策以降のことであった。その中で，政府は，深圳，珠海，汕頭，厦門に経済特区を設置し，輸出向け製品を製造する外国企業の活動に関する規制を緩和した。これが豊富な生産年齢人口を東アジアの経済成長と結びつける契機となった。

実際に，低コストで豊富な労働力を求めて外国企業が中国に殺到した。政府は，この経験を生かして沿海地区開放戦略の対象地域を全国レベルに拡大し，外国企業を誘致した。これにより，豊富な労働力は世界市場と連結し，中国は「世界の工場」と呼ばれるようになった。その過程で，過剰な労働力を抱えた農業部門から，外資が主導する沿海部の近代部門へ大量の労働力移動が起こった。農業戸籍を持ちながらも都市に住み働く人たちは農民工と呼ばれ，その規模は3億人に達したという。

中国の輸出は，1980年の180億ドルから2010年に1兆5,780億ドルと30年で100倍近くに増加した。世界の輸出シェアでは1980年の0.9％から10.3％に上昇した。こうして中国は一気に世界最大の輸出国となった。1980～2000年の年平均経済成長率は9.8％を記録した。抑え込まれていた人口ボーナスの効果が遅れて現れ，その効果も大きかった。

もっとも世界の工場といわれたものの，世界の市場を独占したわけではない。輸出される工業製品の原材料や中間財は輸入に依存していた。当初は，中国は東アジアの中での最終生産地としての地位を高めたというのが実態である。しかし，その後の生産性を高める過程で，中国はグローバル・バリューチェーンあるいはグローバル・サプライチェーンとも呼ばれる国際的な分業体制の中心的地位を占めるようになった。ASEANからの輸入も急増した。中国

からの輸出が増えれば，北東アジアと ASEAN 各国・地域の輸出も増えるという好循環が形成されたのである。

3．人口ボーナスの終焉と新常態

当然ながら，農業部門の過剰労働力にも限りがある。2000 年代前半から沿海部の賃金が上昇し始めた。さらに生産年齢人口比率が低下し始めた 2011 年以降，成長率は鈍化した。2011 年から 2022 年の年平均成長率は 6.7％に低下し，2023 年は 5.3％にとどまった。

2024 年 3 月に開催された全人代では成長目標を 5％前後とした。それまでの二桁成長率と比較すると控えめな目標であるが，それでも楽観的であるとの見方は少なくない。一時は，2030 年にも経済規模で米国を追い抜くとの見通しもあったが，実現は事実上困難となった。中国は人口ボーナスの時代が終わり，人口オーナスの時代に移行しているといえる。

ただし，中国政府にとって経済成長の鈍化は想定内のことであった可能性がある。中国社会科学院副院長の蔡氏は 2013 年の論文で，中国の GDP の潜在成長率は 1950〜2010 年は 10.3％だったが，2011〜2015 年は 7.6％，2016〜2020 年は 6.2％へと低下していくと予測し，2010 年が中国の経済成長における分岐点であると指摘していたからである（蔡 2019）。また，習近平国家主席が打ち出した「新常態」は，経済が新たな時代に入ったことを示すものであり，その後の成長の源泉はイノベーションにあるとされている。実際に，「大衆創造」や「万衆創新」のスローガンの下で生産性向上政策に舵を切った。

4．経済のバブル化

生産年齢人口比率が低下に向かっていても，その水準が高いうちは高い国内貯蓄率が期待できる。したがって，その資金の効果的配分が持続的な経済成長の鍵になる。とくに人口塊が大きい中国では生産年齢人口比率は 70％を超え，生産年齢人口比率は低下に向かっているものの，2022 年時点でも 69.1％と高く，国内貯蓄率は 43.9％と高水準にある。

このような高い国内貯蓄率が，先に述べたイノベーション政策を資金面で支え，国有企業を優先した制度・政策もこれを後押ししている。世界的にデジタ

ル化が競争力強化の鍵となる中，米国の GAFAM に対抗する BAT（百度，アリババ，テンセント）などが登場した。

　他方，巨額の貯蓄資金は短期的な利益を求め，不動産市場にも流れ込んだ。不動産の平均価格は 2006 年から 2021 年の 15 年間で約 350％上昇した（IMF 2024b）。

　この状況を受け，バブル経済が崩壊し，日本のように長期にわたる低迷期に突入するという悲観論も出てきた。たしかに，日本の生産年齢人口比率は 1992 年にピークを迎え，その直前に高まった国内貯蓄が不動産や株式に流入し，経済のバブル化を招いた。その後，バブル経済の崩壊と生産年齢人口比率の低下が重なり，1990 年代の年平均実質 GDP 成長率は 1％台に低迷した。その後も経済は低迷から脱せず，「失われた 10 年」は，20 年，そして 30 年になろうとしている。

　ただし，経済がバブル化しても，それが崩壊するかどうかはわからない。中国政府は，バブル崩壊を回避するために，2020 年には財務諸表から不良な不動産関連企業を選別しようとした。その過程でデフォルトする企業も現れたが，政府はこれらを救済することを避け，むしろ住宅ローンの規制緩和，金利引き下げなどで対処しようとしている。もっとも不動産業は GDP の 2 割を占める主要産業であり，雇用面から見てもその整理は容易ではない。コロナ禍後の住宅需要低迷に加えて，過剰な住宅の調整には時間がかかると考えるべきだろう。IMF（2024b）は，過剰な住宅ストックの調整が底を打つには少なくとも 3 年ほどかかり，不動産関連産業を通じて経済成長を押し下げると見ている。また，不動産の将来需要の点では，少子化が進んでいることから新規購買者の減少にも注意が必要である。

第3節　ASEAN の人口ボーナス

1．人口抑制と輸入代替工業化
　ASEAN 各国においても少子化が進んでいることはすでに述べた。
　中国ほどではないものの，ASEAN 各国で出生率が急速に低下したのは，各国政府による人口抑制策の実施が原因している。実際に，1965 年にシンガポー

ル，1966年にマレーシア，1968年にインドネシア，1970年にフィリピンとタイ，1977年にベトナムで人口抑制策が実施された（大渕・森岡1981）。

　その結果，1960年代に5～6という高水準にあった合計特殊出生率は急速に低下し，ASEAN各国にも人口ボーナスを享受する人口構成が生まれたのである。もちろん人口抑制策の程度や死亡率の水準などは国ごとに異なり，生産年齢人口比率から見た人口ボーナスの時期や水準も異なっていた。

　中国が人口ボーナスの効果を十分に活用できなかったことは前に述べたが，ASEAN諸国も同様であった。シンガポールを除く多くの国では，工業化を進めるために，外国製品の流入を高関税などでせき止め，国内の工業化を促すという輸入代替工業化政策が採用された。しかし，人材育成の遅れやインフラの未整備などにより，期待した成果は上がらなかった。多くの国では，生産年齢人口の大部分が農業部門や都市部の生産性の低いサービス部門にとどまり続けた。

2．プラザ合意と人口ボーナス

　この状況を一変させたのは，プラザ合意以降の外国企業の進出であった。プラザ合意とは1985年の先進国5カ国（G5：日本，アメリカ，西ドイツ，フランス，イギリス）の財務大臣・中央銀行総裁会議で発表された，ドル高是正と貿易不均衡回避を目指した合意である。これにより円高ドル安が急速に進み，日本企業のASEANへの生産拠点移転が加速した。また，ASEAN諸国が輸入代替工業化から輸出志向型工業化へと政策を転換させたことも，日本以外の外国企業の進出を加速させた。

　ASEANの1990～2000年の直接投資受け入れ額（累計額）は2,475億ドルであり，1980～1990年の532億ドルに比べて5倍近くも増加した。これにより ASEAN諸国の工業化がスタートした。シンガポール以外にも，タイ，インドネシア，マレーシアが成長国として評価され，世界銀行の『東アジアの奇跡』の対象国になった。その後，アジア通貨危機・経済危機という厳しい調整を経たが，21世紀に入ると成長の波は，カンボジア，ラオス，ミャンマーにも及び，東アジアの全ての国が中所得国入りを実現した。

　ASEAN全体の輸出額は1990年の1,441億ドルから2000年には4,270億ド

ルに3倍近く伸びた。ASEAN経済は2000年以降も4％台の年平均成長率を維持している。

　第9-3図はASEANへの直接投資（インフロー）の推移を示したものである。図から明らかなように，ASEANの直接投資受入額は，中国のそれと変わらない。これまでのASEANの成長は直接投資によって支えられてきたことがわかる。

　そして近年は中国の受け入れ額を上回るようになった。UNCTADの『世界投資報告（World Investment Report）』によれば，2023年に世界的に直接投資が減少する中，ASEANでは増加が続いている（UNCTAD2024）。この背景には，米中の貿易摩擦や安全保障問題があり，多国籍企業が中国からASEANに生産拠点を移転していることが影響していると考えられる。

　北東アジアで人口が減少し，生産年齢人口比率が低下するなかで，ASEANが東アジアの成長の牽引役になると期待されているのである。

　ASEANの輸出額は2010年の1兆540億ドルから2023年には1兆8,100億ドルに増加しており，その規模は日本の輸出の2倍以上である。なかでも中国向けが多く，2023年には輸出が2,797億ドルで全体の15.5％を占める。

第9-3図　ASEANと中国の直接投資受入額

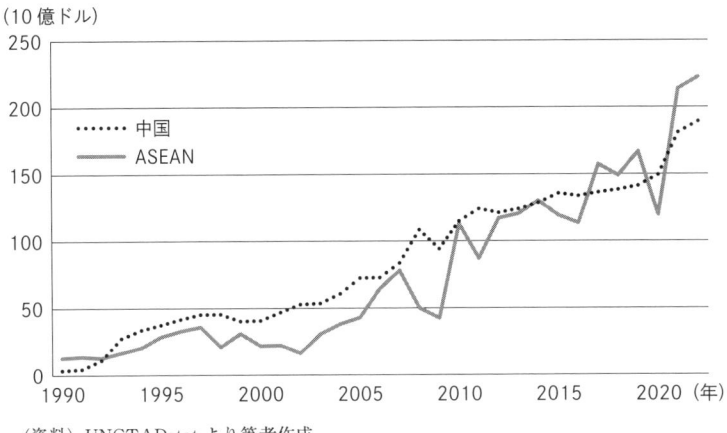

（資料）UNCTADstatより筆者作成。

3．豊富な余剰労働力の活用が課題

　タイとシンガポール，ベトナム，ブルネイでは，生産年齢人口比率はすでに
ピークを過ぎている。今後，タイでは生産年齢人口比率が急速に低下する見込
みだが，シンガポールは外国人移住者を積極的に受け入れているため，高止ま
りすると予想される。一方，インドネシアでは2030年，フィリピンでは2035
年まで生産年齢人口比率は上昇し続ける見込みだ。

　外国企業の進出は，都市部の経済成長を促進したものの，その成長の成果は
地方・農村には広がらなかった。それが地域所得格差の拡大の原因になってい
る。ASEAN各国の就業人口比率を見ると，シンガポール，ブルネイ，マレー
シア以外の国々では第1次産業の就業人口比率が高く，まだ多くの労働力が
農村に存在している（第9-2表）。農村の労働力に目を向けるだけでは不十分
であろう。都市化が進むASEANでは，都市部においても労働力に対する適
切な雇用は十分ではなく，多くの労働者がインフォーマル経済にとどまってい
る。

　つまり，ASEANは，人口ボーナスの効果を十分に享受できているとはいえ
ない。このことは逆に，労働力を生産性の高い分野で吸収するような政策や投
資があれば，中国のように生産年齢人口比率の変化以上の高成長が期待できる

第9-2表　ASEANの生産年齢人口比率のピーク年と産業別就業人口

	生産年齢人口比率のピーク年（年）	就業人口比率（%）			1人当たりGDP（ドル）
		第1次産業	第2次産業	第3次産業	
シンガポール	2012	0.1	14.8	85.1	84,734
ブルネイ	2020	1.3	23.7	75.0	34,248
マレーシア	2033	10.5	27.8	61.7	12,571
タイ	2013	31.4	22.6	46.0	7,337
インドネシア	2030	29.6	21.5	48.9	4,942
ベトナム	2012	32.6	31.1	36.3	4,324
フィリピン	2035	24.8	18.3	56.9	3,868
カンボジア	2043	36.9	25.1	38.0	2,460
ラオス	2045	66.4	8.1	25.5	2,004
ミャンマー	2035	46.5	18.6	34.9	1,190

（資料）World Population Prospects, the 2024 Revision, World Development
Indicators より筆者作成。

ことを意味する。

第 4 節　中国と ASEAN の経済統合と人口ボーナス

1．域内統合は中国・ASEAN の主導に

　戦後 1980 年代まで東アジアにおいて先進国とみなされたのは日本だけであった。1964 年に最も早く OECD（経済協力開発機構）への加盟を果たした日本は，その後東アジア諸国の経済成長を貿易，直接投資，援助・支援を通じてけん引してきた。それに応えるかのように，その後アジア NIEs（韓国，台湾，香港，シンガポール）が高成長を実現し，さらに続いて，マレーシア，タイ，インドネシアなどの東南アジア諸国や中国が高成長路線を歩むようになった。このような東・東南アジアにおける経済成長の連鎖は，あたかも池から雁が飛び立つ様子に似ているとのことから「雁行形態的経済発展」とも呼ばれた。もちろん当初は，先頭を飛ぶ雁は日本であった。東アジアの経済の牽引役は日本であったのである。

　しかし，21 世紀に入って実態は大きく変化している。東アジアで最も 1 人当たり所得が高いのは，シンガポールであり，次いでブルネイ，日本はそれに次ぐ第 3 位である。また，IMF の 2024 年 4 月の見通しによれば，2024 年に韓国と台湾が日本の水準を追い抜くという（IMF 2024a）。日本は雁行形態のトップを行くリーダーではない。

　また経済規模でみれば，2010 年に日本を追い抜いて世界第 2 位の経済大国となった中国は，2023 年には日本の 4 倍以上の規模を持つ。2025 年にはインドが日本を追い抜く。日本は米国，中国，インド，ドイツに次ぐ第 5 位となる。そのほか，当面は日本に追いつく国は見当たらないが，ASEAN 加盟国をひとかたまりとしてみると，その経済規模は 2025 年に日本を上回るとされる。

　このように東アジアにおける経済のけん引国・地域は大きく変化している。

　このことを東アジアの経済全体を 100 として確認しておこう。第 9-4 図は，東アジアに占める国・地域のシェアの変化を示したものである。1990 年は日本が 70.7％を占めた。しかし 2023 年には 14.8％に低下している。2029 年にはさらに 13.0％に低下する見込みである。他方，中国は同期間に 1990 年 8.9％で

第 9-4 図 東アジアにおける各国・地域のシェア

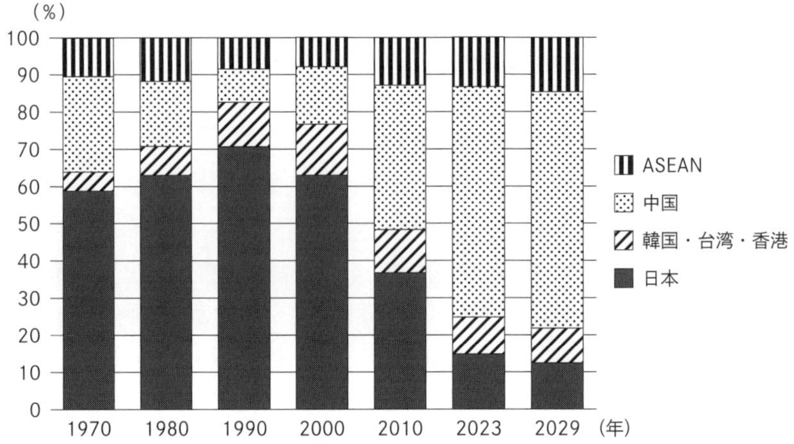

（資料）UNCTAD stat, IMF World Econoimic Outlook, Apr. 2024 より筆者作成。

しかなかったが 2023 年には 61.9％に上昇し，2029 年には 63.5％になる。日本と中国が入れ替わったといえる。そのなかで ASEAN は着実な歩みを維持している。1990 年の 8.5％から 2023 年は 13.4％，2029 年には 14.7％となる。中国と ASEAN を合算した規模は 2029 年には 78％に達する。この規模が 8 割を超えることも時間の問題であろう。

2．シン・チャイナプラスワン

　今後，中国と ASEAN の経済統合として注目されるのは，中国政府および中国企業の資金が ASEAN に向かい，同地域の経済成長を促進する可能性である。

　1990 年代，日本企業は，円高，人件費高騰，労働力不足，米中貿易摩擦の回避を目的に ASEAN 向け直接投資を本格化させた。そのことが ASEAN の工業化をスタートさせたことはすでに述べた通りである。直接投資だけではなく，日本は 1990 年代を通じて世界最大規模の ODA（政府開発援助）供与国であり，ASEAN 向けの援助・支援は主にインフラ整備に充てられ，ASEAN の生産拠点の持続的経営を支えた。この背景には日本国内に巨額の余剰資金があった。

　現在の中国の置かれている状況は，1990年代の日本に似ている。すでに「世界の工場」を支えてきた低コストで豊富な労働力は枯渇し，米中貿易摩擦・安全保障問題が激化しており，その回避場所としてASEANへの投資を増加させているからである。もっとも，日本のように円高ドル安という為替リスクはないものの，ASEANには中間層の拡大に伴う消費市場の確保という新しい魅力がある。中国企業はASEANでのEC（電子商取引）に積極的だし，EV（電気自動車）やスマホの市場確保に熱心である。そして中国には豊富な国内貯蓄がある。

　中国に依存した経済・政治リスクを回避するために，多国籍企業が生産拠点やオフィスを中国以外に分散する動きがあり，これは「チャイナプラスワン」と呼ばれる。加えて，サプライチェーンの強靱化や安全保障面を勘案した点で，その分散先としてASEANが注目されている。これに対して前述の中国企業の中国離れは「シン・チャイナプラスワン」と呼ぶべき現象である。カンボジア，ベトナム，タイとの間で中国発のサプライチェーンが拡大していることは統計からも確認できる（大泉・宮島2023）。

　ASEAN統計によれば，中国からの製造業直接投資受入額は増加傾向にある。2018年の15億ドルから2022年には53億ドルに増加し，日本を上回った（第9-5図）。

第9-5図　中国からASEANへの直接投資受入額（製造業）

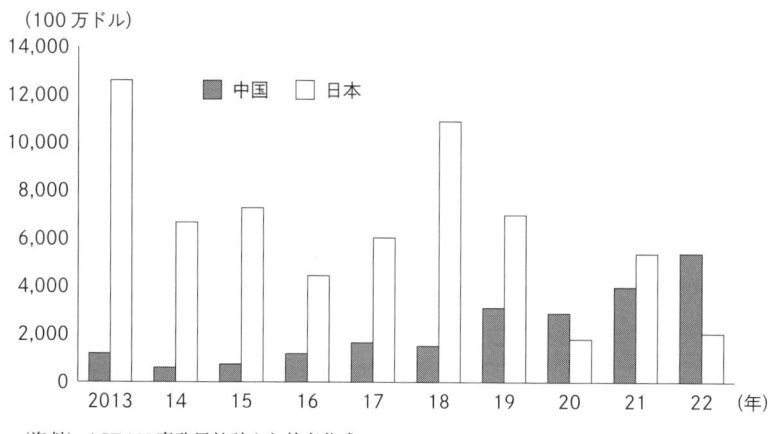

（資料）ASEAN事務局統計より筆者作成。

また，第3章（宮島論文）で見たように，中国から ASEAN を経由した米国貿易が増えている。今後は，ASEAN 市場を含めて，新興国向け輸出製品の生産も増えるに違いない。これらを受け入れる労働力は ASEAN には豊富に存在するし，ASEAN 側も中国企業の受け入れに好意的である。

　2013 年に生産年齢人口比率がピークアウトしたベトナムも，農村に豊富な労働力人口を有しており，これらの労働力人口を生産性の高い工業やサービス部門が取り込むことで実質的な人口ボーナスを享受することができる。実際に，2010〜2022 年のベトナムの年平均実質 GDP 成長率は 6.0％と中国に次いで高い。これは農業部門から工業部門へ移動した労働力が世界の市場と結びついたことを意味する。中国の改革開放による沿海部の高成長に似ている。今後，ASEAN の人口大国であるインドネシアやフィリピンで，このような人口ボーナスの効果が拡大するか否かが注目される。

3．一帯一路が ASEAN の人口ボーナスを拡大する

　上記の中国企業の「シン・チャイナプラスワン」の動きに加え中国政府の一帯一路構想下の援助・支援は，ASEAN の人口ボーナスの効果を拡大するために貢献するだろう。

　なぜなら，生産年齢人口比率が上昇過程にあるインドネシアやフィリピンにおいては，国内貯蓄だけでは，生産年齢人口を吸収できるような産業基盤の拡大を実現するには不十分だからである。ちなみに 2022 年の国内貯蓄率（GDP比率）はインドネシアが 29.2％，フィリピンが 24.8％と低い（世界平均は25.8％）。

　実際に，韓国や台湾の NIEs の経済成長には日本やアメリカの支援が寄与したし，これまでの ASEAN の経済成長にも様々な援助・支援がプラスの役割を果たしたことは周知の事実である。したがって，インフラ資金として中国からの援助・支援は ASEAN の経済成長にとって重要な役割を果たすであろう。

　すでに一帯一路を通じて，鉄道，道路，港湾，電力開発など ASEAN のインフラ整備に重要な役割を果たしてきた。たしかに「債務のわな」問題に加え，中国側にも融資に慎重な姿勢が見られるようになっている。しかし，ASEAN 側には高成長を支える資金が必要なのである。そして中国には政治的

な意味でも ASEAN 援助・支援は重視され，それを実現する資金がある。また中国・ラオスの高速鉄道のように当初は採算性が疑問視されたプロジェクトも，最近では旅客や貨物ともに増加し，経済成長を支える重要なインフラになりつつある。

　このように考えれば，中国経済の鈍化は短期的にはマイナス要因にはなるものの，中長期的には中国の国内資金が ASEAN の成長を支える要因になることは十分に考えられる。

第 5 節　日本の稼ぐ力と中国・ASEAN の経済統合

1．稼ぐ力と経常収支

　日本経済において中国・ASEAN の関係強化は重要である。貿易で見ると 2023 年の中国向け輸出額は 1,260 億ドル，ASEAN 向けは 1,050 億ドルで，それぞれ全体の 17.6%，14.6% を占める。ちなみに米国向けは 1,450 億ドル，20.2% である。他方，輸入も同様であり，中国からの輸入額は 1,680 億ドル，ASEAN は 1,160 億ドルで，それぞれ全体の 22.4%，15.4% を占める。先に述べたように東アジア経済のなかで 8 割近くを中国・ASEAN が占めるのであるから，当然といえる。より効果的に中国・ASEAN の経済成長力を取り込む工夫が求められる。

　日本経済の持続的成長の維持のために，海外の成長力を取り込むことは，「稼ぐ力」と呼ばれ，その指標として経常収支がよく使われる。

　経常収支とは，対外取引（国際収支）のうち，経常取引から発生する収支のことである。この黒字が稼ぐ力の指標となる。

　実際に，日本の経常収支は 1981 年以降，一貫して黒字を計上し，経済成長を支えてきた（第 9-6 図）。2010 年代前半に大きく落ち込んだものの，後半には持ち直し，2023 年は 21 兆 1,381 億円となった。

　資源の乏しいわが国は，稼ぐ力を維持することが，持続的成長だけでなく，国民の生活を支えていくうえで重要である。ちなみに，1983〜2005 年まで日本の経常黒字は世界最大の規模であり，2023 年は 3 位とランクを下げたとはいえ，大きい。

第9-6図 日本の経常収支

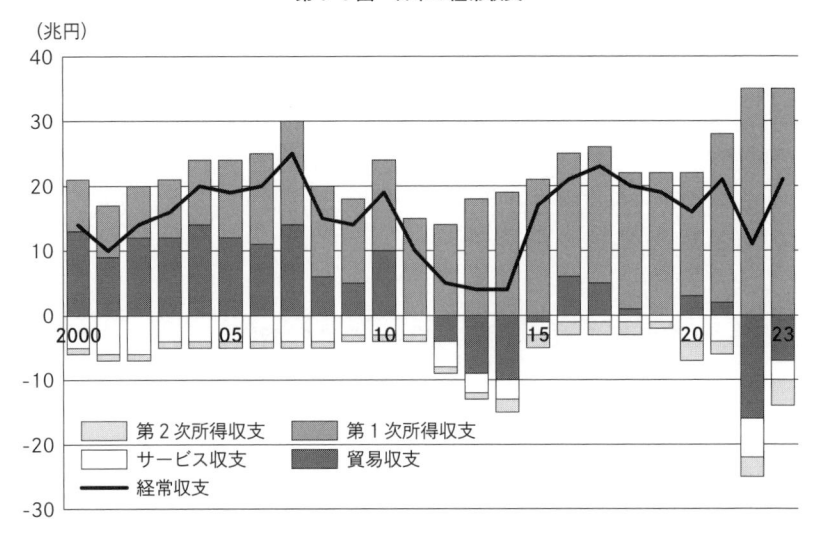

(資料) 財務省『国際収支』より筆者作成。

ただし，稼ぎ手は時間とともに変化している。経常収支は，貿易・サービス収支，第1次所得収支，第2次所得収支から構成されるが，以下，そのなかでも取引額の大きい貿易収支，第1次所得収支，サービス収支を検討し，それに対する中国とASEANの位置づけも示す。

2．貿易収支

貿易収支は1981年から2010年まで黒字を維持していた。1983年から1988年，1991年から1995年，1997年から2000年，日本は世界最大の貿易黒字国であった。このころの経常収支の8～9割は貿易収支で説明できる。日本は「貿易立国」として経済大国化してきたのである。1980年代半ばには日本の輸出は世界の10％を占めようとしていた。工業製品に限定すれば，それは15％近くあった。このようなことから，日本は「東洋の工場」と呼ばれることもあった。しかし，その後，シェアは低下し，2023年は3.0％でしかない。輸出規模では，中国，米国，ドイツ，オランダに次ぐ第5位にランクを下げている。

　2001年に貿易黒字大国の座をドイツに譲るとともに，貿易立国としてのプレゼンスは急速に薄れていった。2011年には30年ぶりに赤字を記録すると，その後2023年まで13カ年中10年が赤字となった。その原因として震災直後のエネルギー輸入の急増やエネルギー価格の高騰などが挙げられたが，エネルギー価格が安定しても，円安が進んでも貿易収支は回復することはなかった。輸出は2010年以降ほとんど増えていない。輸出競争力が低下しているのである。

　なかでも中国とASEANの経済規模が拡大しているのに，日本の輸出が伸びていない点には注意が必要であろう。とくにASEAN向け輸出は2010年の1,130億ドルから2022年が1,182億ドルへとほとんど変化がない（第9-7図）。

　これまで，日本政府はFTA（自由貿易協定）を含む経済連携協定（EPA）を積極的締結・発効してきた。とくにASEANとの経済連携協定の数は21協定中11と半数を超える。協定の多くは発効後10年を経過しているため，関税障壁の多くはすでに除かれていると考えてよい。にもかかわらず輸出が伸びていないことはなぜなのか，その原因を検討してみる必要がある。

　中国はまだ中所得国であり，ASEANもシンガポールとブルネイを除いて中所得国の集まりであることは，日本の中国・ASEAN向け輸出停滞の理由にはならない。中国の上海や深圳，タイのバンコク，インドネシアのジャカルタ

第9-7図　日本の中国・ASEAN向け輸出

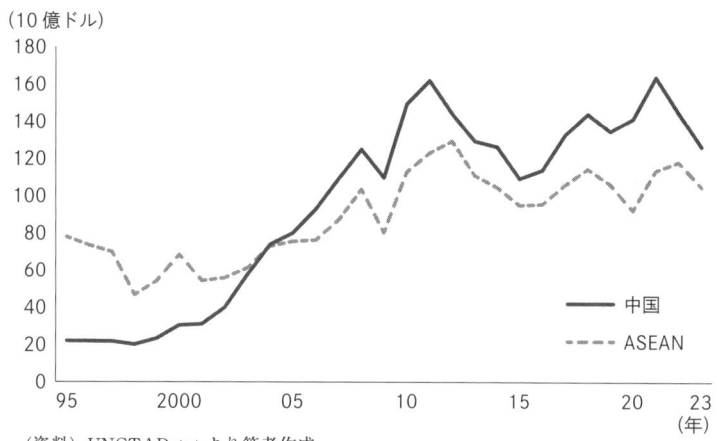

（資料）UNCTADstat より筆者作成。

の 1 人当たり GDP は 2 万ドルを超えており，日本と同じ価格帯の商品を購入できる層が確実に増えているからだ。日本商品の購買層の多くはこれら都市の住民であり，輸出低迷は，マーケット調査不足や販売促進不足に原因しているのかもしれない，また，EC（電子商取引）などデジタル技術を効果的に使えていないことが原因なのかもしれない。韓国の ASEAN 輸出は 2010 年の 718 億ドルから 2022 年には 1,250 億ドルへと順調に増加しており，その理由を考えてみてもよいだろう。『通商白書 2024』は，これまで間接的輸出に関与してきた企業を潜在的輸出企業と捉え，それらの企業へのリソースや情報・ノウハウ，リスク支援策が輸出強化に必要と指摘した（経済産業省 2024）。その具体策として JETRO（日本貿易機構）が，新規輸出者を対象に輸出の準備から商談，マッチング，維持・拡大までを支援する「新規輸出 1 万者支援プログラム」という輸出支援策を実施している。このような政策を中国・ASEAN の市場動向と的確に結び付けていくことが，輸出拡大には重要である。

3．第 1 次所得収支

　前述の通り，貿易収支の悪化は 2010 年代前半の経常収支を縮小させた。2010 年代後半の経常収支を回復させたのは，第 1 次所得黒字であった。第 1 次所得収支は，対外資産・債務から生じる利子や配当金の収支を指すもので，海外にある日本企業の利益移転がこれに含まれる。1985 年のプラザ合意以降，ASEAN 向け直接投資は急増し，中国向け直接投資も WTO 加盟以降に急拡大した。その結果，日本銀行の統計によると，2023 年末の中国・ASEAN の直接投資累計額は 58 兆 8,000 億円に達する。

　第 1 次所得収入は，2015 年の 21 兆 3,032 億円から 2023 年には 34 兆 9,240 億円に増加した。2023 年の内訳を見ると，直接投資収益が 20 兆 9,233 億円で 60％，証券投資収益が 12 兆 1,335 億円で 35％を占める。この 2 つで 95％に達する。

　地域的にみると，北米が 11 兆 3,015 億円と最も多く，次いでアジアが 8 兆 8,860 億円と多い。そのなかで，中国のそれは 2015 年の 1 兆 5,776 億円から 2023 年には 2 兆 7,417 億円に，ASEAN は同期間に 2 兆 1,271 億円から 4 兆 3,862 億円に増加している。ASEAN からの収入は中国を上回る。中国と

ASEANを合算すれば，2023年が7兆1,279億円で全体の20.4％を占める。この中国やASEANからの第1次所得収入の大部分は，直接投資収益であると考えられる。前述の貿易収支とは異なり，近年の増加は同地域の成長力を取り込めるようになったと評価できるかもしれない（第9-8図）。

第1次所得収入についての課題として，その収益が国内に還元されていない点がよく指摘される。ただし，東アジアの場合，バリューチェーンの一角を占める生産拠点が生み出す利益であり，その生産拠点はほかの投資資産のような流動性を持たないという性格上，競争力を継続的に上昇させるための現地での再投資が必要である。とくに，技術開発，人材育成，デジタル化，市場拡大のための再投資は不可欠だ。もっとも，海外に生産拠点を移転したとはいえ，そこで使用する基幹部品を日本国内で開発し，輸出し続けることが重要であり，そのための投資に利益が活用されるべきなのは言うまでもない。そうした取組みが，日本の稼ぐ力の維持につながる。

また，生産拠点の競争力強化には，中国・ASEANに展開される日本主導ではないサプライチェーンへの参画も必要であろう。サプライチェーンの強靱化は，既存のシステムの見直しだけではなく，中国・ASEANに張り巡らされているサプライチェーンに食い込むことにもあるはずだ。そのようなサプライチェーンの拡大は，日本の輸出に好影響を及ぼすと考えられる。

第9-8図　中国・ASEANとの第1次所得収支

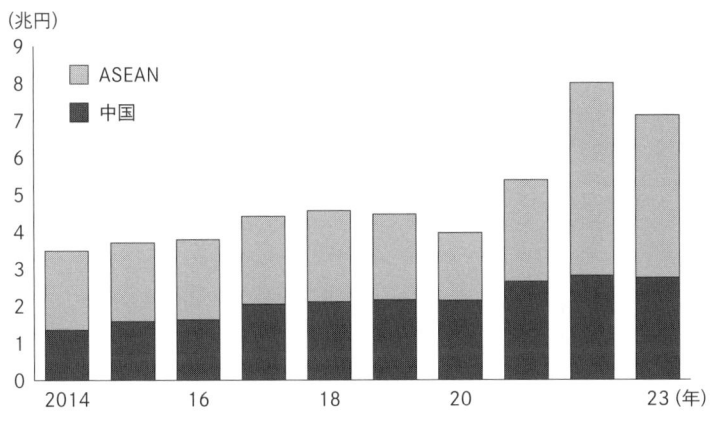

（資料）財務省『国際収支』より筆者作成。

4．サービス収支

最後にサービス収支について検討する。

21 世紀以降，国境を越えたサービス貿易が世界レベルで増加している。世界のサービス貿易額は，輸出ベースで見ると，2005 年 2 兆 7,000 億ドルから 2023 年には 7 兆 9,000 億ドルに増加した。財の輸出規模の 25.6％から 33.3％に上昇している。

これに対して日本のサービス輸出は，伸び率は世界平均には及ばないものの，2010 年の 11 兆 7,988 億円から 2019 年に 22 兆 8,376 億円にほぼ倍増した（第 9-9 図）。その後，コロナ禍のなかで減少したものの，2023 年には 29 兆 1,148 億円に急増した。他方，サービス輸入は常に輸出を上回っており，サービス貿易収支は一貫して赤字であるが，その赤字幅は 2012 年の 3 兆 8,110 億円から 2017 年には 6,907 億円に縮小した。

このサービス貿易収支改善にはサービス輸出の拡大，とくに旅行収入の増加が貢献した。旅行収入は 2010 年の 1 兆 1,586 億円から 2019 年には 5 兆 204 億円へと飛躍的に増加し，それまで赤字だった同収入は 2015 年に黒字に転換，旅行収入は新しい稼ぐ力となった（第 9-10 図）。コロナ禍の中で黒字は 2021

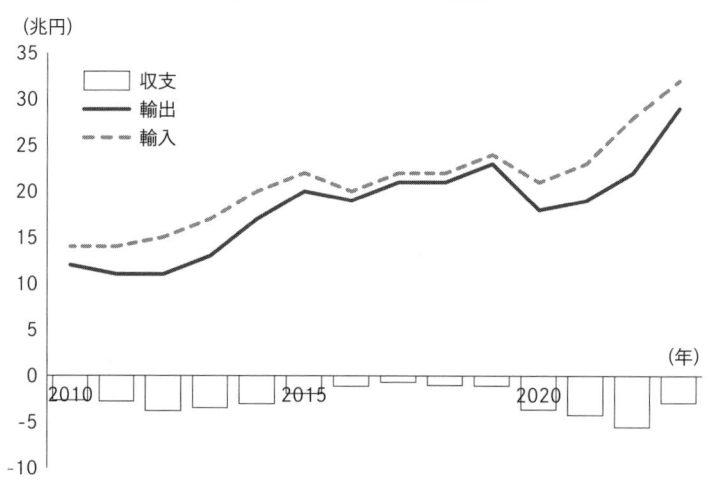

第 9-9 図　日本のサービス貿易

（資料）日本銀行『時系列統計データ』より筆者作成。

年に 2,227 億円，2022 年に 5,384 億円に減じたが，2023 年には 3 兆 6,313 億円
に急回復した。

　日本への外国人の観光客数は，2010 年の 861 万人からコロナ禍前の 2019 年
には 3,188 万人に増加した[2]。同期間に中国は 141 万人から 959 万人に増加し
た。その日本での購入行動は「爆買い」とも呼ばれた。ASEAN からの観光客
数も同期間に 71 万人から 383 万人に増えている。コロナ禍で観光客数は激減
したが，2023 年には総数は 2,507 万人，中国が 243 万人，ASEAN が 363 万人
に回復している。中国・ASEAN の観光客の増加は，同地域に富裕層が増加し
ていることを示すものである。日本国内での観光の経験を，その後の輸出に
紐付けるような工夫が必要となろう。もっとも，国内事情（オーバーツーリズ
ム）との調整が問題になるし，日本の観光収入が海外に流出せず，国内にとど
まるようにする工夫も必要であるのは言うまでもない。

　他方，サービス貿易収支が悪化したものとしてデジタル関連サービスがあ
る。

　IMF（2024a）は，先進国も新興国も経済停滞局面に入っており，生産性の
引き上げが重要と指摘した。世界銀行（2024）も同様に経済の基盤の強化が必

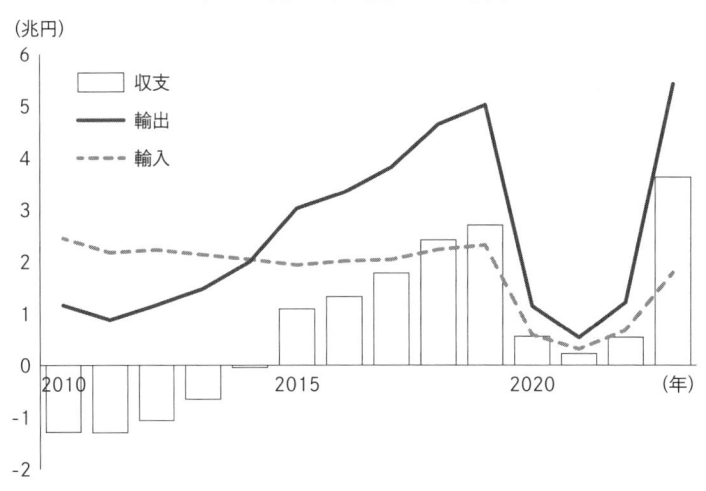

第 9-10 図　日本の旅行サービス貿易

（資料）日本銀行『時系列統計データ』より筆者作成。

要と指摘し，デジタル技術の利活用が重要だと指摘している。実際に，先進国も新興国もデジタル・トランスフォーメーション（DX）に乗り出している（大泉・伊藤・金 2022）。

デジタル化が国際収支に及ぼす影響を国際機関は積極的に議論してきた。デジタルはサービス貿易の形を変えるからである。UNCTAD は，これらに配慮してデジタル配信可能サービスというカテゴリーを設定した。

これによれば，東アジアで最もデジタル配信可能サービス輸出が多い国は中国で 2,053 億ドルであり，次いでシンガポールが 1,639 億ドル，日本が 1,133 億ドルと続く。他方，同輸入が最も多いのは中国で 1,589 億ドル，次いで日本が 1,445 億ドル，シンガポールが 1,390 億ドルである。中国とシンガポールは黒字であるが，日本は 312 億ドルの赤字であり，この赤字幅は東アジアのなかで最も大きい。

財務省「国際収支から見た日本経済の課題と処方箋」懇談会は，国際収支のうち「コンピュータサービス」，「著作権等使用料」，「専門・経営コンサルティングサービス」の赤字額を合算したものを「デジタル赤字」とし，2023 年にその額は 5.4 兆円に達したとしている。そのうえで，「クラウドや検索サイト，オンライン会議等のプラットフォームのほとんどを外国企業が提供しているため，日本の企業や教育現場におけるデジタル化の進展に伴い，当面は「デジタル赤字」が一段と拡大すると見込まれる」と危機感を示した（財務省 2024）。

第 9-11 図は，日本の中国・ASEAN とのサービス収支をみたものであるが，2019 年以降，ASEAN との収支が赤字になっていることがわかる。とくにシンガポールとの赤字が大きく，その多くはデジタル関連サービスである。このように米国などの先進国だけでなく，中国・ASEAN とのデジタル関連サービス貿易における劣勢は，これまで日本の強みとされてきた「課題先進国」という優位点の見直しを迫るものである。課題先進国とは，日本社会が抱える課題を日本の技術で解決すれば，その技術において同様の問題に直面する海外市場を確保できるというものである。しかし，日本の課題を海外のデジタル技術が解決したとすれば，その対価は海外に流出するだけである。

日本政府は，2023 年日本 ASEAN 友好協力 50 周年を節目に，「共創」をキーワードに掲げ，ASEAN 外相会議では，デジタル人材 10 万人育成を協力

第 9-11 図　中国・ASEAN とのサービス収支

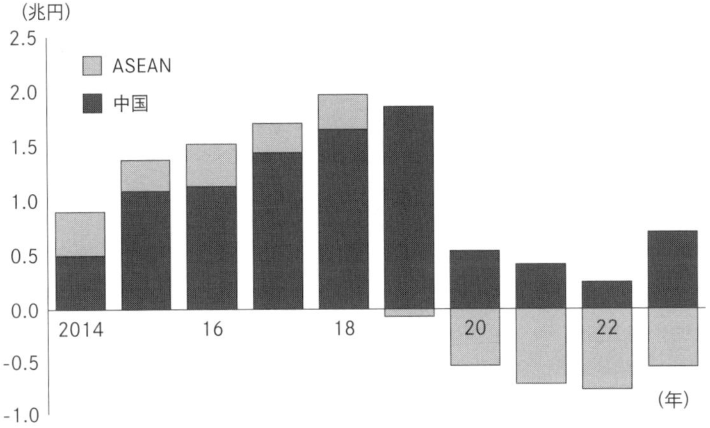

（兆円）

ASEAN
中国

（資料）財務省『国際収支』より筆者作成。

メニューとして掲げた。日本の国内の人材育成を図り，ASEAN の力と共創していくことが肝要になる。その共創がデジタル関連貿易にどう直結していくのか注視していきたい。

　稼ぐ力を議論する際には，実際に現場で起こっていることをつぶさに観察し，具体的な行動に落とし込むことが重要である。そして経常黒字の持続には，国内のデジタル化を含めて長期的なロードマップを描くことが肝要になる。

（大泉啓一郎）

【注】

1　2024 年 7 月，世界人口推計 2024 年版が公表された。https://population.un.org/wpp/ からデータをダウンロードできる。

2　日本政府観光局統計。ASEAN はタイ，シンガポール，マレーシア，インドネシア，フィリピン，ベトナム。

【参考文献】

大泉啓一郎（2007），『老いてゆくアジア』中公新書。
大泉啓一郎（2018），「老いていくアジア」遠藤環・伊藤亜聖・大泉啓一郎・後藤健太『現代アジア経済論』有斐閣ブックス。
大泉啓一郎（2023），「アジアのデジタル貿易の進展」石川幸一・馬田啓一・清水一史『高まる地政学

的リスクとアジアの通商秩序』文眞堂。

大泉啓一郎（2024），「人口動態から ASEAN 経済を長期展望する」林田秀紀編『ASEAN の連結と亀裂』晃洋書房。

大泉啓一郎・伊藤亜聖・金成垣（2022），「アジア経済社会のデジタル化をどう捉えるか？　発展戦略，経済統合，労働市場・行政サービス」『紀要』第 48 号，亜細亜大学アジア研究所。

大泉啓一郎・宮島良明（2023），「中国の対 ASEAN 貿易の新局面」『紀要』第 49 号，亜細亜大学アジア研究所。

大渕寛・森岡仁（1981），『経済人口学』新評社。

神田眞人（2024），「日本はまだ闘える」『文藝春秋』2024 年 9 月号。

経済産業省（2024），『通商白書』。

財務省（2024），「『国際収支から見た日本経済の課題と処方箋』懇談会報告書。

蔡昉著／丸川知雄監訳・解説／伊藤亜聖・藤井大輔・三竝康平訳（2019），『現代中国経済入門　人口ボーナスから改革ボーナスへ』東京大学出版会。

IMF (2024a). *World Economic Outlook*. Apr. 2024.

IMF (2024b). *People's Republic of China, Selected Issues*. IMF Country Report No. 24/50.

UNCTAD (2024). *World Investment Report*. Washington, D.C.

	ブルネイ	カンボジア	インドネシア	ラオス	マレーシア	ミャンマー	フィリピン	シンガポール	タイ	ベトナム	ASEAN	中国	日本
人口（100万人）	0.5	17.4	281.2	7.7	35.1	54.1	114.9	5.8	71.7	100.4	688.7	1,422.6	124.4
名目 GDP（10億ドル）	15.1	41.9	1,371.2	15.2	415.6	64.5	436.6	501.4	514.6	433.7	3,809.8	17,662.0	4,212.9
一人当たり GDP（ドル）	32,898	2,404	4,876	1,983	11,831	1,191	3,800	86,612	7,176	4,321	5,531	12,415	33,873
実質 GDP 成長率（%）													
2020 年	1.1	-3.6	-2.1	-0.4	-5.5	-1.2	-9.5	-3.9	-6.1	2.9	-2.8	2.2	-4.1
2021 年	-1.6	3.1	3.7	2.1	3.3	-10.5	5.7	9.7	1.5	2.6	2.0	8.5	2.6
2022 年	-1.6	5.1	5.3	2.3	8.7	-4.0	7.6	3.8	2.5	8.1	3.8	3.0	1.0
2023 年	1.4	5.0	5.0	3.7	3.7	2.5	5.6	1.1	1.9	5.0	3.5	5.2	1.9
貿易（10億ドル）													
輸出	9.1	23.5	258.9	8.4	312.8	13.6	72.9	476.3	312.8	370.9	1,859.1	3,380.0	717.3
輸入	6.3	24.4	221.9	7.7	265.8	15.6	133.0	423.4	289.8	325.8	1,713.6	2,556.8	785.6
貿易収支	2.8	-0.9	37.0	0.7	47.1	-2.0	-60.1	52.8	23.1	45.1	145.5	823.2	-68.3
直接投資（100万ドル）													
対内直接投資	-51	3,959	21,628	1,668	8,653	1,520	6,210	159,670	4,548	18,500	226,305	163,253	21,433
対外直接投資	N.A.	151	7,070	N.A.	7,643	N.A.	1,251	62,997	10,369	-950	88,531	147,850	184,022
対外債務（GNI 比：%）	N.A.	80.4	30.9	130.7	N.A.	20.6	26.0	N.A.	39.9	N.A.	–	13.4	–

（注）数値は 2023 年。対外債務は 2022 年。

（資料）UN, World Population Prospects, the 2024 Revision, WB, World Development Indicators, IMF, World Economic Outlook,UNCTADstat より作成。

索　引

執筆者一覧
(執筆順)

石川 幸一 (いしかわ・こういち) (編者, はしがき, 第1章)
　亜細亜大学アジア研究所特別研究員

助川 成也 (すけがわ・せいや) (第2章)
　国士舘大学政経学部教授 / 泰日工業大学客員教授

宮島 良明 (みやじま・よしあき) (第3章)
　北海学園大学経済学部教授 / タマサート大学ビジネススクール客員教授

牛山 隆一 (うしやま・りゅういち) (第4章)
　敬愛大学経済学部教授

赤羽 　裕 (あかばね・ひろし) (第5章)
　亜細亜大学都市創造学部教授

藤村 　学 (ふじむら・まなぶ) (第6章)
　青山学院大学経済学部教授

春日 尚雄 (かすが・ひさお) (第7章)
　亜細亜大学国際関係学部特任教授

鈴木 亨尚 (すずき・ゆきひさ) (第8章)
　元亜細亜大学アジア研究所特別研究員

大泉 啓一郎 (おおいずみ・けいいちろう) (編者, はしがき, 第9章)
　亜細亜大学アジア研究所教授

編著者紹介

石川 幸一 （いしかわ・こういち）

　1949 年生まれ。東京外国語大学外国語学部卒業。ジェトロ海外調査部長，国際貿易投資研究所研究主幹，亜細亜大学アジア研究所所長・教授を経て，現在，アジア研究所特別研究員。国際貿易投資研究所客員研究員。
主要著書に，『現代 ASEAN 経済論』（共編著，文眞堂，2015 年），『アジアの開発と地域統合』（共編著，日本評論社，2015 年），『新・アジア経済論』（共編著，文眞堂，2016 年），『メガ FTA と世界経済秩序』（共編著，勁草書房，2016 年）など多数。

大泉 啓一郎 （おおいずみ・けいいちろう）

　1963 年生まれ。京都大学大学院農学研究科修士課程修了。京都大学博士（地域研究）。民間シンクタンク（三井銀総合研究所，日本総合研究）などを経て，現在亜細亜大学アジア研究所教授。
　主要著書に『老いてゆくアジア』（中公新書，2007 年，第 29 回発展途上国研究奨励賞），『消費するアジア』（中公新書，2011 年），『新貿易立国論』（文春新書，2018 年，第 35 回大平正芳記念賞特別賞），『現代アジア経済論』（共著，有斐閣ブック，2018 年）など多数。

亜細亜大学アジア研究所

　亜細亜大学附置研究所として 1973 年設立。アジア地域研究の強化と発信の拠点として活動。内外専門家による研究プロジェクトを推進，その成果は『アジア研究シリーズ』として公開。そのほか『アジア研究所紀要』（学内アジア研究者の論文集），『アジア研究所所報』（内外の寄稿者による小論）を発行。また，対外向け講演として，毎年共通テーマのもとに『公開講座』（4〜5 回連続）の開催，アジアのタイムリーな話題を取り上げる『アジアウォッチャー』を実施。

　詳細は，https://www.asia-u.ac.jp/research/asian-institute/laboratory.htm を参照。

ASEAN 経済新時代 高まる中国の影響力

2025 年 1 月 23 日　第 1 版第 1 刷発行　　　　　　　　検印省略

編著者	石　川　幸　一
	大　泉　啓　一　郎
	亜細亜大学アジア研究所
発行者	前　　野　　　　隆
発行所	株式会社 文　眞　堂

東京都新宿区早稲田鶴巻町 533
電　話　03（3202）8480
ＦＡＸ　03（3203）2638
https://www.bunshin-do.co.jp/
〒162-0041 振替00120-2-96437

製作・眞興社

ISBN978-4-8309-5276-0　C3033